김기협의 역사 에세이

밖에서 본 한국史

김기협 지음

돌베개

밖에서 본 한국사
— 김기협의 역사 에세이

김기협 지음

2008년 3월 31일 초판 1쇄 발행
2021년 6월 7일 초판 10쇄 발행

펴낸이 한철희 | 펴낸곳 주식회사 돌베개 | 등록 1979년 8월 25일 제406-2003-000018호
주소 (10881) 경기도 파주시 회동길 77-20 (문발동)
전화 (031) 955-5020 | 팩스 (031) 955-5050
홈페이지 www.dolbegae.co.kr | 전자우편 book@dolbegae.co.kr

책임편집 이상술 | 편집 김희진·이경아·서민경·조성웅
본문디자인 박정영·박정은·이은정 | 마케팅 심찬식·고운성
제작·관리 윤국중·이수민 | 인쇄·제본 상지사 P&B

ISBN 978-89-7199-307-1 03900
책값은 뒤표지에 있습니다.

이 도서의 국립중앙도서관 출판시도서목록(CIP)은 e-CIP 홈페이지
(http://www.nl.go.kr/cip.php)에서 이용하실 수 있습니다.(CIP제어번호: CIP2008000947)

밖에서 본
한국史

차례

서언 더러는 밖에서 볼 필요도 있다 009

1

한민족의 공간 021
만주와 반도 사이에 울타리가 없던 시절 029
한반도 청동기시대의 유혹 036
문명의 블랙홀, 중국의 출현 044
화이부동和而不同의 전통 051

2

고조선에 드리워진 신화의 그림자 061
한 무제의 예방전쟁 069
낙랑군, 중국문명의 송유관 075
농업문명의 새 터전 삼한 지역 083
해협을 건너 맺어진 가야 – 왜 복합체 090
반도 안에 중심을 둔 대륙국가 고구려 099

3

신라 통일, 반도국가의 탄생 107

고구려 유산, 반도국가의 성장 115

천리장성, 반도국가의 완성 126

무신정권에 대한 오해 133

국가불교에서 불교국가로 140

4

몽골 지배의 두 얼굴 151

역사에게 외면당한 영웅 공민왕 160

새 술은 새 부대에, 조선의 건국 167

욕이 될 수 없는 말, '사대'事大 174

새 왕조의 밑거름이 된 용의 눈물 182

과거제 위에 세워진 유교국가 193

5

북로남왜北虜南倭의 등장 201

광해군, 임금에게는 무능도 죄 210

명청 교체, 사대도 손발이 맞아야 218

환국換局도 당쟁, 탕평蕩平도 당쟁 225

현실 변화를 수용하려는 학풍, 실학 231

6

역사의 부채가 되어버린 서학 239

조선은 어떻게 기울어져갔는가 246

쇄국과 개항의 이분법 253

국권인가 왕권인가 260

독립운동의 여러 가지 얼굴들 267

7

냉전과 열전 사이 277

주어진 광복 287

밥과 주체성 297

폭력국가의 청산 306

새로운 세계 316

결어 다시 동아시아로 326

후기 335

서언

더러는 밖에서 볼 필요도 있다

국사란 애초에 '안에서 본' 개념이다. 내가 속한 우리 민족, 우리 국가의 역사를 지적知的 인식의 한 영역으로 설정한 것이다. 민족과 국가의 울타리 밖에서 바라보는 시각에서는 '국사'란 개념이 성립도 되지 않는다.

그러나 주로는 안에서 보되, 더러는 밖에서 볼 필요도 있다. 농부가 농장을 잘 관리하기 위해 농장 안을 살피는 것은 당연한 일이지만, 이웃 농장이나 뒷산의 숲, 앞의 냇물도 살필 만큼 살피지 않으면 안 된다. 국사는 '국외사'國外史와의 관련 속에서 전개되어온 것이다. 그 관련을 제대로 이해하려면 밖에서도 볼 줄 알아야 한다.

그런데 우리 사회에 통용되고 있는 역사 서술은 안에서 보는 시각에 지나치게 얽매여 있다. 어느 책을 펼쳐보아도 민족의 역사를 아름답고 영광스러운 것으로 그리는 데 노력이 치우쳐 있다. 이것이 지나쳐 우리 민족과 관계를 맺었던 외부 세력을 모두 나쁜 놈 아니면 바보로 그리는 국수주의적 성향도 널리 나타난다.

한 개인이 자신을 성찰하는 시각에도 균형이 필요하다. 자신을 일방적으로 미화하고 정당화하려고만 드는 자기중심적 인간은 사회에 잘 적응하기 힘들다. 하나의 사회도 자기 역사를 객관적으로 인식하지 못하고는 현실세계 속에서 자기 위치를 제대로 파악할 수 없다.

역사 인식에 있어서 우리 사회는 우물 안 개구리 신세다. 이런 신세가 언제 어떻게 시작된 것일까?

우리 사회에 근대역사학이 들어온 것은 일제시대의 일이었다. 일본 제국주의자들은 한국 지배를 정당화하기 위해 한민족의 역사를 가능한 한 초라한 모습으로 그렸다. 이에 반발하여 민족사의 영광을 되살리려는 노력이 민족사관으로 나타났다. 민족사관은 원천적으로 자기중심적 편향성을 가진 것인데, 이것이 해방 후 한국 역사 서술의 기조가 된 것이다.

제국사관이건 민족사관이건 그 편향적 속성은 근대역사학에 어느 정도 내재되어 있는 것이라 볼 수 있다.

역사 서술은 인류 문명 초창기부터 정치적 의미를 가진 활동이었다. 문자가 없던 선사시대에도 과거사의 기억은 주술사의 푸닥거리에 담겨 있었다. 한 부족이 공유하는 과거의 기억은 푸닥거리를 통해 부족 정체성의 바탕이 되었고, 이 과정에서 주술사가 발휘하는 영도력이 제정祭政일치 체제의 근거였다.

문자 발생 후 역사 서술은 지배계층의 교양이 되었다. 정보의 대량 축적이 가능하게 되면서 푸닥거리 단계보다 훨씬 더 큰 규모의 사회가 역사를 공유하며 정체성을 함께하게 되었다. 문자를 향유하던 지배계층은 역사의 거울을 통해 자신의 위상과 소명을 확인했다.

　인쇄술 발전으로 정보의 축적만이 아니라 유통까지 대형화한 단계에서 근대역사학이 나타났다. 피지배층까지 문자를 향유하게 되면서 국민 통제 수단으로 국민 교육이 개발되고 역사 교육이 그 안에서 큰 비중을 차지하게 되었다. 역사 교육의 내용을 확보하고 담당자를 양성하기 위해 직업적 역사학자들이 대학에 자리 잡고 분과학문으로서 근대역사학을 키워냈다.

　근대역사학은 종전보다 정치적 무기로서의 기능을 더욱 강화했다. 민족과 문명들 사이의 접촉이 늘어난 상황 때문이었다. 국민국가들은 국민에게 민족의 영광에 대한 믿음을 심어주는 '역사'를 경쟁적으로 개발했고, 이 경쟁에 '과학성'이 동원되었다. 그래서 근대역사학은 유사과학pseudo-science의 성격을 띠게 되었고, 이 성격을 더욱 강화한 것이 계급투쟁을 제창한 유물사관이었다.

20세기의 한국사 서술은 일본 제국주의를 배경으로 출발했다. 과학성을 위장한 식민사관이 1945년까지 학계를 지배한 것은 물론이고, 이에 반발하는 민족사관 역시 이 시대배경에서 자유롭지 못했다. 21세기에 들어선 지금까지도 '한국의 영광'을 외치는 역사 담론 중에는 과거 '일본의 영광'을 부르짖던 제국사관의 틀을 안팎만 뒤집어 그대로 쓰는 것이 많다.

　이웃 중국의 사정도 크게 다르지 않다. 제국주의 침략에 대항하는 민족사관이 자라나던 도중에 유물사관이 중국을 휩쓸었고, 유물사관이 힘을 잃어가는 근년 미숙한 민족사관이 다시 고개를 들고 있다. '동북공정'이니 '역사전쟁'이니 하는 갈등 뒤에는 각자 스스로 극복해야 할 미숙성의 문제가 쌓여 있다.

미숙한 자가 남 탓하기에 바빠 자기반성의 여유를 못 가지는 까닭이 무엇인가? 정체성에 대한 자신감이 없기 때문이다. 잘난 점 못난 점 가리지 않고 내 모습을 그대로 드러내는 것이 내 존재의 부정으로 이어질까 봐 두려운 것이다. 우리 민족공동체는 역사 앞에서 지금까지보다 더 당당한 모습을 보일 때가 되었다.

민족 정체성에 대한 자신감을 새로운 차원에서 표출해보자는 것이 이 책의 목적이다. 우선 계량적 지표에 너무 얽매이던 상태에서 벗어날 필요가 있다. 역사가 길어야만 훌륭한 민족인가? '세계 최초'가 많아야만 뛰어난 민족인가? 내가 잘나기 위해 남을 깎아내려야 하는 계량적 사고는 사이비 과학성의 등에 업혀 근대역사학을 삭막한 싸움터로 만들어왔다.

금속활자를 생각해보자. 금속활자 발명은 한민족의 자랑거리다. 그런데 금속활자 출현의 배경조건은 중국으로부터 주어진 것이었다. 인쇄술의 기초 기술을 중국에서 받아왔을 뿐 아니라 서적의 수요 또한 중국문명 도입을 통해 형성된 것이었다. 한민족이 중국문명의 단순한 수용을 넘어 그 발전에 주동적 역할까지 맡은 하나의 사례가 금속활자였다. 이것을 경쟁의 차원에서만 바라보며 중국보다 앞섰다는 사실만을 내세우는 것은 그 발명의 진정한 의미를 외면하는 편협한 관점이다.

한국사를 보는 시각에 커다란 전환이 필요하다는 사실은 일각에서 제기되어온 '국사 해체' 주장에서 단적으로 알아볼 수 있다. 배타적 민족주의가 용납되지 않는 세계적 환경 변화에 대응하기 위해서는 보편적 역사와 별개의 '우리 역사'가 존재한다는 관념부터 척결해야 한다는 주장이다.

지금까지 한국사 서술의 추세를 돌이켜보면 수긍이 가는 주장이다. 해방 후 60년간 한국사를 보는 한국인의 시각에는 너무나 변화도 없고 발전도 없었다.

억눌린 민족 주체성을 선양하려는 뜻에 일방적으로 매인 민족사관은 억압자의 관점을 방향만 뒤집고 틀은 그대로 본뜬 것으로, 식민지 상황에 어울리는 역사관이다. 반세기가 넘도록 독립민족다운 자신감을 가지고 이 틀을 바꿔치우지 못한 것은 '해방' 후에도 실질적 식민지상태가 오랫동안 계속된 상황을 말해주는 것이기도 하다.

진행 중인 세계적 정치 환경 변화를 바라보아도 국사 해체 주장에 수긍이 간다. 냉전시대는 패권의 시대였다. 모든 국제관계가 패권의 작용에 의해 굴절되거나 제한받는 시대였고, 한국은 그 시대적 제약에 제일 철저하게 매여 있던 나라 가운데 하나였다. 그 시절의 한국에게는 '외교'라는 것이 없었다. 교류할 나라와 적대할 나라, 교류하는 방법과 적대하는 방법을 모두 맹주인 미국이 정해주었다.

냉전이 끝나자 온 세계가 '진영'에서 풀려나 이웃한 나라들과 자연스런 관계를 풀어가기 시작했다. 그 자연스런 관계는 역사 인식에 바탕을 두는 측면도 있다. 이웃한 나라끼리는 과거에서 미래까지 많은 역사를 공유하게 마련이니 그에 대한 인식이 서로를 대하는 자세에 작용하지 않을 수 없는 것이다.

 민족주의 사관은 냉전에 앞선 패권의 시대, 제국주의 시대에 빚어진 것이다. 이웃에 대한 적대감을 영양분으로 삼아 자라난 것이 민족주의 사관이다. 패권의 시대가 물러가고 있다면, 그리고 다시 돌아오지 않을 것을 우리가 바란다면, 민족주의 사관은 점검되어야 한다. 이 뜻을 가장 강렬하게 표현하는 것이 '국사 해체' 주장이다.

 '국사 해체' 주장의 기본 취지에 공감하는 사람들도, 아니, 공감하는 사람들일수록 제기하는 문제가 대안이 무엇이냐 하는 것이다. '국사'라는 개념이 민족주의 사관 위에 서 있는 것이고 민족주의가 표출되는 통로 노릇을 '국사'가 맡아왔으니 민족주의를 뛰어넘기 위해 '국사' 개념을 없애야 한다는 것이 '국사 해체' 주장이다. 그런데 이것이 과연 타당한 접근방법인지 선뜻 수긍이 가지 않는 것이다.

 국사 해체 주장이 사람들을 석연치 못하게 하는 까닭이 두 가지 문제에 있는 것 같다. 하나는 이념적 문제고 또 하나는 기술적 문제다.

 이념적 문제란 '민족주의 극복'이란 과제를 어떻게 이해하느냐 하는 것이다. 강경한 입장에서는 민족주의 개념의 전면적이고 근본적인 청산을 바란다. 보다 온건한 입장에서는 배타적이고 독선적인 국수주의 성향만을 정리하는 구조조정을 바란다.

 기술적 문제는 본말本末이 전도되는 논리상의 맹점이다. 민족주의를 없애는 것은 국사를 없애는 충분조건이 될 수 있다. 그러나 국사를 없애는 것은 민족주의를 없애는 충분조건이 될 수 없다. 물론 국사가 실제 철폐될 경우 민족주의 극복에 유리한 조건이 형성될 것은 당연한 일이다. 그러나 그런 상황은 민족주의 대신 또 하나의 다른 도그마를 도입한다는 전제 위에서만 가능할 것이다.

　민족주의에는 도그마의 속성이 있다. 그러나 인간의 문명이 도그마로부터 완전히 자유로울 수 있는가? 그럴 수 없다고 나는 생각한다. 도그마를 순화시켜나가는 과정이 바로 문명의 발달과정이며 순화된 도그마의 조화로운 균형이 바람직한 문명상태라고 생각한다. 일체의 도그마를 배제한다는 것은 무리한 욕심이다.

　그래서 민족주의의 구조조정을 생각하고 그를 위해 국사의 재구성을 생각한다. 청산 아닌 구조조정을 생각한다면 표현수단인 국사를 재구성함으로써 그 바탕인 민족주의가 조정되도록 하는 것이 적합한 방향일 것이다. 원리주의보다 실용주의를 내세우는 것이다. 그 하나의 길로 '밖에서 본' 국사를 제안해본다.

국사의 주인인 '우리'란 어느 범위를 말하는 것인지도 다시 생각해볼 여지가 있다. 기본적으로는 '한반도에 거주하는 한민족'일 것이다. 그러나 여기서 과연 '우리'가 끝나는 것일까?

　중국 조선족은 대부분 지금부터 60년 내지 100년 전에 이주한 사람들의 후예다. 이주 후 3~4세대가 지나도록 조선어와 함께 상당 범위의 조선 문화를 지키고 있는 것이 조선족 사회다. 중국 55개 소수민족의 하나로서 조선족의 민족의식은 한반도 거주자들의 민족의식과 뿌리를 같이하는 것이다.

　조선족 사회만이 아니라 크고 작은 교민 사회가 세계 각지에 자리잡고 있다. 그들도 '우리'의 범주에 넣어야 하는 것이 아닐까? 정확한 범위에 대한 기준은 여러 가지 있을 수 있고, 그중 어느 것이 꼭 옳은 것이라고 따질 생각은 없다. 그러나 아무리 편협한 기준이라도 한반도 밖의 교포를 몽땅 배제할 수는 없을 것이다.

2002년부터 3년간 연변 조선족 자치주에서 살며 조선족 사회를 관찰한 것이 이 책을 구상하는 계기가 되었다.

조선족은 2중 정체성을 가지고 있다. 중국 공민이라는 국가 정체성과 한민족의 일원이라는 민족 정체성이다. 민족과 국가의 2중 정체성은 현대세계에서 상당히 일반화된 현상이고 갈수록 더 확산되어가고 있다. 20세기를 통해 한민족 구성원의 10퍼센트 이상이 해외에 자리 잡고 이런 2중 정체성을 가지게 되었다. 따지고 보면 두 개 국가로 나뉘어 있는 반도 내 거주자들 역시 2중까지는 아니라도 1.5중은 되는 정체성을 가지고 있는 셈이다.

60년 전 한민족의 민족주의는 '우리'를 타자他者로부터 분리시키는 '독립'을 지상과제로 하는 것이었다. 정치상황으로 인해 서로 다른 국가 정체성을 가지게 된 '우리'의 여러 요소를 끌어모으는 '통일'이 오늘의 지상과제다. 국가 정체성이 민족 정체성을 흐트러뜨리고 있는 지금 상황에서는 국가를 뛰어넘는 민족주의가 필요하다. 오늘의 민족주의가 60년 전과 달라야 하는 첫째 이유다.

역사에서도 '국사'보다 '민족사'를 앞세워 생각할 필요가 있다. 국수주의의 뿌리는 민족주의보다 국가주의에 있다. 민족 정체성은 다른 민족과 구별되는 질적 특성으로 충족되지만 국가 정체성에는 다른 국가에 대한 양적 우위를 필요로 하는 경향이 있기 때문이다.

이 책에서 취하고자 하는 '밖에서' 보는 위치란 이를테면 조선족 입장에 접근하는 것이다. 국가 기준으로는 한반도 밖에 있고 민족 기준으로는 한민족 안에 있는 위치다. 국가 정체성과 민족 정체성을 구분해볼 줄 아는 것이 지금 우리 사회에 요긴한 과제라고 생각하여 그 위치에서의 서술을 시도해본다.

1

한민족은 한반도에 농업국가를 이루고 살아오면서 형성된 민족이다.
한반도는 집약농업 발전에 좋은 조건을 가진 곳이었다.
이곳의 농업문명이 어느 수준에 이르자
외부로부터 들어오는 기술과 문명을 자기 식으로 활용하고
발전시키는 틀을 갖추게 되었다.
이 틀이 한반도의 고유한 문화를 빚어냈고, 이 문화를 공유하는 민족이 나타났다.
농업은 동아시아 여러 지역에서 신석기시대에 발생했지만
처음에는 수렵·채집에 비해 부수적인 위치에 있었다.
금속 사용에 따라 농업의 생산성이 향상되면서 농업의 비중이 큰 농업사회가 자라나기 시작했고,
이에 따라 잉여생산이 늘어나면서 부족연맹 형태의 대규모 정치조직이 나타났다.
농업문명 초기의 한반도는 만주의 선진문명을 수백 년 시차를 두고 받아들이는 후진지역이었다.
그러나 농업 수준이 높아짐에 따라 유리한 지리조건을 활용, 후진성을 벗어나다가
급기야 형세를 역전시키기에 이르렀다.
청동기시대 이전 한민족의 원류는 만주에서 시작했지만,
철기시대 이후 발전의 주류는 반도 내에서 이뤄지게 된다.

한민족의 공간

'민족'은 구체적 시간과 공간 속에 펼쳐진 하나의 역사적 현상이다. 집합적이고 복합적인 현상이기 때문에 그 시간과 공간의 범위를 간단하게 규정할 수 없는 것이지만, 구체적 서술에 들어가기 전에 우선 그 윤곽이라도 잡아놓는 것이 좋겠다.

한민족의 공간은 한마디로 '한반도'였다. 그러나 삼국시대 이전까지는 한반도에 살던 사람들이 서로 다른 국가에 속했을 뿐만 아니라 언어와 문화에도 상당한 차이가 있었다. 신라 통일 이후 반도 내부가 하나의 국가에 속하게 되면서 언어와 문화도 통합되고 바깥 사람들과 대비되는 공동의 정체성을 키우게 되었다.

통일 후 신라의 강역은 대략 함경도와 평안도를 떼어낸 한반도였다. 우리는 '한반도'라 할 때 압록강과 두만강을 경계로 한 한반도를 쉽게 떠올리지만, 어찌 보면 그보다도 신라의 강역이 엄밀한 의미의 '반도'에 가깝다고 할 수 있다.

한반도의 3면은 바다와 접해 있어 경계가 자명하다. 다만 대륙으로 이어진 북쪽은 어디까지를 반도로 보고 어디서부터 대륙으로 보느냐, 서로 다른 의견이 있을 수 있다.

압록강과 두만강은 최근 600여 년간 반도국가의 국경선 노릇을 해왔다. 그리고 두 강의 발원지가 가까이 있어서 두 강을 이으면 황해에서 동해까지 거의 끊긴 데 없는 선이 된다. 어릴 적 지도를 보면서, '아니, 반도라고 하더니 이건 섬이 아닌가?' 하던 생각도 난다. 강으로든 바다로든 물로 둘러싸였으면 섬이라고 생각했던 것이다. 강 속에도 섬이 있는 것을 『톰 소여의 모험』에서 봤으니까.

그러나 압록강 상류나 두만강 중류 위쪽을 가보면, '천연의 국경'이라 하기엔 너무 아담한 개울일 뿐이다. 두 강의 남쪽 유역과 북쪽 유역 사이에 지형, 지질, 기후의 큰 차이도 없다. 두 강이 국경선이 된 것은 자연조건 때문이 아니라 정치적 편의에 따른 것이었다.

자연조건으로 반도의 경계를 생각한다면 청천강 어귀에서 동한만의 원산이나 함흥 부근을 잇는 선이 더 그럴싸하다. 그 선 남쪽은 '반도'라는 이름 그대로 육지 덩어리가 바다를 향해 툭 튀어나와 있다. 그러나 그 북쪽, 지금의 평안북도와 함경도 대부분 지역은 해안선이 대륙으로부터 별로 돌출한 것도 아니고, 기후도 대륙에 꽤 가깝다.

백제와 고구려가 멸망한 후 신라는 경쟁자 없이 반도 전역에 통치권을 행사하게 되었지만 이 영역을 효과적으로 통치할 만한 역량이 아직 없었다. 신라에서 임금을 '왕'이라 칭하고 연호를 사용하고 상대등上大

___ **두만강 하류** 도문(투먼) 부근 중국 땅에서 바라본 북한 풍경. 천연의 국경이라 할 만한 위용이 아니다.

等의 관직을 둔 것이 모두 530년대에 시작된 일이었다. 진흥왕대(540~576)에야 '3국'의 한 축을 이룰 만큼 국세가 성장했다. 그러나 통일 직전까지도 서라벌 지역을 제외한 국토 대부분을 군사통치의 방법으로 유지하고 있었다.

통일 후에도 신라는 새로 획득한 영토를 군사통치의 대상으로 삼은 것 같다. 통일 후 신라의 지방제도는 9주州와 5소경小京을 축으로 한 것이었는데, 5소경의 위치는 지금의 원주, 충주, 청주, 남원, 그리고 김해였다. 경주를 가운데 두고 둥그렇게 둘러선 것을 보면 신라의 중심부를 외곽으로부터 보호하기 위한 것이었음을 알 수 있다. 9세기 말 신라가 혼란에 빠졌을 때 5소경의 울타리 밖에서 후백제와 후고구려의 깃발이 올라간 것을 보아도 신라의 국토 통합 수준에 한계가 있었음을 알 수 있다.

그러나 신라의 확장된 영역은 집약적 농업사회를 육성하기 좋은 조건을 공유하고 있었으며, 3면이 바다로 둘러싸이고 북쪽의 대부분은 산악으로 가로막힌, 상당히 고립된 지역이었다. 당시 문명수준에서 하나의 문화권을 빚어내기에 적합한 자연조건을 가진 범위였다. 신라가 탄생시킨 반도국가는 고려의 국가체제 정비과정을 통해 통합된 언어와 문화를 가진 민족공동체를 이루게 되었다.

민족국가로서 정치적·문화적 통합성을 확보한 고려는 북방으로 확장을 시작했다. 이 확장은 군사적 힘으로 억지로 추진되기보다 문화적 힘에 의해 자연스럽게 이루어진 것이었다. 북방의 여진족은 고려에 비해 문화와 기술 수준이 낮았다. 마치 물이 낮은 곳으로 흐르는 것처럼 고려의 문화와 기술이 북방으로 번져나간 것이었다. 그리고 여진 지역보다 밀도가 높았던 고려의 인구도 이에 따라 북방으로 퍼져나갔다.

이 확장은 고려 건국과정에서 시작되어 고려시대 내내 계속되었다. 건국 당시 북방의 경쟁 세력 발해와 당나라가 모두 쇠퇴하고 있었기 때문에 지금의 황해도와 평안남도 일대의 지방 세력들이 고려에 쉽게 흡수되었다. 그후 서북쪽의 거란족이 강성했지만 거란족은 요나라를 세우고 중국 진입에 몰두하는 과정에서 오히려 고려의 확장을 도와주었다.

12세기 들어 여진족이 강성해지면서 고려의 북방 확장이 주춤했지만, 여진족 역시 금나라를 세우고 중국 진입에 주력했기 때문에 고려에게 심한 압박을 주지는 않았다. 그러다가 13세기 중엽 몽골이 이 지역을 휩쓸면서 새로운 상황이 전개되었다.

고려는 30년에 걸친 항쟁 끝에 몽골의 군사력 앞에 무릎을 꿇었다.

영토의 일부를 떼어내어 몽골이 총관부總管府를 두고 별도로 다스리기도 했다. 그러나 몽골의 지배력과 영향력이 만주와 한반도를 통째로 석권함으로써 고려인의 북방 이주가 원활해지기도 했다. 고려 문화와 기술, 그리고 인구의 북방 확산을 어느 정도 억제해오던 국경이라는 둑이 허물어진 형국이었다.

100여 년에 걸친 몽골 지배기를 통해 요동에서 함경도에 이르는 여진족 지역에 많은 고려인이 이주했다. 이 지역에서 고려인 이주민들은 소수 집단이면서도 높은 문화수준 덕분에 중간지배층이 되었고 여진족 사회에 고려 문화를 전파했다. 13세기 중엽 원나라가 쇠퇴할 때는 이들이 현지에 상당한 세력을 쌓아놓고 있었다.

여진족 지역에 대한 원나라의 통치가 무너진 뒤 이 지역은 세 구역으로 나뉘었다. 조선과 명나라가 한 구역씩을 차지했고, 나머지 한 구역이 여진족 지역으로 남았다.

가장 서쪽의 요동 지역은 원나라로부터 중국을 이어받은 명나라의 직접 통치하에 들어갔다. 그곳에 잔류한 고려인 이주민들은 철저하게 중국화되었다. 후에 이 지역 군벌로 부각되는 이성량·이여송 집안도 이런 잔류 고려인 출신이었음을 보면 고려인들이 이 지역에 구축하고 있던 세력이 어느 정도였는지 짐작할 수 있다.

최영의 요동 출병 시도는 고려인들이 상당한 세력을 구축하고 있던 요동 지역을 고려로 끌어들이려는 것이었다. 그러나 중국을 새로 통일한 명나라와의 정면대결은 무리한 것이었다. 명나라와의 관계를 둘러싼 정책대결이 결국 위화도 회군으로 마무리됨에 따라 고려에서 조선으로의 왕조교체가 촉진되었다.

　원나라의 통치지역을 모두 접수하려던 명나라가 함경도 지역을 조선에 양보한 것은 조선 건국 세력이 요동에서의 경쟁을 포기한 대가라고 볼 수 있다. 그리고 조선 왕실이 함경도 지역 이주민 출신이므로 왕실의 발상지로 인정하여 조선에 대한 우호감을 표시한 것이라고 볼 수도 있다. 그리고 문화수준이 낮아 직접 통치하기 힘든 여진족을 견제하기 위해 조선에게 힘을 실어준 것이라고 볼 수도 있다.

　압록강 상류와 두만강의 북쪽, 만주 동부 일대는 여진족 지역으로 남았다. 명나라는 이 지역에 기미羈縻정책을 통해 어느 정도 간접적인 통제력을 행사했지만 여진족은 끝내 완전히 복속되지 않았고, 결국 청나라를 세워 명나라로부터 천하를 빼앗기에 이른다. 그때는 함경도 지역이 완전히 조선화되어 있었기 때문에 조선과 조공 – 책봉 관계를 맺은 청나라는 여진족의 옛 땅인 함경도를 아무 문제 없이 조선의 국토로 인정하게 되었다.

조선 건국 이후 500년간 압록강과 두만강은 조선의 국경선 노릇을 했고, 그로 인해 오늘날까지 한반도의 경계선으로 널리 인식되고 있다. 조선시대를 통해 이 국경선은 엄격하게 지켜졌다. 특히 청나라가 천하를 차지한 후 만주 동부지역을 황실의 발상지로 지정하여 조선인뿐 아니라 중국인의 이주까지도 엄금하는 봉금封禁정책을 폈기 때문에 압록강과 두만강은 한민족의 활동을 가로막는 단단한 울타리가 되었.

　19세기 후반 청나라가 쇠퇴하면서 이 울타리가 낮아지기 시작했다. 청나라의 통제력이 약화되자 농토가 부족한 조선 백성들이 인구가 적은 만주 동부지역으로 이주하는 현상이 1860년대부터 뚜렷하게 나타났다.

1880년대 들어서는 러시아의 진출에 불안감을 느낀 청나라 정부가 봉금정책을 철폐하고 중국 농민들의 이 지역 이주를 장려하는 한편 조선인의 이주도 용인 내지 권장하는 상황으로 바뀌었다. 그 결과 소위 '북간도'(두만강 북쪽)와 '서간도'(압록강 상류 북쪽)에 조선어를 쓰고 조선 풍속을 지키는 교민 사회가 형성되었다.

20세기 들어 한민족의 국외 이주가 꾸준히 늘어났고, 이에 따라 해외 교민 사회도 커졌다. 이제는 한민족의 후예 중 10분의 1 이상이 한반도 밖에서 거주하게 되었고, 그 대부분이 어느 정도 민족 정체성을 보존하고 있다. 한민족의 활동 공간이 세계로 확장된 것이다.

한반도 안에서 거주하는 사람들도 그 활동의 실질적 공간이 한반도의 울타리를 넘어서게 되었다. 해외 출장과 여행 등 눈에 보이는 활동만이 아니라 수출품 생산에 종사하는 노동자들의 작업, 나아가 수입품을 소비하는 서민들의 일상생활도 세계의 경제·문화와 밀접한 관련을 가지게 된 것이다.

한민족은 그 형성 이후 오랫동안 반도의 농업국가를 무대로 존재해 왔다. 이 무대를 벗어난 지 한 세기, 한민족의 정체성은 옛날처럼 확연한 것이 아니다. 서울 시내에 살고 있어도 문화적 취향이 민족의 울타리를 한참 벗어난 사람들이 있는가 하면, 한국에서 이미 사라진 옛 풍습의 이런저런 모퉁이를 지키고 있는 조선족 마을이 중국에 있다. 한국 국적을 가지고 있어도 미국의 이익을 앞세워 생각하는 사람들이 있는가 하면, 일본 국적을 가지고도 한민족의 장래를 먼저 생각하는 사람들이 있다.

'국사'보다 '민족사'가 필요한 상황이 전개되고 있다. 대한민국의 정통성이 상해임시정부, 대한제국, 조선왕조를 거슬러 올라 단군조선까지 이어진다는 주장은 60년 전 식민지에서 막 풀려날 때는 극히 절박한 것이었다. 그러나 이제는 대다수 사람들의 관심을 잃어가는 주장이다. 변해가는 환경 속에서 민족 정체성은 어떻게 정의될 것이며 우리 장래에 어떤 작용을 할 것인가 하는 데로 사람들의 관심이 옮겨가고 있다.

만주와 반도 사이에
울타리가 없던 시절

한국사 개설서는 대개 고조선과 부여 이야기로 시작한다. 한반도 북방에 있던 나라들이다. 고조선이 말기에 평양 지역까지 옮겨와 있었다지만 이 나라들의 주 무대는 역시 만주였다. 만주는 한국사의 여명이 밝혀진 곳으로 인식되어왔다.

중국으로부터는 만리장성의 동북쪽 바깥, 몽골 사막지대의 동쪽, 한반도의 북쪽 경계선 바깥으로, 지금 중국 영토가 되어 있는 흑룡강(헤이룽강) 남쪽 일대를 통상 만주로 생각한다. 러시아 영토가 되어 있는 연해주 지역까지 넣어서 생각하기도 한다.

'만주'滿洲란 이름이 만들어진 것은 여진족이 청나라를 세울 때였다. 400년 만에 여진족 대통합을 이룬 누르하치는 분열의 시기 동안 '여진'의 이름을 잃어버린 인근의 모든 종족을 끌어들이기 위해 '만족'滿族이란 새 이름을 내걸었다. '만족의 땅'이란 뜻에서 '만주'란 이름이 쓰이게 된 것이었다.

1920년대부터 만주 지역에 지배력을 확보한 일본이 멸망한 청나라의 마지막 황제 부의溥儀를 불러들여 '만주국'이란 괴뢰국가의 황제로 삼았다. 이것을 중국인들은 당연히 싫어하여 역사서에서 만주국을 꼭 '위만'僞滿이라 부른다. '만주'란 이름까지 꺼려서 요녕(랴오닝), 길림(지린), 흑룡강 3개 성 및 내몽고자치구 일부로 구획되어 있는 이 지역을 '동북'東北이라 부른다.

한중관계사와 이 지역 역사 연구에 매진해온 김한규 교수(서강대)는 '요동'遼東이란 이름을 제안한다. 역사 속에서 '요동'이란 이름이 만주 일대를 가리키는 뜻으로 많이 쓰였으니 지나치게 중국 중심인 '동북'이나 중국인들이 극도로 싫어하는 '만주'보다 무난하지 않겠느냐 하는 뜻이다.

그러나 '요동'은 만주의 한 부분만을 가리키는 뜻으로 많이 쓰여온 말이기 때문에 곤란하다. '만주'에 대한 중국인의 거부감은 일시적 정치상황에 기인한 것이므로 그에 구애될 필요가 없다고 본다. 결국 그곳 사람들이 자기네 땅을 가리킨 말로 만들어 쓴 이름이 아닌가.

만주는 한반도와 대륙 사이에 위치한 지역이다. 육상교류가 해상교류보다 훨씬 용이하고 원활하던 시절에 만주의 정세 변화는 한반도에 큰 영향을 끼치는 요인이었다. 북방이 동토지대이고 동방이 바다로 막힌 만주 입장에서도 서방의 초원지대, 서남방의 중국과 함께 남방의 한반도로 교류 방향이 제한되어 있었다. 만주와 한반도는 지정학적으로 긴밀하게 서로 맺어져 있는 지역이었다.

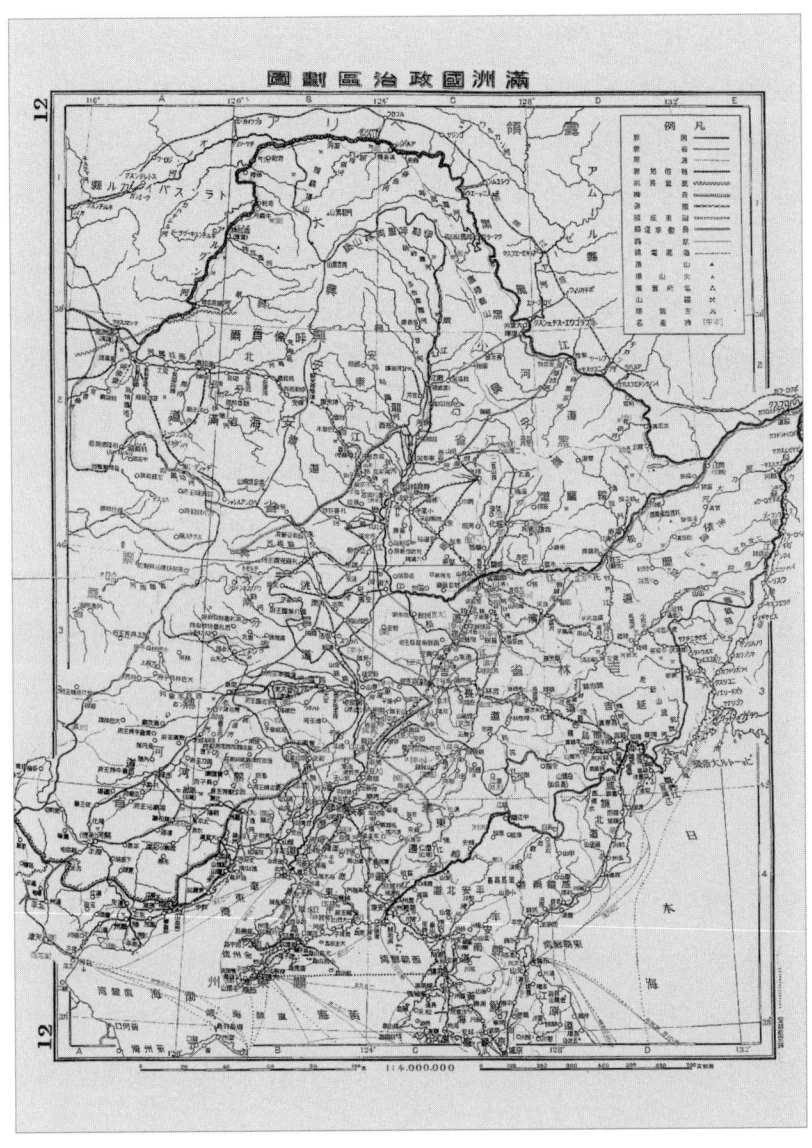

___ 1933년 일본에서 제작된 만주국 지도.

만주와 반도 사이에 울타리가 없던 시절

금속기문명이 대륙 내부에서 만주로 전파되는 데는 두 가지 경로가 있었다. 하나는 서방의 초원지대였고 또 하나는 서남방의 중국 방면이었다. 청동기문명은 초원지대를 통해 주로 전파된 것으로 보인다.

금속기문명의 전파는 인간의 거주와 활동 범위를 급격하게 늘려주었다. 그런데 이미 상당 수준의 농업문명이 자리 잡고 있던 온난한 중국 방면에 비해 문명권 외곽에 있던 한랭한 초원지대에서 그 변화가 더 급격했다. 서아시아 지역에서 새로 나타난 금속문명은 이 초원지대를 따라 빠른 속도로 퍼져나가 만주 지역에 도달했다. 만주에서 한반도에 걸쳐 시베리아계 스키타이 문화의 흔적이 도처에 남아 있는 것은 이 까닭이다.

그러나 시간이 지남에 따라 중국 방면으로부터 뻗쳐오는 압력이 더 강해졌다. 인구가 조밀한 농경지역이 철기문명을 완전히 소화해내자 사방으로 강한 힘을 내뿜는 복사輻射 현상을 일으킨 것이었다. 해가 뜨면 달과 별이 빛을 잃듯, 중국문명이 동아시아 지역의 중심으로 자리 잡으면서 주변 지역 사이의 횡적 교류는 그에 압도되었다.

만주에서 고대국가의 형성은 문명의 전파 경로가 서쪽에서 서남쪽으로 옮겨지는 시기에 이뤄진 것으로 보인다. 청동기시대에 부족연맹 성격의 국가가 형성되어 있던 것이 철기문명의 전파에 따라 보다 중앙집권적인 영토국가로 발전한 것이다. 따라서 이 단계에서는 중국 방면 세력과의 관계 변화가 큰 요인으로 작용하게 된다.

고조선의 세 단계를 살펴보자. 단군신화의 모티프는 동북아시아 지역에서 널리 나타나는 것이며, 새로운 문명이 토착 사회에 수용되는 상황을 그린 것이다. 삼부인三符印의 존재는 이 문명이 금속문명이었음을 시사해준다. 기자箕子 설화는 중국의 구체적 인물을 갖다댈 만큼 중국 문명의 영향이 넓어진 단계를 보여준다. 위만衛滿의 등장은 만주·한반도 지역과 중국 사이에 구체적 역학관계가 발생한 단계를 말해주는 것이다.

부여에서 고구려가 갈라져나오는 과정에서도 중국 방면 서남풍의 효과를 살필 수 있다. 만주 북부지역에 중심을 둔 부여는 부족연맹에 가까운 느슨한 국가체제를 지니고 있었던 것으로 보인다. 부여의 가장 남쪽, 압록강 유역에 있던 한 세력이 한4군 등을 통해 중국 문물을 접하면서 새로운 발전의 길을 걷게 된 것이 고구려였다. 새로운 환경에 부대끼며 부여보다 치밀한 국가체제를 키운 고구려는 그후 중국이 5호16국의 혼란에 빠져 변방을 경략할 여유를 가지지 못하는 동안 이 지역의 강자로 자라났다.

고대국가 형성기에 만주는 하나의 용광로처럼 여러 종족과 여러 문화전통이 뒤섞여 문명의 새로운 단계를 빚어내는 곳이었다. 동호東胡계, 숙신肅愼계, 예맥濊貊계의 큰 줄기들이 어울려 남방의 한韓계와 바다 건너 왜倭에 영향을 끼쳤다. 이 무렵의 상황을 기록한 중국 사서에서는 이들을 총칭해 '동이'東夷라 불렀다.

한반도에서는 만주 지역을 뒤따라 국가 형성과 문명 발전이 진행되었다. 예맥계와 한계가 주축이었다. 만주·한반도 고대문명의 이 지파들은 이후 곡절 끝에 반도국가로 통합되어 한민족을 형성했다. 한편 만주 지역의 지파들은 2,000년의 세월 동안 여러 단계에 걸쳐 중국에 통합되었다. 앞서서 통합된 지파들은 한족漢族에 융합되었고, 근세에 와서 통합된 지파들은 만족滿族 등 중국의 소수민족으로 남게 되었다.

금속기문명이 대륙으로부터 처음 전파되던 시절에는 대륙에 가까운 위치의 만주가 당연히 한반도보다 선진지역이었다. 고조선 수도의 남하, 부여에서 고구려의 파생, 고구려에서 백제의 파생이 모두 선진문명의 남진 현상을 보여주는 상황들이다. 고조선이 전국시대의 연燕나라와 각축을 벌이고 있을 때 한반도 남쪽에서는 삼한三韓의 느슨한 연맹 아래 부족국가들이 산재해 있었던 것으로 보인다.

그런데 기원전 3세기 이후 중국 방면으로부터 철기를 바탕으로 한 집약적 농업문명이 본격적으로 전파되면서 문명의 북고남저北高南低 상황이 서서히 바뀌기 시작했다. 온난한 기후의 한반도가 그 단계 농업문명의 정착에 더 유리한 조건이었기 때문이다. 7세기 신라 통일 무렵에는 저울추가 남쪽으로 기울어지기 시작했고, 10세기 이후 고려시대에 들어서서는 만주에 대한 한반도의 문화적 우위가 확연해져 있었다.

고대국가 형성기까지 만주와 한반도를 밀착시켜온 지정학적 조건은 한반도 지역의 농업문명 발달이 박차를 가하면서 약화된 것으로 보인다. 그 밀착상태를 마지막으로 체현한 것이 고구려였다. 4세기 이후의 고구려는 여러 민족으로 구성된 복합구조의 국가로서 남방의 농업사회와 북방의 유목·수렵사회를 포괄하고 있었다.

고구려 멸망 후 남방의 농업사회는 신라·고려에 흡수되고 북방의 유목·수렵사회는 발해로 넘어갔다. 발해와 신라의 국가구조에는 근본적인 차이가 없었던 것으로 보인다. 만주·한반도 지역의 고대국가 틀을 대략 공유하고 있었고, 그 위에 당나라의 율령제律令制를 덧씌우는 노력도 마찬가지였다.

그러나 고려가 과전제科田制를 중심으로 농업국가 체제를 정비할 때 그에 상응하는 정치조직의 발전이 만주에는 보이지 않았다. 만주는 그 단계에서 한반도처럼 집약적 농업문명을 발전시킬 지리적 조건을 갖추지 못했기 때문이었다.

10세기 초 발해 멸망 후 만주의 대부분 지역은 '야만의 땅'으로 남았다. 농업에 적합하고 중국 본토에 가까운 서남부의 요하 유역은 중국의 변방으로 경영되거나 요나라, 금나라 등 정복왕조의 중심지 노릇을 했지만, 동부의 산악지역과 북부의 한랭지역, 그리고 서북부의 초원지역은 상대적인 어둠 속에 잠겨 있었다. 이 어둠 속에서 이따금씩 튀어나와 문명세계를 뒤흔든 '오랑캐'들은 중국인에게나 한국인에게나 오랫동안 두려움의 대상이었다.

한반도
청동기시대의 유혹

선사시대의 기술 발전과정을 석기-청동기-철기 세 단계로 보는 관점은 흐리스티안 톰젠C. J. Thomsen(1788~1865)이 1836년 발표한 것이다. 덴마크 국립박물관장으로 있던 그는 스칸디나비아 지역 유물을 정리하는 과정에서 이 관점을 세웠는데, 이것은 즉각 유럽 전체의 선사시대를 보는 관점으로 채택되었고, 뒤이어 세계 모든 지역에서 선사시대의 기본 관점으로 자리 잡았다.

석기만 쓰던 시대를 지낸 뒤에 금속기가 나타나고, 금속기가 한번 나타나면 도로 없어지지 않는다는 것은 오래전부터 잘 알려진 사실이었다. 금속기 가운데에도 청동기와 철기 사이에 마찬가지의 비가역적 관계가 있다는 것이 이 3단계설의 요체였다. 청동기 재료는 그리 귀한 것도 아니고 그 제작에 필요한 기술수준이 철기 제작보다 훨씬 낮은 것이기 때문에 지역 내 기술 발전이 자연스럽게 펼쳐진다면 청동기를 거치지 않고 철기로 넘어갈 수 없다는 것이다.

청동기시대를 거치지 않고 석기시대에서 바로 철기시대로 넘어간 지역들이 실제로는 적지 않다. 문명의 변경지대에 위치한 지역이 미개한 상태에 머물러 있다가 독자적 발전의 기회를 가지기 전에 압도적 선진문명의 전파에 노출된 것으로 이해된다.

해방 전 일본 학자들이 주도한 한반도 선사시대 연구에서는 청동기시대의 존재가 부정되었다. 그런데 해방 후 남북한 학자들의 연구에서는 상당한 범위에서 청동기시대의 존재가 확인되었다. 지금은 기원전 1500년 이전의 청동기문화까지 논의되고 있다.

해방 전 축적된 연구가 미처 청동기문화의 존재까지 확인하기 어려웠다고 볼 만큼 적은 것은 아니었다. 편견의 작용을 의심할 여지가 있다. 일본인의 눈에 보이지 않던 것이 한국인 눈에 보였다는 사실은 연구를 둘러싼 정치적 입장의 차이를 말해주는 것이다.

청동기시대의 부재는 선사시대 한반도의 문화적 주체성 부재를 말하는 것으로 해석될 수 있었던 것이다. 일본 식민주의자들은 모든 면에서 한반도의 주체성을 부정하고 싶은 동기를 가지고 있었다. 고대사 내지 선사시대 연구에서는 한국만이 아니라 일본 자체를 대상으로도 이런 동기가 일본 학자들의 연구방향을 좌우한 경향이 폭넓게 확인되어 왔다.

해방 후 남북한 고고학계의 연구 성과 중 청동기시대의 확인이 특별히 주목받는 까닭이 이런 배경에 있다. 일본 식민주의자들의 입김에 의한 학술상의 제약을 극복한 것은 높이 평가해 마땅한 일이다. 다만,

과거의 제약에 대한 반동으로 청동기시대의 존재를 지나치게 과장하는 경향은 또한 조심해야 할 것이다.

과장의 유혹을 제일 뚜렷이 드러내는 문제는 청동기시대의 시작을 가능한 한 오래된 일로 끌어올리려는 경향이다. 청동기시대의 의미를 넓게 해석하려는 경향도 여기에 해당한다.

엄밀히 말해서 청동기문화란 청동기를 그 지역에서 제작해 사용하는 상황을 가리키는 것이다. 그런데 한반도 내에서 청동기를 제작한 흔적이 보이지 않는 단계에 만주 지역에서 제작된 것으로 보이는 청동기가 한반도 내의 유적에서 발견되는 사례들이 많이 있다. 이처럼 수입된 청동기가 사회의 극히 일부에서 쓰인 시기까지 청동기시대의 범위에 넣어서 보려 하는 경향이 한국 학계에 있어왔다.

한반도의 많은 지역에서는 청동기시대 초기에 수입 청동기를 쓰는 단계가 수백 년간 계속되다가 청동기를 만들어 쓰는 단계로 넘어간 것이 확인되었다. 그러나 수입 청동기를 쓰던 사회 중에는 청동기 자체 제작 단계를 거치지 않고 철기문화를 받아들인 경우도 있었다. 수입 경로가 막혀 청동기 사용이 중단되는 경우도 있었다.

톰젠의 3단계 구분법은 비가역성을 전제로 하는 것이다. 청동기를 만들어 쓴 청동기 사회는 멸망해버리지 않는 한 철기시대로 나아가지, 석기시대로 되돌아가지 않는다고 보는 것이다. 수입 청동기만을 사용한 사회는 이 비가역성의 조건을 충족시키지 못하므로 진정한 청동기 문화라 할 수 없다.

동북아시아 지역의 청동기문화 중 어느 정도 난숙한 단계에 이른 것을 크게 보아 세 갈래로 나눈다. 중국 중심부의 '중국식', 중국 서북방의 '북방식', 그리고 중국 동북방의 '요녕식'이다.

북방식과 중국식 단검은 칼몸과 칼자루를 한꺼번에 주조하는 것인데 반해, 요녕식 단검은 칼몸만을 주조하여 칼자루를 꽂게 되어 있고, '비파형' 동검이라는 다른 이름대로 칼몸 아래쪽이 비파 모양의 완만한 곡선을 이룬다. 만주 일대에서 한반도 북부에 걸친 요녕식 단검의 분포 지역을 보더라도, 그리고 다음 단계에서 한반도에 집중적으로 나타나는 세형동검이 비파형 동검과 공유하는 특징을 보더라도, 요녕식 청동기문화가 한민족 형성 배경과 직접 연관된 것임을 분명하게 알아볼 수 있다.

기원전 7세기에서 4세기까지 뚜렷이 나타난 요녕식 청동기문화를 고조선이나 부여 같은 문헌상의 동이족 국가의 문화로 비정比定하고 싶어 하는 한국 학자들이 있다. 중국식 청동기문화와 당당히 대비되는 요녕식 청동기문화를 통째로 한민족 역사에 귀속시킴으로써 민족 자존심을 드높이려는 뜻이 작용하는 것 같다.

그러나 요녕식 청동기 유물의 분포는 동이족 국가들의 영역보다 훨씬 서쪽까지 뻗쳐 있다. 이것을 가지고 동이족 활동 영역이 그만큼 더 넓었던 것으로 해석하려는 유혹을 느끼는 사람들도 있는 것 같다. 욕심이 앞선 추론으로 보인다. '동이'란 중국인들이 자기네 문명권보다 동쪽에 있는 모든 족속을 묶어서 부른 이름이므로 한민족의 조상보다 훨씬 넓은 범위를 가리킨 것인데, 요녕식 청동기문화는 동이족 영역보다도 더 넓은 지역에서 펼쳐진 것이었다.

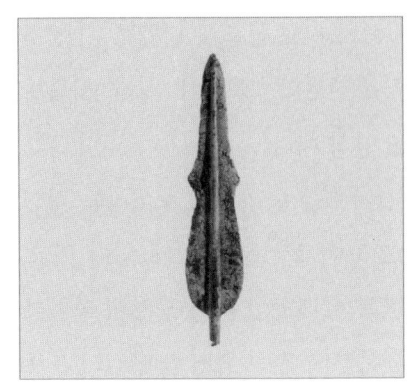 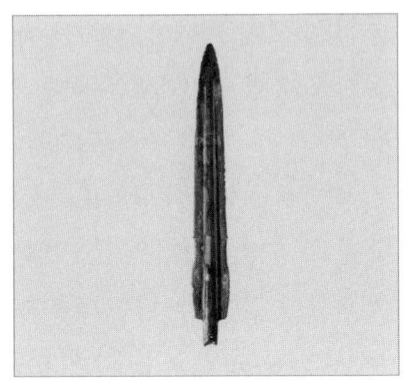

___ **요녕식 동검과 세형동검** 한반도 청동기문화는 중국에서 수입된 철기문화에 자리를 내주었다.

역사시대가 시작될 무렵 만주 지역 주민이던 예맥계, 숙신계, 동호계의 세 갈래 중 예맥계는 한반도 남부의 한韓계와 어울려 한민족의 주축을 이루면서 일부가 만주족에 연결되었고, 숙신계는 만주족의 주축으로 이어지면서 일부가 한민족에 융화되었다. 중국 문헌에서 말한 동이족이란 대개 예맥계와 숙신계, 그리고 한韓계와 일본의 왜인을 가리킨 것이었다.

예맥, 숙신, 동호, 동이 등은 모두 철기시대가 시작된 후의 중국 기록에 나타난 말들이다. 그런데 철기시대에 앞서 이 모든 종족들의 거주지역 전반에 걸쳐 존재한 것으로 나타나는 것이 요녕식 청동기문화다. 중국 내부의 중국식 청동기문화나 몽골-오르도스 지역의 북방식 청동기문화와 대비되는 하나의 문명권이 역사시대 진입 직전 만주 일원에 상당 기간에 걸쳐 존재했고, 한민족의 조상을 포함한 그 지역의 여러 종족이 그 물질문화를 공유했음을 보여주는 것이다.

요녕식 청동기보다 한민족의 원류를 더 구체적으로 보여주는 것이 세형동검이다. 세형동검은 요녕식 청동기의 전성기를 이은 시기, 기원전 4세기 이후 3~400년간 제작된 것이며 비파형 동검의 핵심적 특징들을 물려받았기 때문에 요녕식 청동기에서 파생된 것으로 당연히 이해된다. 만주 동부에서 한반도에 걸쳐 출토되고 한반도 출토의 비중이 매우 높다. 그리고 한반도 출토 세형동검은 만주 지역의 것과 다른 특징들을 가진 것이 있어서, 이 단계에서는 한반도 내의 청동기 제작이 광범하게 이뤄졌다는 사실을 미루어 알 수 있다.

그러나 세형동검 단계에 들어와서도 청동기는 분묘에서만 발굴될 뿐, 주거지 등 다른 유적에서는 거의 발견되지 않는다. 청동기가 아직도 좁은 범위의 사람들에 의해 좁은 범위의 용도에만 쓰이고 있었음을 말해주는 사실이다. 유물 종류도 동검, 동과銅戈 등 무기류, 거울, 방울 등 장신구류와 의기儀器류에 제한되어 있다. 세형동검의 시대가 철기 도입이 시작되고 있던 때였음을 생각하면, 한반도의 고유한 청동기문화는 아주 난숙한 단계까지 숙성되지 못한 채 철기문화에 자리를 넘겨준 것으로 보인다.

한반도 청동기시대 유물로 특히 흥미로운 것이 마제석검磨製石劍(간돌검)이다. 마제석검은 한반도 전역의 청동기시대 유적에서 널리 발견되었고, 러시아 연해주 지역과 일본 일부 지역에서도 발견되었는데, 만주의 요녕식 청동기 분포지역에서는 거의 발견되지 않고 있다. 그래서 마제석검은 한반도에서 발생해 주변 후진지역으로 얼마간 전파된 것으로 여겨진다.

마제석검은 무덤만이 아니라 집터 등 다른 유적에서도 많이 발굴되고, 발굴된 정황이나 유물 상태로 보아 실생활에도 쓰인 것으로 보이는 것이 많다. 그러나 무덤에서 발굴된 것은 대개 실용품으로 볼 수 없는 정교한 형태로서, 의기로 쓰였음에 틀림없다.

의기로서 마제석검은 청동검의 형태를 모방한 것으로 이해된다. 얼마 전까지는 그 모델이 같은 시대 같은 지역의 세형동검일 것으로만 추정했는데, 요녕식, 북방식, 중국식 등 동북아시아의 여러 계열 청동기가 두루 그 모델이 된 것이 아닌가 하는 의견이 근래의 발굴결과에 따라 제기되고 있다.

무덤에 부장하기 위해 청동검을 모방한 마제석검을 만들었다는 것은 청동검이 권위의 상징으로 널리 인식되었으면서도 원하는 대로 무덤에 넣을 수 있을 만큼 널리 보급되지는 못했던 상황을 보여준다. 한반도 여러 곳에서 세형동검 단계의 거푸집이 많이 발굴되어 청동기 제작이 이뤄진 사실을 말해주지만, 청동기 사용 범위보다 제작 범위가 훨씬 좁은 단계에 머물러 있었던 것으로 보인다.

마제석검이 세형동검뿐만 아니라 요녕식, 북방식, 중국식의 여러 가지 청동검을 모델로 삼았다는 사실은 당시 한반도 내에 이들 여러 계통 문화를 계승한 종족들이 뒤얽혀 살고 있었음을 추측하게 해준다. 여러 가지 양식의 청동검은 각각 서로 다른 계통의 문화를 가진 사회에서 권위의 상징으로 쓰였다. 그 각각의 문화로부터 영향을 받은 소규모 사회들이 한반도 내에 흩어져 있으면서 서로 문화적 독자성을 지키고 있던 상황을 여러 가지 양식의 마제석검이 보여주는 것이 아닌가 하는 것이다.

금속 사용은 잉여생산을 늘림으로써 정치조직의 대형화를 가능하게 해주었다. 그러나 청동기의 힘은 철기에 비해 훨씬 약한 것이었고, 한반도에서는 그나마 산업 분야에 널리 활용되지도 못한 것 같다. 역사시대 초기 기록에 보이는 마한 55개국, 진한 12개국 하는 '국'國이란 인구 수백의 부족집단, 기껏해야 수천 명의 부족국가 수준으로 짐작된다.

청동기시대의 한반도에는 수많은 나라들이 점점이 널려 있었다. 그들은 대륙의 여러 계통으로부터 갈래갈래 전해받은 각자의 문화를 이웃들과 융화시키지 않은 채 지키고 있었다. 그중에는 청동기나 철기를 수입해와서 쓰는 나라들도 있었고, 나아가 그 제조에 착수하는 나라들도 있었다. 금속을 앞장서서 적극적으로 쓴 나라들이 시간이 지남에 따라 우세한 실력을 키우고, 다음 단계에서 영역국가 건설에 앞장설 준비를 하고 있었던 것이다.

문명의 블랙홀,
중국의 출현

문명의 발달은 보편성의 확산을 가져온다. 동아시아의 경우 황하(황허) 중류 유역에서 발생한 한자문명이 발달함에 따라 인접 지역이 끊임없이 중국문명 속으로 흡수되었다. 각 지역이 원래 가지고 있던 문화적 개별성이 흐려지고 사라져가는 과정이었다.

기원전 8세기 춘추시대가 시작될 때까지의 초기 한자문명은 '중국문명'이라기보다 '황하문명'이라고 부르는 편이 더 적합할 것이다. 당시의 문명권은 황하와 회수(화이수이) 유역에 국한되어 있었고, 양자강(양쯔강) 유역만 해도 '만이'蠻夷의 땅으로 여겨지고 있었다. 양자강 유역이 중국문명권에 편입되는 모습에서 중국문명의 전형적 확장방식을 알아볼 수 있다.

기원전 8세기 후반 양자강 중류 유역에 있던 초楚나라 임금 웅통熊通이 중원을 침공하면서 주周나라 왕에게 초나라의 국가 등급을 높여줄 것을 요구했다. 당시 주나라 왕은 천자로서 천하의 명목상 지배자였다. 다른 나라 임금들은 형식적으로 그에게 제후로서 복속하는 관계였고 높고 낮은 서열을 천자가 정해주고 있었다.

웅통은 자신이 삼황오제 중 전욱顓頊의 후예이며 조상 중에 옛날 주나라 천자의 스승 노릇을 한 사람이 있었다는 이유로 자신을 높은 등급의 제후로 임명해줄 것을 청했다. 이 청원이 거부되자 웅통은 "천자가 높여주지 않는다면 내 스스로 높이겠다"며 천자와 대등한 '왕'王의 호칭을 취해 무왕武王을 자칭했다.

기원전 6세기 말 초나라의 동쪽 양자강 하류에서 크게 세력을 일으킨 오吳나라 임금 합려闔廬는 자기 집안이 주나라 왕실의 조상으로부터 갈라져나온 것이라 주장하며 스스로 왕을 칭했다. 얼마 후 그 인근에서 일어난 월越나라 임금 구천勾踐은 우禹임금의 후예를 자처하며 역시 왕을 칭했다.

춘추시대 이전까지 황하문명과 별도로 청동기문화를 펼치고 있던 양자강 유역의 세력들이 중국문명으로 합류하는 과정이 초, 오, 월 세 나라의 등장에 비쳐 보이는 것이다. 이 나라들은 황하문명 전체와 경쟁할 만한 세력 규모를 가지고 있었기 때문에 주나라 천자와 대등한 칭호를 스스로 취했으며, 그것을 정당화하기 위해 황하문명에서 큰 권위를 가진 인물의 후예라고 주장했다. 고조선의 어느 단계에서 상商나라 왕실 출신 기자箕子의 이름이 나타나는 것도 이와 비슷한 상황으로 이해된다.

기원전 8세기에서 6세기까지 춘추시대가 중국문명다운 중국문명의 출발점이라고 나는 본다. 무엇보다도 문자기록이 폭발적으로 늘어난 시기였다. 그로부터 더 시대가 흘러가면 기록은 물론 더 늘어난다. 그러나 춘추시대에 체계적 기록이 발생한 것은 참으로 특이한 현상이었다. 그 이전의 기록은 갑골문甲骨文이나 금석문金石文의 형태로 단편적으로 나타난 것이었는데, 춘추시대의 기록은 체계적인 경서經書의 형태로 전해져 중국문명의 기반이 되었다.

무엇이 이 특이한 현상을 이끌어낸 것일까? 문명 발달의 과정에는 여러 가지 요소들이 닭과 달걀의 관계처럼 서로 얽혀서 나타나기 때문에 어느 한 가지를 꼭 집어내서 말하기 힘들다. 그러나 춘추시대의 변화에서 단연 눈에 띄는 것이 하나 있다. 제철기술이다.

철기의 보급과 관련해 제일 먼저 떠오르는 이름은 히타이트다. 기원전 19세기에서 13세기까지 지금의 터키 지역에 있던 히타이트 제국은 제철기술을 크게 발달시켜 널리 퍼뜨렸다. 그러나 기원전 1300년경 처음으로 나타난 중국의 철기는 독자적 발명으로 보는 시각이 우세하다. 기술 내용에 차이가 많기 때문이다.

중국 제철기술의 가장 특이한 점은 주조鑄造가 일찍부터 발달했다는 것이다. 비슷한 시기에 철기문명이 시작된 지중해 연안에서는 단조鍛造에만 의지하다가 기원후 10세기가 지나서야 주조기술이 보급되었다.

용광로로 쇠를 부어내는 주조가 공장생산이라면 망치로 두들겨내는 단조는 수공업이다. 유럽에서 철 사용량이 구리와 청동을 앞지르게 되는 것은 주조기술 보급 이후의 일이었다. 철제품은 그때까지 귀중품이었던 것이다. 반면 중국에서는 그 1,500년 전부터 모든 병사가 철제 무기를 휘두르고 모든 농부가 철제 농구를 쓰는 상황이 펼쳐지고 있었다.

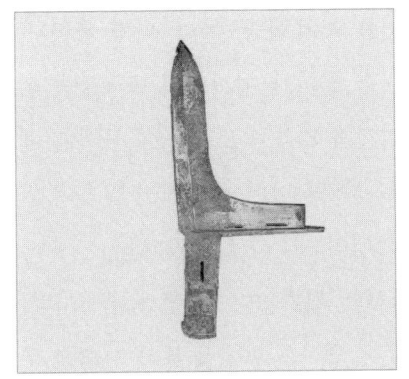 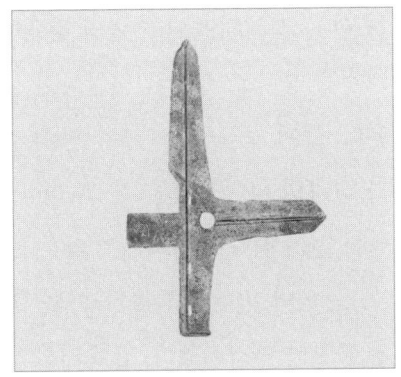

___ 전국시대의 무기인 과戈와 극戟 중국에서는 중세까지 다른 문명권과 비교가 되지 않는 많은 양의 철기를 만들어냈다.

철은 지구에서 가장 흔한 물질의 하나다. 지구를 구성하는 원소 중 철의 비율은 35퍼센트에 이르고 지각층에서도 5퍼센트가 넘는다. 이런 흔한 물질로 단단하고 예리한 도구를 만들게 된 것은 인류 최대의 재료 혁명이었다. 그런데 중국문명이 이 혁명의 가장 큰 성과를 1,500년간 독점하고 있었던 것이다. 이 독점상태가 중국의 군사력과 생산력에 가져다준 이득은 이루 말할 수 없다.

춘추시대 문헌기록의 증가도 철기 대량 보급이 일으킨 수많은 효과의 하나였다. 생산성의 급격한 향상 덕분에 직접 생산으로부터 격리된 학술과 문화 활동이 늘어날 수 있었다. 이 학술과 문화의 축적이 뛰어난 생산력과 군사력에 겹쳐지면서 중국문명의 막강한 흡인력과 복사력輻射力을 만들어준 것이었다.

중국문명이 동아시아 지역에서 확장되는 과정을 생각하면 얼음덩이가 가득 널린 들판이 떠오른다. 들판 한 모퉁이에 누가 모닥불 하나를 피운다. 그 모닥불이 주변의 얼음덩이를 녹여 물웅덩이 하나가 생긴다. 그것을 좋다고 생각한 사람들이 불씨를 얻어가 여기저기 모닥불을 피운다. 들판 구석구석에 모닥불이 피워지자 얼음이 모두 녹아 들판 전체가 하나의 바다로 변했다. 그러나 저쪽 언덕 너머 들판에는 얼음이 다 녹아도 이 바다에 합쳐지지 않은 하나의 호수가 따로 남았다.

문명의 힘이 얼음을 녹이는 모닥불의 열기였다. 금속과 문자가 가장 중요한 땔감이었다. 금속기의 사용은 생산력 향상을 통해 사회를 분화시키고 교역을 증대시킴으로써 사회조직의 대형화를 불러왔다. 문자의 발달은 사회조직의 대형화를 뒷받침하는 한편 언어와 문화에 통합의 압력을 가했다. 석기시대까지 강 하나 산 하나를 사이에 둔 가까운 위치에서도 교섭의 필요를 별로 느끼지 않고 얼음덩이처럼 따로 놀던 조그만 사회들이 하나의 호수로, 그리고 바다로 합쳐가게 된 것이었다.

큼직한 호수 하나가 바다로 자라나고 있고 여기저기 올망졸망한 웅덩이들이 널려 있던 것이 철기시대 시작 무렵 동아시아 천하의 모습이었다. 어느 웅덩이가 바다에 합쳐지게 될지 어느 웅덩이가 호수로 따로 남게 될지도 알아볼 수 없는 상황이었다. 이 무렵 한반도 위에서 여러 계통의 문화를 펼치며 살고 있던 사람들은 자기네 후손들이 한민족이라는 하나의 공동체를 이루게 될 것을 상상도 하지 못하고 있었다.

7세기의 중국은 문명의 바다가 되어 있었다. 그 바로 바깥에 꽤 큰 호수로 자라나 있던 것이 고구려였고, 그 남쪽으로 두 개의 연못, 백제와 신라가 자라나고 있었다. 중국은 고구려를 멸망시켜 그 호수를 바다에 합치고자 했다. 그러나 그 과정에서 신라와 백제의 연못이 합쳐지고 고구려 호수의 물도 그쪽으로 많이 흘러가 새 호수를 이루었다.

통일 당시까지 신라는 그리 큰 호수가 못 되었다. 그러나 당나라의 힘을 빌리는 과정에서 선진문물을 대거 받아들여 모닥불을 크게 키웠고, 고구려 멸망 후 반도 내의 통치권을 독점한 상황에서 아직까지도 여기저기 널려 있던 얼음덩이와 물웅덩이들을 하나의 호수로 합쳐나갈 여건을 누리게 되었다.

중국문명이 하나의 양양한 바다로 모습을 드러낸 것이 진 시황의 통일이었다. 그 통일은 정치적·군사적 통일에 그치지 않았다. 도량형의 표준화와 도로망의 정비로 경제적 통일을 기했고, 문자 통일과 분서갱유를 통해 문화적 통일을 이루었다. 중국문명이 중화제국이라는 몸을 가지게 된 것이었다.

중화제국의 지배자들은 자신의 역할이 한 국가의 통치자일 뿐 아니라 문명의 대표자라는 의식을 가지고 있었다. 문명은 하늘 아래 모든 곳에 펼쳐질 당위를 가진 원리였다. 지금 당장 문명이 펼쳐져 있는 영역이 하나의 제국으로 조직되어 있는 것이고, 아직까지 펼쳐져 있지 못한 곳까지 문명을 넓혀나가는 것이 제국의 사명이었다.

그들은 온 세상을 '천하'天下라는 이름으로 부르고 그것을 두 개의 영역으로 구분해서 보았다. 제국으로 조직되어 있는 '중화'中華, 즉 문명이 확립되어 있는 영역과 제국 밖의 '만이'蠻夷, 즉 문명이 덜 미친 영역이었다. 그리고 천하 전체를 제국의 연장선 위에서 조직하려 노력했다. 천자를 중심으로 문명의 동심원을 그리는 '천하체제'였다.

천하체제는 하나의 이념에 그치지 않고 현실적으로도 중화제국의 안보에 요긴한 역할을 맡았다. 주변의 만이가 중국의 기술을 습득하여 중국을 위협할 만한 세력을 키우는 것은 언제나 일어날 수 있는 일이었다. 그럴 가능성이 있는 세력들을 조공-책봉 관계로 묶어 중국에 대한 위협을 통제하는 것이 천하체제의 현실적 효용이었다.

물론 중국 역사상 오랑캐의 중국 정복은 거듭거듭 일어난 일이다. 그러나 그런 일이 너무 자주 일어나지 않도록 천하체제의 존재가 억제해주었고, 정복이 이뤄진 뒤에도 정복왕조 스스로 천하체제를 복원하도록 이끄는 힘이 작용했다.

천하체제 이념은 춘추시대에 형성되어 진한秦漢제국에서 실현된 후 청나라 때까지 중화제국의 밑바탕에 계속해서 깔려 있었다. 각 시대마다 그 나타난 모습에는 차이가 있었지만 중국의 대외관계를 규정하는 기본 원리라는 역할에는 변함이 없었다. 그리고 이것이 한민족에게는 그 형성 단계부터 중요한 외적 조건으로 꾸준히 작용했다.

한반도 내부의 문화 발달은 내면적 조건에 따라서만 이뤄진 것이 아니었다. 중국문명이 끊임없이 유입되어 영향을 끼쳤다. 유입된 중국문명은 한반도를 중국에 동화시키려는 압력으로도 작용했으나 한반도 내부의 문화적 동질성 강화에 공헌하는 데 그치고, 한민족의 정체성을 결정적으로 무너뜨리는 데는 이르지 못했다.

화이부동 和而不同의 전통

'민족'이라 하면 흔히 혈연적 유대감을 떠올린다. 하나의 인구집단이 하나의 지역에서 하나의 사회를 이루고 오랫동안 살아왔다면 그 사이에 상당한 정도의 혈연적 유대가 형성되는 것은 자연스러운 일이다.

그러나 '단군 할아버지의 자손'이라는 믿음은 하나의 상징이고 비유일 뿐이다. 한국의 성씨들 중에는 신라 통일 이후에 도래한 시조를 가진 집안들이 많이 있다. 이들이 단군의 혈통이 아니라 해서 민족으로부터 제외되지 않는다. '단군의 후예'라 함은 그 정신적 계승자를 일컫는 것이지, 혈연관계를 말하는 것이 아니다.

한민족의 조상을 찾는다면 우선 한나라 군대가 고조선을 정벌하러 온 기원전 109년 당시 만주와 한반도에 거주하던 사람들을 살펴보아야 한다. 청동기시대 만주와 한반도에는 알타이어계 언어를 가진 수많은 종족집단들이 거주하며 농경문화를 꽃피우고 있었다. 그 대부분은 그

후 2,000년 동안 중국문명 또는 중국에 흡수되어 모습을 감췄다. 그 후예 중 중국문명에 깊이 동화하면서도 궁극적인 정체성을 지켜온 것이 한민족이다.

청동기시대 만주·한반도 주민들에게 중국으로 흡수되는 길과 한민족으로 살아남는 길은 어떻게 갈라진 것일까? 중국문명을 극단적으로 거부한 사람들은 미개한 상태에 머물러 있다가 정복의 대상이 되었다. 더러 군사력을 키워 오히려 중국을 정복한 경우도 있었지만, 그 역시 중국으로 흡수되는 길이었다. 거꾸로 중국문명을 아무 저항 없이 수용한 사람들은 자진해서 중국에 흡수되었다.

생존의 길은 중국문명을 거부하지도 않으면서 또한 거기에 매몰되지도 않는 '화이부동'和而不同이었다. 중국의 군사적·경제적·문화적 압력을 견뎌낼 실력을 기르는 데 필요한 중국의 문명과 기술을 받아들이면서 중국과 다른 고유한 전통을 그에 조화시켜 복합적 문화전통을 창출한 것이 한민족 정체성의 바탕이었다.

이 복합적 문화전통의 가장 두드러진 측면이 언어와 문자다. 자기 언어를 지키기 위한 가장 큰 기본 조건은 정치적 독립이다. 지배자와 피지배자가 서로 다른 언어를 가지고 있을 때, 지배자가 통치의 편의를 위해 자기 언어를 피지배자에게 강요할 뿐 아니라 피지배자도 여러 가지 이유로 지배자의 언어를 받아들이려는 욕구를 보인다. 식민지가 아니라도 미국의 영향을 강하게 받는 남한 사회에서 영어 사용이 늘어나는 경향에서도 그런 욕구가 나타난다.

중국의 소수민족 중 만주족은 약 1,500만의 인구를 가진 비교적 큰 집단이다. 그러나 만주어를 일상생활에 쓰는 사람은 전혀 없다. 만주어를 쓰는 사회가 사라진 것이다. 만주족은 1644년 중국을 정복하고 청 왕조를 세워 1910년까지 중국을 지배했다. 그런데 지배자의 언어인 만주어가 한어漢語에 밀려 사라진 것이다. 군사적·정치적으로는 만주족이 지배자 행세를 했지만 문화적으로는 중국문명에 정복당한 결과다. 그전에도 중국을 정복하고 왕조를 세웠던 이민족들이 거듭해서 겪은 일이었다.

한민족의 정치적 독립이 역사상 가장 큰 위협을 받은 것은 몽골 정복 때였다. 100년 가까이 원나라의 지배를 받는 동안 원나라의 한 성省으로 편입될 것을 청원하는 움직임이 고려 내부에서 일어나기까지 했다. 이 청원을 소수 매국노의 망령된 행동으로 볼 수도 있겠지만, 보다 높은 문명으로 나아가려는 합리적 동기도 아울러 생각할 수 있을 것이다.

원나라 조정에서 고려 합병 청원을 기각한 데는 두 가지 측면이 작용했다. 첫째는 고려가 중국과 다른 문화전통을 지키면서도 높은 문명 수준에 도달해 있었기 때문에 중국문명에 스스로 어울리지 못하는 미개한 나라처럼 병탄할 필요를 느끼지 않았던 것이다. 또 하나는 몽골 지배층 자신이 몽골 전통과 중국문명을 조화시키는 노력을 해왔기 때문에 고려가 가진 자기네와 비슷한 틀의 복합문화에 대한 이해가 쉬웠으리라는 것이다.

고려에 대한 원나라의 간섭이 심한 만큼 두 나라 사이의 교섭도 밀접했다. 원나라의 간섭을 받는 동안 고려는 중국문명을 매우 활발하게 수입해 중국과 대등한 수준의 학술과 기술을 가지게 되었다. 조선 초기,

특히 세종 때의 문화적 성취는 여기에 기반을 둔 것이었다. 위기를 기회로 바꾼 셈이다. 한글 창제도 이런 배경 위에서 이루어진 일이었다.

알타이어계 언어를 담기 위해 만들어진 문자 중 한글은 한자와의 호환성이 뛰어난 작품이다. 한자 하나를 통상 두 글자 이상으로 표기해야 하는 일본 문자와 비교하면 한 글자가 한자 하나와 대응하는 한글의 특징이 분명하다.

한글은 한자문명과 고유문화를 융화시켜 한글·한자 복합문화를 키워내는 그릇이 되었다. 20세기에 들어와 중국문명보다 서양문명의 영향력이 커지는 새로운 상황에서도 빼어난 유연성을 가진 한글은 한민족의 고유문화를 지키고 키우는 훌륭한 그릇으로 그 가치를 한껏 발휘했다.

한민족의 조상 중 뛰어난 군사력을 보여준 사례로 광개토왕과 을지문덕이 대표하는 고구려를 흔히 이야기한다. 고구려는 반도국가라기보다 대륙국가였다. 신라 통일 이후 반도 안에서 집약적 농업사회를 발전시킨 한민족은 정복자의 기상을 보여준 일이 거의 없었다. 12세기 초 윤관의 여진 정벌, 그리고 15세기 초 이종무의 대마도 정벌 정도가 한민족의 대외정복 사업으로 두드러진 것이었다.

한민족의 존재를 보장해온 것은 군사력이 아니라 문화력이었다. 993년 거란의 침공을 서희의 담판으로 해결하고 오히려 영토를 확장한 과정에서 이 점을 확인할 수 있다.

고려가 후삼국을 통일할 무렵 거란이 북방에서 세력을 키우고 있었다. 거란은 926년 발해를 정복했고, 936년 연운燕雲 16주를 차지하여

___ 「훈민정음」 한글 창제는 조선의 말과 중국의 글을 효과적으로 연결하기 위한 것이었다.

중국에까지 위세를 떨쳤다. 고려는 발해의 고토와 유민을 놓고 경쟁하는 입장에서 거란을 적대하고 있다가 그 대규모 침공을 맞게 되었다.

위기에 빠진 고려 조정에서는 땅을 떼어주고 강화를 맺자는 방침이 유력하게 제기되기까지 했다. 그런데 서희가 사신으로 나서서 거란 측과 담판한 결과 지금의 평안북도 지역인 강동江東 6주를 오히려 거란으로부터 할양받는 전화위복의 결과를 가져왔다.

고려에 대한 거란의 요구는 땅을 내놓으라는 것이 아니라 송나라와 관계를 끊고 자기네와 조공관계를 맺으라는 것이었다. 그리고 강동 6주는 당시 여진족 거주지역이었다. 강동 6주를 고려에게 주어 고려로 하여금 여진을 견제하게 하는 것이 거란의 뜻이었고, 서희는 이 뜻을 잘 읽었기 때문에 담판에 성공한 것이었다.

고려 침공 당시 거란은 대규모 중국 정벌을 준비하고 있었다. 고려 침공은 배후를 든든히 하기 위한 준비 작업이었다. 거란의 배후에 있는 세력은 여진과 고려였다. 그런데 고려는 우호관계를 맺어놓으면 안심할 수 있는 상대라고 여겼기 때문에 고려에게 유리한 조건으로 관계를 서둘러 안정시킨 것이었다. 고려가 거란에게 그런 신뢰감을 준 것은 문화수준과 정치조직이 여진보다 우월하기 때문이었다.

서희의 담판 100여 년 후에는 여진이 중원을 점령했고 다시 100여 년 후에는 몽골이 천하를 휩쓸었다. 군사적으로는 고려가 이들의 기세를 감당할 수 없었다. 그러나 어느 정복자도 고려라는 국가를 없애려 들지 않았고, 한민족의 정체성을 말살하려 들지 않았다. 뛰어난 문명국인 고려가 자기 색깔을 가지고 살아남는 것이 천하의 균형과 조화를 위해 바람직한 일이었기 때문이다.

한 개인에게도 "나는 부러질지언정 굽히지 못하는 사람이야!", "나는 내 가족을 위해서라면 무슨 짓이라도 할 수 있는 사람이야!" 하는 식의 자기암시가 지나치면 사회에 대한 적응력과 성실성에 흠이 될 수 있다. 하물며 수많은 사람들의 공동체인 민족에 대해 주관적인 독단을 강하게 내세우는 것은 대단히 위험한 일이다. 민족주의가 역사상 많은 비극과 참화를 불러온 것은 대개 이런 독단에 원인이 있었다.

그렇기 때문에 '민족성'에 대한 이야기는 나는 말하는 것도 꺼리고 듣는 것도 싫어한다. 깨끗한 것을 좋아하는 '백의민족'이라고 하는데, 우리의 위생관념이 남들보다 뛰어난 점이 무엇이 있는가? 평화를 사랑하는 민족이라고 하는데, 우리가 베트남에 가서 한 일 중에는 변명하기 힘든 것이 많다. 근년 많이 좋아지고 있기는 하지만 우리 사회가 외국인 노동자들을 어떻게 대해왔는가?

우리 민족은 보통사람들이다. 용감한 면이 있는가 하면 비겁한 면도 있고, 너그러운 면이 있는가 하면 잔인한 면도 있고, 건강한 면이 있는가 하면 병든 면도 있는 하나의 사회이며 인구집단이다. 다른 사회나 인구집단과 큰 차이가 없다.

그러나 한 개인이 할 수 있는 일이 그가 겪어온 경험에 많이 좌우되는 것처럼 하나의 사회, 하나의 민족도 그 역사적 경험을 통해 특정한 방향의 적성을 어느 정도 가질 수 있다. 우리 민족이 오랫동안 집약적 농업사회를 이루고 발전해오면서 군사적 힘보다는 문화적 역량에 더 많이 의존해왔다는 사실을 그런 차원에서 지적하고 싶은 것이다.

신라 통일 이후 19세기에 이르기까지 한민족은 뛰어난 폭력으로 남을 굴복시키기보다는 착실한 실력으로 존중을 받아왔다. 옛 질서를 깨뜨리고 새 질서를 세우는 데 앞장서기보다는 변화에 순응하며 새로운 조화를 창출함으로써 생존과 번영을 보장받아왔다. 이런 자세가 오늘의 상황에도 적합한 것일지는 물론 따져볼 여지가 있는 일이다. 그러나 민족사의 대부분을 통해 한민족이 어떤 자세를 취해왔는지는 우리가 내일을 생각할 때도 염두에 둘 만한 일이다.

2

한민족 형성의 움직임은 철기문명의 전래를 계기로 뚜렷해졌다.
철기 보급으로 집약농업이 심화되면서
조직이 강화된 고대국가들이 나타난 것이었다.
농업기술의 발전과 확산에 따라
이 국가들이 반도 전체를 경영할 잠재력을 키워나갔다.
철기문명의 발원지 중국은 이 단계부터 한민족사의 기본 조건으로 작용하기 시작했다.
그 작용에는 여러 형태가 있었다.
중국으로부터의 이주민들이 문물을 도입해오기도 하고,
고조선과 전국시대 연나라 사이의 군사적 접촉을 통해 기술이 전파되기도 했다.
그러나 무엇보다 효과적이고 지속적인 문명 전파의 통로가 된 것은
한 무제가 설치한 군현들이었다.
한4군, 특히 400여 년에 걸친 낙랑의 존재는 한반도 중남부 지역의 발전에 큰 자극을 주었다.
북방에서 고구려가 패권을 세워가는 동안
남방 후진지역에서 그에 맞설 만한 세력을 가진 정치조직들이 급속히 자라난 것은
낙랑을 통한 문명 도입이 원활했던 덕분이었다.

고조선에 드리워진
신화의 그림자

단군 이야기는 한민족의 개국신화다. 천제天帝의 아들이 풍백風伯, 운사雲師, 우사雨師 등을 거느리고 땅으로 내려왔다느니, 곰에게 계戒를 내려 사람으로 만들어주었다느니, 곰이 변한 여인으로부터 아들을 얻었다느니, 그 아들이 임금이 되어 1,000여 년간 나라를 다스렸다느니 하는 초자연적 내용은 신화일 수밖에 없는 것이다.

그런데 이 신화가 고대국가 (고)조선의 역사와 뒤얽혀 전해지기 때문에 신화와 역사를 가려서 살피기 어려운 점이 있다. 특히 단군신화에 민족주의적 애착을 가지고 그 의미를 조금이라도 키워서 보려는 경향이 정확한 이해를 더욱 어렵게 하기도 해왔다.

북한에서 단군릉을 발굴하여 방사선 연대측정까지 했다는 것은 이 문제에 관심 있는 사람들에게 곤혹스러운 소식이다. 단군 이야기가 신화 아닌 역사임을 주장하는 것인데, 정치적 이유로 내놓는 억지가 아닐까 의구심이 들기 때문이다. 만약 여기에 억지가 있었던 것으로 후에 밝혀진다면 그 역사성만이 아니라 신화성까지 손상되지 않을까 걱정된다.

과거의 현실에 관해 신화로부터 배울 수 있는 것이 많이 있다. 신화 자체는 허구라 하더라도 그 소재는 당시 사람들의 의식을 반영하는 것이기 때문이다. 풍백, 우사, 운사 등은 선진문명의 기술자 집단을 가리키는 것일까? 삼부인三符印이란 금속문명을 상징하는 물건들이었을까? 곰과 호랑이는 토템 신앙을 가지고 있던 부족들을 가리키는 것일까? 환웅 집단의 도래를 계기로 토템 신앙이 하늘 신앙으로 바뀐 것일까?

신화가 가르쳐주는 것은 상징의 차원이다. 그러나 우리 상고시대 역사에 관해서는 기록이 워낙 적기 때문에 신화 자료라 하더라도 적극적으로 해석할 가치가 있다. 다만 신화라는 자료의 성격을 확고하게 염두에 두고 그 범위 안에서 받아들여야 할 것이다.

거의 같은 시기에 씌어진 일연의 『삼국유사』三國遺事(1285)와 이승휴의 『제왕운기』帝王韻紀(1287)의 내용으로 보아 단군신화와 고조선 이야기는 그 시기에 널리 유포되어 있었던 것으로 보인다. 양쪽 내용이 같은 틀이면서도 이름 등 세부사항에서 상당한 차이를 보이기 때문에 이승휴가 일연의 책 내용을 옮긴 것이 아니라 별개의 자료에 의거한 것임을 알 수 있다.

일연이 단군신화를 지어낸 것이 아니라 당시 통용되던 자료에서 옮겨 적었다는 사실은 단군의 연대 기록에서도 알아볼 수 있다. 일연은 『고기』古記를 인용한다면서 "단군왕검檀君王儉은 요堯임금이 즉위한 지

50년인 경인庚寅년에 평양平壤성에 도읍하고 조선朝鮮이라 일컬었다"고 적고, 주註에 "요堯임금의 즉위년은 무진戊辰년이니 50년이 되는 해는 정사丁巳년으로, 경인庚寅년이라 한 것은 잘못된 것 같다"고 덧붙였다. 스스로 지어낸 이야기라면 이런 식의 주석이 나올 까닭이 없다. 이승휴는 단군이 요임금과 같이 무진년에 즉위했다고 기록했다.

일연과 이승휴가 이용한 자료들은 1145년 김부식의 『삼국사기』三國史記가 나올 당시에도 존재했던 것으로 보인다. 『삼국사기』에는 김부식이 단군조선과 기자조선의 존재를 알고 있었다는 사실이 비쳐져 있다. 그러나 '삼국시대'의 '정사'正史인 『삼국사기』에서는 그 이야기에 무게를 두지 않았다.

1140년대와 1280년대의 상황 사이에 어떤 차이가 있었기에 수천 년 전의 고조선 이야기가 새로운 무게를 가지고 나타나게 된 것일까? 1230년대 이후 계속된 몽골 침입으로 인해 고려인의 민족의식이 고양되었을 것을 여러 사람들이 지적해왔다.

그럴싸한 설명이다. 그러나 고조선 이야기가 김부식 시절에도 퍼져 있었다는 사실을 생각하면 고려인의 민족의식은 이미 형성되어 있었다고 보아야 한다. 고려 초기에 민족국가가 완성되어감에 따라 동방의 고대국가 고조선의 추억이 개국신화와 겹쳐져 크게 떠올랐던 것이다. 서경西京(평양) 세력과 동경東京(경주) 세력이 정치적으로 대립해 있던 당시의 상황에서 고조선 이야기는 북방정책의 주체인 서경 세력의 마음을 더 끌었을 것이고, 동경 세력의 대표자 김부식이 이를 비교적 가볍게 받아들인 것은 이해할 만한 일이다.

일연과 이승휴 모두 고조선을 세 단계로 설명했다. 단군조선, 기자조선과 위만조선이다. 한 무제가 정벌한 '조선'은 위만조선을 가리키는 것이며 『사기』史記, 『한서』漢書 등 중국 정사에도 그 실체가 분명히 나와 있다.

중국 통일 직후 망명해온 위만이 조선의 왕위를 찬탈했다는 기록은 당시 동아시아 정세에 부합하는 이야기다. 그러나 위만 이전에 존재하던 원原 조선의 실제 모습은 고고학 자료의 뒷받침이 적어서 알아보기가 어렵다. 이 원 조선에 단군조선과 기자조선의 두 단계가 있었다고 『삼국유사』와 『제왕운기』는 전하는 것이다.

단군 이야기는 한 나라의 개국신화로 완결된 형태를 지니고 있다. 그런데 여기에 기자 설화가 덧붙은 것은 무슨 까닭일까?

기자의 행적에 관해서는 『사기』 '송미자세가'宋微子世家에 꽤 상세한 기록이 있다. 기자는 상나라 종실의 어진 사람으로서 폭군 주紂임금에게 충언을 올리다가 옥에 갇혔다. 주나라 무왕이 상나라를 물리친 후 기자를 풀어주고 나중에 찾아가 천하를 다스리는 도리에 관한 가르침을 받았다고 한다. 『상서』尙書 '은전'殷傳 '홍범조'洪範條에 상세히 기록되어 있는 것으로 보아 그 내용이 매우 중시되었음을 알 수 있다.

그후 무왕이 기자를 조선에 봉했다는 말에 이어 "不臣也"라는 세 글자가 나온다. 이것을 기자가 주어인 것으로 보아 "(주나라에) 신하 노릇 하지 않았다"는 뜻으로 해석하기도 하는데, 바로 이어 기자가 주나라에 입조하러 오다가 상나라의 옛 도읍지를 지나며 감회에 빠져 「맥수」麥秀라는 시를 지었다는 이야기와 모순된다. 무왕을 주어로 보아 "(기자를) 신하로 대하지 않았다"는 뜻으로 이해해야 할 것이다.

기자가 동쪽으로 온 사실은 이후의 사서에서 거듭 언급된다. 『한서』'지리지'地理志에는 "은殷의 도도가 쇠하자 기자箕子가 조선朝鮮으로 가서 그 민民에게 예의禮義와 전잠田蠶, 직작織作을 가르쳤다"는 기록이 있다. 『삼국지』三國志 '위서'魏書 '동이전'東夷傳에는 "옛날에 기자箕子가 조선朝鮮으로 가서 팔조지교八條之敎를 만들어 가르쳤다"는 내용이 있으며, 『후한서』後漢書 '동이전'에도 "옛날에 무왕武王이 기자箕子를 조선朝鮮에 봉하니 기자箕子가 예의禮義와 전잠田蠶을 가르치고 팔조지교八條之敎를 만들었다"는 기록이 있다.

기자의 행적에 관한 이 기록들은 후세에 큰 혼란을 일으켰다. 당시의 정황에 맞지 않고 내용 자체에 모순도 있기 때문이다. 고조선의 터전인 만주와 한반도는 당시의 중국에서 아득하게 먼 곳으로, '조선'에 관한 중국의 다른 기록은 그후 수백 년이 지난 춘추시대에야 나타나기 시작한다. 그렇게 먼 곳에 '봉했다'는 사실을 납득하기 어려웠던 것이다.

그렇기 때문에 기자가 봉해진 '조선'이라는 것이 당시 주나라의 동북쪽 가까운 변방에 있던 다른 장소를 가리킨 것이 아닐까 하는 의견도 있었다. 그렇다면 "예의禮義와 전잠田蠶"을 가르쳤다는 기록에 의문이 생긴다. 예법과 농업기술을 가르쳤다는 것은 문명수준에 큰 차이가 있는 먼 곳으로 갔다는 뜻이기 때문이다.

전국시대 말기인 기원전 4세기에 조선의 존재가 중국에 뚜렷이 알려지게 되었을 때 기자가 조선으로 왔다는 설화가 생겨나고, 이것이 그후의 사서 편찬에 영향을 끼친 것이 아닐까 나는 생각한다. 춘추시대에 양자강 유역의 초나라, 오나라, 월나라가 중국 무대에 등장하면서 중국 역사상 중요한 인물들의 후예를 자처한 일이 있다. 전국시대 말기에 중국과 교섭이 많아진 조선에서도 비슷한 식으로 기자의 후예를 주장한 것이 아닐까? 이런 모칭冒稱은 중국문명에 귀순하는 뜻을 가진 것이므로 중국 측에서도 족보를 엄격하게 따지지 않고 받아들이기 쉬웠을 것으로 보인다.

『삼국지』 '동이전'에 『위략』魏略을 인용한 주석이 있다. "옛날 기자箕子의 후손 조선후朝鮮侯가 보아하니 주周가 쇠퇴하고 연燕이 스스로 높여 왕을 칭하는지라 조선후朝鮮侯 또한 스스로 왕을 칭하고 군사를 일으켜 거꾸로 연燕을 침으로써 주周 왕실을 받들려 하였으나 대부大夫 예禮가 간하기에 그만두었다. 예禮를 사신으로 서쪽에 보내 연燕에 유세하게 하니 연燕 또한 그만두고 공격하지 않았다."

기원전 4세기 어느 시점의 상황을 보여주는 자료로 생각된다. 그 시점까지 조선 임금은 왕을 칭하지 않고 있었다. 그러다가 어느 단계에서 연나라와 대항하기 위해 왕을 칭하였고, 이를 정당화하기 위해 주 무왕에게 가르침을 베풀었던 기자의 자손으로서 주나라를 받드는 입장이라고 주장한 것으로 보인다. 만약 이때 연나라와 조선이 전쟁에 돌입했다면 네가 무슨 기자 자손이냐고 연나라가 반박했을 것이다. 그러나 당시에는 강화가 성립했으므로 연나라의 반박이 없었고, 조선의 주장이 그대로 통하게 된 것으로 보인다.

기원전 11세기에 기자가 중국문명을 조선으로 가져왔다는 이야기는 곧이곧대로 믿을 수 없는 것이다. 기원전 4세기에 조선이 중국 문물을 많이 받아들이고 중국과 접촉이 많아졌을 때 중국인들에게 자기네 위신을 높이기 위해 만들어낸 설화라고 보아야 할 것이다. 그리하여 고

조선 개국설화가 토착적 단군신화와 중국식 기자 설화의 2중구조로 된 것이다.

단군신화와 같은 틀의 설화는 한 부족이나 국가에 국한된 것이 아니라 청동기시대 동북아시아 지역에 널리 퍼져 있었던 것으로 보인다. 중국 산동성(山東省, 산둥성)의 한 사당에서 발견된 화상석畵像石에 단군신화의 모티프들이 거의 똑같이 나타나 있는 사실을 고고학자 김재원 씨가 주목한 일이 있다. 무씨사武氏祠라는 이름의 이 사당

___ **무씨사 화상석**　단군신화의 모티프가 청동기시대 동북아시아 지역에 공통된 것이었음을 보여준다.

은 후한 때인 147년에 세워진 것이지만 화상석은 그보다 약 300년 전인 기원전 2세기에 이미 존재하던 것이라 한다. 단군신화와 비슷한 설화가 그 시기 그 지역에 유포되어 있었다는 사실을 말해주는 것이다.

산동 지역도 상나라 때는 동이족의 지역이라 했고, 서주西周시대인 기원전 9세기까지도 중국문명에 완전히 들어오지 않은 지역이 많이 있었다. 무씨사의 소재지는 산동성 서쪽 끝, 황하문명 중심부에 가까운 곳이라서 의아한 점이 있기는 하지만 이 화상석은 그 지역이 중국문명에 편입되기 전까지 알타이어계 종족들과 공유하던 설화가 기원전 2세기

무렵까지 살아남아 있었음을 보여준다.

　이 설화는 청동기문명의 전래와 함께 부족 단위의 토템 신앙이 하늘 숭배로 바뀌면서 정치조직의 규모가 커지는 단계를 보여주는 것으로 풀이된다. 무씨사처럼 잘 갖춰진 것은 아니라도 같은 내용을 짐작하게 해주는 자료가 만주 지역 여러 곳에서 발견되는 것으로 보아 단군신화와 같은 틀의 설화가 이 지역 청동기 사회에 널리 퍼져 있었음을 알 수 있다.

　위만 이전의 원 조선이 어떤 모습의 국가였는지 구체적으로 밝혀지는 데는 한계가 있을 것이다. 당시의 기술수준으로 보아 치밀한 조직의 고대국가는 아니었을 것으로 짐작된다. 아마 나중에 모습을 보일 부여와 비슷한 수준의 부족연맹 하나가 기원전 4~3세기에 전국시대 연나라와의 접촉을 통해 중국문명을 섭취하면서 빠르게 발전해나가다가 위만 집단의 손에 넘어간 것이 아닐까 생각된다.

　고고학 연구는 만주와 한반도의 청동기시대를 기원전 1000년 이전으로 끌어올리고 있다. 이에 따라 단군조선과 기자조선의 시대에 대한 이해의 폭은 넓어질 것이다. 그러나 고고학 연구가 시대배경을 밝혀주더라도 그 국가가 신화와 설화의 그림자를 벗어나게 될지는 의문이다. 10년 후 사람들은 북한의 단군 연구에서 단군과 고조선에 관해서보다 지금의 북한 체제에 관해 알게 되는 것이 더 많을 것이다. 한국의 고고학 연구는 그때 어떤 평가를 받을지.

한 무제의 예방전쟁

"〔왕위를〕 아들에게 전해 손자 우거右渠에 이르니 꾀어 들인 한나라의 도망친 백성이 많았고, 또 입조入朝하여 〔황제를〕 뵙지도 않았다. 진번眞番 주위 여러 나라들이 글을 올려 황제를 뵙고자 하면 또한 가로막아 통하지 못하게 했다. 원봉元封 2년 한나라가 섭하涉何를 시켜 우거右渠를 타이르게 하였으나 끝내 황제의 조칙詔勅을 받아들이지 않았다."

기원전 109년 한나라가 (위만)조선을 침공하게 된 사정을 『사기』 '조선열전' 朝鮮列傳에 기록해놓은 것이다. 그런데 조선 왕이 한나라에 입조한 일은 그전에도 없었던 일이고 주변의 작은 나라들이 한나라에 직접 통하지 못하도록 가로막은 것도 새삼스러운 일이 아니었다. 한나라의 침공은 조선 쪽보다 한나라 쪽 사정 변화에 원인이 있는 일이었다.

한나라 쪽 사정 변화는 어떤 것이었을까? 당시 황제(기원전 141~87)

는 후에 '무제'武帝라는 묘호廟號를 받게 되는 것처럼 전쟁에 열심이었다. 일차적 상대는 흉노였다.

진 시황(기원전 246~210)의 만리장성 축조가 흉노에 대비한 것이었다고 흔히 알려져 있는데, 이것은 후세의 착각이다. 진 시황 당시의 흉노는 여러 유목민 세력 중 하나에 불과했다. 흉노가 북방 유목민들을 통합하여 위세를 떨친 것은 진시황이 죽은 뒤의 일이었다.

흉노 발흥의 주역은 묵특冒頓 선우單于(기원전 209~174)였다. 그가 애마와 애첩을 스스로 죽여 부하들의 절대적 충성심을 확보한 뒤에 자기 아버지를 죽이고 선우 자리를 차지한 일, 그리고 강력한 경쟁 세력인 동호東胡 왕에게 굴욕적 양보를 거듭하다가 결정적 순간에 기습하여 격파한 일은 중국의 유명한 고사가 되었다.

기원전 202년 강적 항우項羽를 물리치고 천하를 통일한 한나라 고조가 흉노를 정벌하러 나섰다가 오히려 흉노군에 포위당해 위기에 빠졌다가 겨우 빠져나온 일이 있었다. 이것을 한나라에서는 '평성의 곤경'平城之困이라 하여 두고두고 치욕으로 여겼고, 흉노의 위세가 천하를 진동하는 계기가 되었다.

평성의 곤경 이후 한나라는 종실의 딸을 '공주'라는 이름으로 선우에게 시집보내고 해마다 많은 재물을 보내주는 유화정책으로 흉노를 대했다. 돈으로 평화를 사는 정책이었다. 그러다가 무제에 이르러 이 정책을 뒤집고 흉노와 전면전에 돌입한 것이다.

기원전 129년부터 10년간 한나라는 대규모 원정군을 조직했다. 기원전 119년의 정벌에는 20여만 필의 전마戰馬가 동원되었다. 이 정벌로 큰 타격을 입은 흉노는 멀리 북쪽으로 달아나, 기원전 111년과 110년 한나라가 거듭 원정군을 보냈을 때는 수천 리를 진격하면서도 흉노의 종적을 찾을 수 없었다고 한다.

기원전 109~108년 한나라의 조선 정벌은 이처럼 흉노를 상대로 키워놓은 군비를 활용할 곳이 없던 상황에서 벌어진 일이었다. 소련을 상대로 키워놓은 군비를 가지고 미국이 여기저기 '예방전쟁'을 벌이고 있는 것과 비슷한 상황이었다.

조선과 비슷한 상황에서 한나라의 정벌 대상이 된 것이 남월南越이었다. 지금의 호남성(湖南省, 후난성) 남부와 광동성(廣東省, 광둥성)에 걸쳐 있던 남월은 진秦나라에서 파견했던 지방관이 진나라가 망할 때 자립하여 연 왕조로 한나라와 조공관계를 맺고 있었다. 한나라 초 혼란기에 중국에서 도망한 위만 집안이 왕위를 차지하고 있던 조선과 크게 다르지 않은 사정이었다.

기원전 113년 한나라가 남월 왕에게 입조를 명했다. 사신을 보내면서 그 방면에 군대까지 대기시켜놓은 것으로 보아 침공을 위한 꼬투리를 찾은 것으로 볼 수 있다. 이 요구를 둘러싸고 벌어진 남월 내부의 갈등이 2년 후 내란으로 터져나오자 한나라가 군대를 진격시켰고, 한나라 군대가 도착한 바로 그날 밤으로 도성이 함락되었다.

기원전 109년 섭하涉何를 사신으로 조선에 보낸 것도 정벌의 빌미를 찾기 위한 것이었다. 섭하는 돌아오는 길에 전송하던 조선 대신을 아무 이유 없이 죽였다. 전쟁을 바라는 황제의 뜻을 받들어 사단을 만들기 위한 것이었다. 역시 황제는 섭하를 승진시켜주었고, 이것이 전쟁의 도화선이 되었다.

___ 한 무제 예방전쟁의 성격을 가진 한 무제의 조선 정벌은 천하체제의 첫 시도였다.

전쟁을 일으키기는 어렵지 않았지만 끝내기는 남월에 비해 훨씬 더 힘들었다. 1년여에 걸쳐 싸운 끝에 조선이 무너지기는 했으나 한나라 군대의 승리 때문이 아니라 조선 내부의 분열 덕분이었다. 이 전쟁의 공로로 높은 상을 받은 것은 모두 투항한 조선인뿐이었고, 한나라의 최고지휘관 두 사람 중 하나는 작위를 빼앗기고 하나는 처형당했다. 도중에 사신으로 보냈던 신하 하나도 일을 잘못 처리한 죄로 처형당했다.

남월에 비해 조선의 저항력이 더 컸던 이유가 어디에 있었을까? 중요한 한 가지 이유는 조선 지도부가 남월 지도부에 비해 중국화 정도가 덜한 데 있었던 것으로 보인다. 남월은 국왕의 어머니가 한나라 출신이어서 친한파 결속의 구심점이 되었다. 조선도 전쟁이 길어짐에 따라 분열을 드러내기는 했지만, 남월처럼 투항 분위기가 준비돼 있지는 않았다. 이 차이는 남월 지역이 이후 큰 굴곡 없이 중국에 편입되는 데 반해 조선 지역에서는 한나라 군현郡縣이 결국 축출되고 독립된 반도국가가 살아남는 갈림길이 되기도 했다.

한나라의 남월과 조선 정벌을 무제의 야욕이 낳은 불필요한 전쟁으로만 볼 일은 아니다. 중국의 당시 역사적 상황으로 보아 합리적인 대외정책으로 이해할 만한 측면이 있다.

진 시황의 천하통일은 황하 유역에서 출범한 중국문명이 한 차례 완결된 틀을 갖춘 것이었다. 철기 보급에 따른 생산력의 급속한 성장으로 시장의 규모가 커졌고, 이에 따라 국가의 규모도 계속 커진 결과 천하국가로서 고대제국이 세워진 것이다. 오늘날 진행되고 있는 세계화와 비슷한 성격의 변화로 볼 수 있다.

높은 기술수준은 대제국의 성립을 위해서만이 아니라 그 유지를 위해서도 필요한 조건이었다. 규모가 큰 제국은 유지하는 데 비용이 많이 든다. 긴 국경선을 지켜야 하고 인원과 물자의 장거리 수송이 필요하다. 나라가 클수록 인구에 비해 많은 수의 관리가 필요하고 관료주의에 따르는 비효율성이 나타나게 된다. 이 비용을 감당하기 위해서는 주변부보다 월등하게 뛰어난 기술수준을 지니고 있어야 한다.

그런데 기술이란 물처럼 높은 곳에서 낮은 곳으로 흘러가는 성질을 가진 것이다. 뛰어난 기술력을 바탕으로 제국이 세워지더라도 시간이 흐름에 따라 기술이 주변부로 전파되면 격차가 줄어들게 되고, 제국은 비용을 감당할 수 없어 무너지고 만다. 중국사에서 치란治亂, 즉 통일과 분열이 수백 년 주기로 되풀이된 것을 이런 측면에서 이해하기도 한다.

진한 제국의 천하통일과 때를 같이하여 흉노의 세력이 강성해진 것도 우연한 일이 아니었다. 한나라에서 흉노에 투항한 수많은 사람들 중에는 황제의 바로 아래 신분인 왕이 한왕韓王 신信과 연왕燕王 노관盧綰 둘이나 있었다. 상세한 기록은 없지만 진나라가 천하를 통일했을 때는 이를 피해 흉노나 동호 지역으로 도망한 사람이 더 많았을 것이다. 이 망명자들이 가져간 군사기술과 정치기술이 흉노의 힘을 급속히 키워준 것이다.

한 고조가 죽은 뒤 여후呂后가 권력을 쥐고 있을 때 남월이 한나라와 관계를 끊은 것도 한나라에서 남월에 철제품을 팔지 못하도록 했기 때문이었다. 철기는 경제적 가치만이 아니라 군사적 가치도 지닌 전략 상품이었으므로 한나라에서는 그 보급을 통제하는 데 힘을 기울였다.

조선에도 한나라의 도망친 백성이 많았다는 것이 정벌의 한 이유로 제시되어 있다. 위만 자신이 중국에서 도망한 사람이었으니 한나라의 통치를 피하려는 사람에게는 길이 열려 있었을 것이다. 특히 야철冶鐵 등 기술을 가진 사람들은 환영받고 우대받았을 것이다.

건국 때부터 흉노에게 많은 고통을 당한 한나라는 국경 안을 다스리는 것만으로는 제국의 안정을 기할 수 없다는 사실을 절감했다. '교화'되지 않은 채로 기술만 넘겨받은 오랑캐들이 국경 밖에서 큰 정치·군사 세력을 이루고 있는 것은 중국의 안보에 큰 위협이었다. 국경 밖의 오랑캐들을 조공관계로 통제 아래 두는 '천하체제'는 현실적 안보를 위해 필요했던 중국의 대외정책이었다. 기원전 119년까지 흉노의 위협을 가라앉혀놓은 직후 남월과 조선을 정벌한 것이 중국의 첫 천하체제 시도였다.

낙랑군,
중국문명의 송유관

진 시황이 통일한 중국이란 황하와 회수 유역에 양자강 유역 일부를 더한 범위였다. 오늘날 중국 영토의 10분의 1에 불과한 면적이다. 그러나 이 통일은 철기 사용을 보편화한 중국 농업문명이 본격적으로 확장해나가는 출발점으로서 의미가 큰 것이었다.

철기 보급 이전의 동아시아는 국가의 조직력과 규모에 한계가 있어서, 절대적 강자 없이 크고 작은 성읍국가와 부족연맹 수준의 정치조직이 도처에 뒤얽혀 있는 상황이었다. 춘추시대에서 전국시대에 걸쳐 황하 유역을 중심으로 철기가 보급되면서 생산력이 대폭 확대되고 전쟁의 규모도 갈수록 커졌다. 그 결과로 영토국가가 발전하다가 마침내 진한 제국의 통일에 이른 것이었다.

중국이 내부 통일을 이루기 전부터 철기문명의 막강한 힘은 모든 방면으로 퍼져나가고 있었다. 고조선은 전국시대를 통해 연燕나라와

제齊나라로부터 상당 수준의 철기문명을 섭취하고 있었던 것으로 보이는데, 이것은 중국의 모든 변방에서 일어나고 있던 현상이었다.

중국문명의 힘이 사방으로 복사輻射되면서 완만하게 발전해나가고 있던 여러 사회에 충격을 던지는 양상이었다. 중국의 통일은 이 복사 현상의 초점을 뚜렷이 함으로써 복사의 힘을 더욱 키우는 계기가 되었다.

전국시대에 연나라는 서쪽으로 조趙나라, 남쪽으로 제나라, 북쪽으로 흉노와 동호 등 강한 세력에 둘러싸여 있는 비교적 약한 나라였다. 동쪽의 조선이 가장 만만해 연나라가 세력을 넓힐 수 있는 유일한 활로였다. 한편 조선은 연나라에 밀려 대동강 유역까지 물러가는 동안 싸우면서 배운 선진기술이 배후지역을 계속 확보해나갈 수 있는 이점으로 작용했을 것이다.

천하제국의 안정된 틀을 완성한 한 무제가 남쪽으로 남월을 정복하고 서쪽으로 서역을 경영하며 북쪽으로 흉노와 대결하고 동쪽으로 조선을 평정하는 등 사방으로 군사활동을 펼치게 된 것은 철기문명을 습득한 주변 세력으로부터 위협을 느꼈기 때문이었다. 조선의 경우처럼 평정한 지역의 지도층을 중국 내부로 사민徙民시키고 그 자리에 군현을 둔 것은 자생적 기술 보유 집단을 제거하고 중국의 통제 아래 두려는 목적이었다.

『사기』 '조선열전'에는 (기원전 108년에) "조선朝鮮을 평정하여 사군四郡을 만들었다"고 하였고, 『한서』 '무제본기'武帝本紀에는 "조선朝鮮이 그 왕 우거右渠를 죽이고 항복하여, 그 땅으로 낙랑樂浪, 임둔臨屯, 진번眞番과 현토군玄菟郡을 만들었다"고 하였다. 그중 낙랑군은 313년 고구려의 공격으로 멸망할 때까지 존속했음에 반해 나머지 세 군은 오래가지 못했다. 임둔군과 진번군이 기원전 82년 폐지되고 현토군이 기원전 75년 후방으로 옮겨진 기록이 남아 있다. 현토군은 낙랑군보다도 오래 명맥을 유지하기는 했지만 큰 기능을 발휘하지 못한 것 같다.

살아남은 낙랑군도 시간이 지남에 따라 세력이 약화되고 기능도 변화한 것으로 보인다. 『한서』 '지리지'에는 낙랑군에 25개의 속현屬縣이 있다고 되어 있으나 『후한서』 '지리지'에는 18개로 줄어들어 있고, 『진서』晉書 '지리지'에는 겨우 6개가 남아 있다. 후한 이래 중국의 혼란으로 변방에 대한 통제력이 줄어드는 데 따라 낙랑군의 세력이 쇠퇴하는 모습을 보여주는 것이다.

기원전 108년 조선이 멸망할 때 한나라 장군들은 모두 처벌을 받았고 최고의 포상인 봉후封侯를 받은 것은 투항한 조선인들뿐이었는데 열후에 봉해진 조선인 5명이 모두 몇 해 안 가 반란 음모 연루로 폐봉廢封 당하고 처벌을 받았다.

이들의 투항이 한나라에 대한 진정한 '귀순'이 아니라 조선의 내부 모순 때문이었음을 짐작해볼 수 있다. 또한 한나라가 이처럼 중요한 협력자들조차 지키지 못했다는 사실은 이 지역이 아직 한나라 통치를 받아들일 태세가 아니었음을 보여준다. 군현 운영이 한나라 뜻대로 되지 않은 중요한 원인이 현지 사정에 있었음을 추측할 수 있다.

후한 멸망 이후의 낙랑이 명목상으로만 한의 군현일 뿐, 실제로는 중국계 집단의 자치도시 같은 성격으로 변해 있지 않았을까 추측하는 학자들이 있다. 발굴된 낙랑의 유물이 매우 뛰어난 기술수준을 보여주는 데도 그 발굴지역이 극히 좁은 지역으로 제한돼 있다는 사실이 이런 추측을 뒷받침해준다. 낙랑이 진정 '군'郡이라는 이름대로 통치 거점으로서 의미를 가진 존재였다면 이와 같은 고립상은 이해하기 힘든 것이기 때문이다.

무제가 변경을 의욕적으로 개척해놓았으나 개척해놓은 변경을 중앙에서 충분히 지원하기 어려운 상황이 오래지 않아 펼쳐진 것으로 보인다. 기원전 82년 2개 군의 폐지가 그런 사정을 보여준다.

낙랑도 다른 군과 동격으로 설치된 것이기 때문에 근본적으로 다른 차원의 지원을 받았을 것 같지 않다. 그럼에도 낙랑만이 400여 년간 자리를 지킬 수 있었던 것은 자립의 여건이 나왔기 때문이었을 것이다. 아마 그 위치가 조선의 마지막 중심지로서 경제적·문화적 선진지역이었다는 사실이 자립의 여건에 보탬이 되었을 것으로 생각된다.

『삼국사기』 도처에 보이는 '낙랑' 관계 기사 중에는 이 추측과도 배치되는 것이 많다. 그래서 같은 '낙랑'의 이름 뒤에 서로 다른 두 개의 실체가 있지 않았나 하는 추측이 나왔다.

세력이 약화된 낙랑군이 주변의 강력한 원주민 세력과 협력·공존 관계를 맺어 현실적 지배력을 가진 원주민 세력은 '낙랑국國'으로 행세하고, 중국계 집단은 '낙랑군'으로서 기술과 교역 등 전문 기능을 지키고 있지 않았나 하는 것이다. 이런 긴밀한 관계가 아니더라도 낙랑의 기술과 문물을 얼마간 넘겨받은 각지의 세력들이 '낙랑'이라는 신비로운 이름을 빌려 쓴 상황을 추측하는 사람들도 있다.

낙랑 등 군현들을 설치한 것은 변방 내지 역외域外를 중국의 의지대로 통제하려는 뜻이었다. 그러나 지원이 제대로 지속되지 못해 자립을 강요당하는 상황에서 이런 뜻은 관철될 수 없었다. 오히려 생존을 위해 주변 세력에게 봉사하며 그에 의존해야 하는 상황도 벌어졌다.

기술 전파 측면도 그렇다. 조선을 평정한 후 그 지도층을 사민徙民시킨 데는 기술 보유 집단을 현지에서 제거함으로써 중국과의 기술 격차를 좁히지 못하게 하려는 뜻이 있었다. 그러나 지원 끊긴 낙랑군이 자립 생존을 위해 팔아먹을 것이 기술 말고 무엇이 있었겠는가. 기술이란 원래 물처럼 높은 곳에서 낮은 곳으로 흐르는 성질을 가진 것인데, 낙랑이라는 통로가 있음으로 해서 그 과정이 더욱 촉진되었을 것이다.

한 군현의 자극으로 큰 발전을 이룬 원주민 세력의 하나가 고구려였다. 무제가 4군을 설치할 때 현토군 예하에 고구려현이 있었다. 4군 예하의 속현이란 원주민 세력들을 군현제 형식으로 묶어 긴밀한 통제를 시도한 것이었는데, 그중 하나가 고구려였던 것이다.

그런데 수십 년 후 전한 말에는 고구려 '령'令이 고구려 '왕'으로 이름을 바꿔 나타난다. 일개 군의 통제 아래 두기 어려울 만큼 세력이 커진 것이었다. 그러나 그후에도 후한대를 통해 고구려는 현토군이나 요동군의 통제 아래 들어갔다가 빠져나오기를 수시로 반복한다. 완전한 복속에 매이지는 않으면서 완전히 적대하지도 않는 애매한 외곽의 위치에서 중국문명의 이점을 계속 섭취하는 단계를 보여주는 것이다.

고구려의 초기 발전과정에서 흥미로운 이야기 하나가 호동왕자에 얽힌 것이다. 대무신왕 12년(29)에 호동이 옥저에 간 길에 낙랑왕 최리의 눈에 들어 그 사위가 되었다가, 나중에 아내인 낙랑공주를 시켜 낙랑의 신기한 북과 나팔을 망가뜨리게 함으로써 고구려의 공격을 성공시켰다는 이야기다. 적군이 다가오면 저절로 소리를 냈다는 그 요술북, 요술나팔의 정체가 과연 무엇이었을까?

동해안으로 비정되는 옥저 땅에서 고구려 왕자가 낙랑군 수장을 만났다는 것은 납득하기 어려운 일이다. 최리의 '낙랑왕국'이란 것은 낙랑군과 비교적 긴밀한 관계를 맺고 그 문물을 얼마간 수용한 하나의 원주민 세력이 아니었을까 생각된다.

당시 적군의 접근을 신속히 탐지하는 중국의 기술로는 봉화제와 역참제가 있었다. 아마 최리 세력이 봉화제 같은 기술을 배워 쓰고 있었고, 이것을 호동이 무력화시킨 것이 아닐까 생각된다.

'낙랑'이라는 이름이 당시 중국문명을 대표하는 위치에 있던 사정에 비추어 요술북이나 요술나팔도 기술적 요소로 이해해야 하지 않을까 생각하는 것이다. 기술적 요소가 마술적 요소로 포장되어 받아들여지는 상황은 이해할 만한 것이다. 화약을 처음 구경한 아메리카 원주민들이 스페인인의 화승총을 마술로 생각한 것과 같은 상황이다. 본국의 지원이 끊어진 후 수백 년 동안 낙랑군이 존속하기 위해서는 기술을 팔아먹더라도 몹시 아껴서 팔아먹고 마술처럼 포장도 할 필요가 있었을 것이다.

『삼국사기』'고구려본기'에는 최리의 낙랑왕국 공격 8년 후인 37년 낙랑을 공격하여 멸망시켰다는 기록이 나오고, 다시 그 7년 후인 44년에는 후한 광무제가 바다를 건너 군대를 보내 낙랑을 공격, 그 땅을 군현으로 만들어 살수薩水 이남이 한나라에 속하게 되었다는 기록이 있다.

낙랑 지역에서 출토된 한나라 화폐 낙랑은 중국 문명이 한반도에 흘러들어오는 통로 노릇을 했다.

 광무제가 군대를 보내 낙랑을 평정한 것은 30년의 일로, 23년에 태수를 죽이고 낙랑군을 장악했던 왕조王調의 반란을 진압하기 위해서였다.

 착오가 있는 것 같기는 하지만 '바다를 건너' 군대를 보내야 하는 사정이 낙랑에 대한 본국의 지원이 어렵게 된 상황을 보여주고, 낙랑군의 세력이 위축되는 과정에서 고구려의 도전이 거셌다는 사실도 알아볼 수 있다. 고구려가 태조왕대(53~146)에 국가체제를 정비한 것은 낙랑과의 잦은 접촉을 통해 습득한 기술과 문물을 활용한 것으로 보인다.

 한 군현의 쇠퇴기인 3세기에 들어와 낙랑군 남쪽에 대방군帶方郡이 설치된 것도 흥미로운 일이다. 190년경 한나라에서 이탈해 요동 지방에 독립 세력을 구축했다가 238년 멸망한 공손公孫씨가 204년경 설치한 것이다.

 기존의 낙랑군도 후한대 들어 본국과의 연락을 해로에 의존하면서 원래보다 남쪽으로 활동 영역을 옮기고 있었는데, 그보다 더 남쪽에 새 군현이 만들어졌다는 것은 이 무렵 한반도 중남부의 발전이 빠른 속도로 진행되고 있었던 사실을 보여준다. 철기문명의 전파가 늦었던 지역이지만 철기를 활용한 농업문명의 발전에 적합한 지리적 조건이 작용하기 시작한 것으로 이해된다.

농업문명의 새 터전
삼한 지역

오늘날 만주와 한반도의 인구 분포를 개관하면 북쪽으로 갈수록 희박하고 남쪽으로 올수록 조밀하다. 이것은 농업문명 시대를 통해 이루어진 분포상황이다.

수렵·채집 단계에서는 이 지역 안에서 생활자원 분포에 큰 편차가 없었다. 강우량이나 평균기온의 차이도 그 단계에서는 크게 느껴지지 않을 정도였고, 산악지역이라 해서 자원이 평지보다 적지도 않았다. 선진기술을 먼저 받아들이는 서북방의 인구밀도가 동남방보다 다소 높았을 것으로 짐작된다.

청동기시대에 초기 농업문명이 발달하면서 남부지역의 후진성이 어느 정도 극복되었을 것이다. 그러다가 철기문명과 함께 집약적 농업문명이 전파되면서 농업생산에 유리한 남부지역의 문명수준이 북부지역을 뛰어넘는 역전 현상이 시작되었을 것으로 추측된다.

문명의 남진 현상은 고조선 말기 역사에 거듭해서 나타난다. 기원전 3세기 초 연나라의 침공에 밀린 고조선은 중심부를 반도 내부, 지금의 평안도 지방으로 옮겼다. 기원전 2세기 초 위만에게 왕위를 빼앗긴 준왕準王은 무리를 거느리고 한韓 땅으로 가서 한왕韓王을 칭했다고 한다. 그리고 기원전 2세기 말 한 무제의 정벌로 고조선이 멸망할 때도 구체적 기록은 없지만 많은 유민이 남쪽으로 향했을 것이 당연한 일이다.

위만에게 쫓겨온 준왕이 왕 노릇을 했다는 것으로 보아 기원전 2세기 초의 한반도 중남부지역은 외부 세력의 침입에 대한 저항력이 매우 미약했던 것으로 보인다. 오랜 세월에 걸쳐 청동기문화가 어느 정도 고르게 발전하여 안정된 상태에 있던 이 지역에는 철기문명으로 무장한 외부 세력의 침투를 막아낼 힘이 강하지 못했고, 외부 세력이 큰 집단을 이루어 쳐들어올 때는 지배력을 장악할 수도 있었던 것이다.

『삼국지』 '동이전'에는 『위략』을 인용한 주석으로 이런 내용이 있다. "왕망王莽 지황地皇 때에 이르러 염사치廉斯鑡가 진한辰韓의 우거수右渠帥로 있다가 낙랑樂浪의 토지가 비옥하고 백성의 살림이 안락하다는 말을 듣고 투항하고자 도망쳐나왔다. 읍락을 나서며 밭 가운데 참새를 쫓고 있는 사내를 보니 그 말이 한韓 사람이 아닌지라 물어본즉 사내가 대답하기를 우리는 한漢 사람이며 내 이름은 호래戶來인데, 우리 1천 500명이 재목을 벌채하다가 한韓의 공격을 받고 모두 머리카락을 잘라 노예가 된 지 3년이 되었다는 것이었다. 치鑡가 말하되 나는 한漢의 낙랑樂浪에 투항하려 하는데 그대도 가겠는가 하였다. 호래戶來가 좋다고 하였다. 그래서 치鑡가 호래戶來를 데리고 함자현舍資縣으로 와서 보이니

현縣에서 군郡에 알리고 군郡에서 곧 치겸鑡을 통역으로 삼아 금중芩中으로부터 큰 배를 타고 진한辰韓으로 가서 호래戶來와 함께 잡혀갔던 사람들을 데려오게 했다. 1천 명은 찾았으나 5백 명은 이미 죽은 뒤였다. 이에 치겸鑡이 진한辰韓에 알려 이르기를 너희가 이 5백 명을 돌려보내라, 그렇게 하지 않는다면 낙랑樂浪에서 1만의 병사를 배에 태워 보내 너희를 칠 것이라 하였다. 진한辰韓에서 이르기를 5백 명은 이미 죽었으니 우리가 마땅히 속치贖直를 내겠다 하고 진한辰韓의 1만 5천 사람과 변한弁韓의 포布 1만 5천 필을 내어주었다. 치겸鑡이 이 치直를 거두어 돌아가니 군郡에서 치겸鑡의 공의功義를 기려 관책冠幘과 전택田宅을 내렸다. 자손 몇 대를 지난 뒤 안제安帝 연광延光 4년(125)에 이르러 전에 받은 것을 다시 제수하였다."

이 기록의 사실성에는 여러 가지 의문점이 있다. 그러나 1세기의 한반도 중남부 상황을 살펴보는 시각을 제공한다는 가치를 무시할 수 없다. 아마 125년에 낙랑의 유력자 한 사람을 포상할 때 포상의 근거로 삼기 위해 그 조상의 행적을 진술한 것 같다.

우선 눈에 띄는 것이 북부 낙랑 지역과 남부 삼한 지역 사이에 상당 규모의 인적 교류가 있었다는 점이다. 같은 『삼국지』 '동이전'에서 진한과 변한 24국의 총 인구를 4~5만으로 추정한 데 비추어 "진한辰韓의 1만 5천 사람"을 한꺼번에 데려갔다는 말은 곧이듣기 어렵지만 북부의 문명 선진지역을 좋아서 찾아가거나 노예로 붙잡혀간 사람이 상당수 있었으리라는 사실은 이 기록에서 알아볼 수 있다. 그리고 벌채를 하던 한인漢人 1,500명이 붙잡혀왔다고 하는 것도 사실의 정확성에는 의문이 있지만 다수의 노동력을 필요로 하던 삼한 지역의 상황을 보여주는 것

농업문명의 새 터전 삼한 지역 85

이므로 북쪽에서 남쪽으로 향한 이민의 추세를 짐작할 수 있다.

또 하나 눈에 띄는 것은 낙랑과 진한 사이의 교섭에 통역이 필요했다는 사실과 두 지역 사이의 이동에 배가 사용되었다는 사실이다. 인적 교류가 상당한 규모에 이르렀음에도 문화적으로 아직 큰 차이가 있었고, 도로가 잘 갖춰져 있지 않았던 상황을 알아볼 수 있다.

그리고 낙랑의 요구에 대응하기 위해 진한과 변한이 함께 움직였다는 것도 눈에 띄는 내용이다. 어느 수준의 연맹체가 삼한 지역에 성립되어 있었으리라는 것은 마한, 진한, 변한의 이름이 존재한 것으로도 짐작할 수 있는 일이거니와, 그 연맹관계의 실체를 구체적으로 보여주는 자료다.

마한에는 나라國가 50여 개, 진한과 변한에는 각각 12개씩 속해 있었다고 한다. 그리고 나라들의 평균 크기도 마한이 진한과 변한보다 커서 마한의 총 호수가 진한과 변한을 합친 것의 세 배가 되었다고 한다. '삼한'이라고 나란히 일컬어지는 연맹체들 사이에 이런 불균형이 있었던 것은 어찌 된 일일까?

마한, 진한, 변한 세 지역이 외부 선진지역 사람들 눈에는 비슷비슷한 미개지역으로 보였지만 그 사이에는 문화전통과 문명수준에 큰 차이가 있었던 것 같다. 『삼국지』 '동이전' 진한 조에 "그 노인들이 전하는 말인즉 옛날 진역秦役을 피해 도망 온 사람들이 한국韓國에 이르자 마한馬韓이 그 동쪽 경계의 땅을 떼어주었다고 한다"는 기록이 있다. 그리고 그 언어가 마한과 다르다고 했다.

철기문명이 전해지기 전의 삼한은 서부의 마한 지역이 동부의 진한

거울과 철제 도끼   낙랑의 존재는 한반도 중남부 삼한 지역에 급속한 변화를 가져왔다.

과 변한 지역보다 더 발달한 상태에 있었을 것이다. 선진기술을 받아들이는 것도 더 빠르고 농경에도 더 유리한 조건이었기 때문이다.

철기문명을 가진 집단이 청동기문명 단계의 지역으로 옮겨올 때 그 규모가 원주민 사회를 압도할 정도가 되지 못한다면 어디엔가 틈새를 찾아 자리 잡을 것이다. "마한馬韓이 그 동쪽 경계의 땅을 떼어주었다"는 기록은 이런 정황과 잘 맞아떨어진다. 큰 원주민 세력과는 충돌을 피하면서 작은 세력들을 밀어내는 것이었다.

역시 『위략』을 인용한 『삼국지』 '동이전'의 주석에 "앞서 우거右渠가 격파되기 전 조선상朝鮮相 역계경歷谿卿이 우거右渠에게 간諫하다가 들어주지 않자 동쪽으로 진국辰國에 갔는데, 이때 그를 따라 떠난 백성이 2천여 호戶나 되었다"고 하는 내용이 있다. 중국 동북부에서 사정이 있으면 조선으로, 조선에서 사정이 있으면 삼한으로 옮겨가는 사람들이 기원전 3~2세기에는 꾸준한 흐름을 이루고 있었던 것으로 생각된다. 그 종점이 삼한의 동부인 진한·변한 지역이었다.

『삼국지』 '동이전' 변한 조에 "나라에서 철鐵이 나 한韓과 예濊와 왜

倭가 모두 여기서 이를 얻었다"고 하는 기사가 특히 눈길을 끈다. 철광석은 흔한 물건이다. 현대의 철광 생산지는 철광의 질이 좋고 경제성이 뛰어난 곳을 선택해서 채광하는 것이지, 철광석이 없어서 철을 만들지 못하는 곳은 세상에 별로 없다. 당시 변한이 철 생산의 중심지였다면 그것은 재료 획득의 중심지라기보다 생산기술의 중심지였다는 뜻이다.

청동기시대의 삼한 지역을 밖에서 관찰한 사람이 있었다면 마한밖에는 보이는 것이 없었을 것이다. 변한과 진한을 마한과 나란히 놓아 '삼한'을 이야기하게 되지 않았을 것이다.

그런데 한반도에 철기문명이 도입되는 과정에서 마한 지역보다 동쪽의 미개하던 지역이 더 급격한 변화를 겪었다. 남쪽으로 이주하는 작은 규모의 집단들을 더 많이 끌어들였기 때문이었다. 이곳이 주변 지역에 철을 공급할 정도로 철기문명의 지역 중심지로 자리 잡으면서 인구가 적음에도 불구하고 특이한 발전 기반을 마련하게 되었다.

삼한에 있었다는 70여 개 '나라'國들을 전에는 '부족국가'로 통상 이해해왔는데, 1970년대 이래 '성읍국가', '읍락국가', '군장사회' 등 새로운 개념들이 제시되어왔다. 실질적인 내용을 밝히기 위해 노력을 기울이는 것은 반가운 일이지만, 그리 미개한 상태가 아니었다고 주장하려는 의욕이 너무 앞서서 혼란을 일으키는 것은 바람직하지 않다.

수백 호 내지 수천 호 규모의 나라였다면 일단 부족국가의 범주에 넣어두고 그 변형의 범위를 더듬어나가는 것이 보다 차분한 접근방법일 것 같다. 기원 전후의 시기에 삼한 내부의 정치조직은 수준에 상당한 편차가 있고 빠른 변화를 겪고 있었던 것으로 보이기 때문에 새로운 해석을 너무 서둘러 일반화하려고 하면 혼란을 일으키기 쉬울 것이다.

기원 전후의 삼한 지역은 북부지역보다 후진상태에 머물러 있으면서도 철기문명 도입에 따라 빠른 변화를 겪고 있었다. 중국 군현과의 교섭이 중요한 촉매 노릇을 하고 있었지만 군현의 영향력에 한계가 있었기 때문에 각지의 세력이 자생적인 변화의 길을 찾아갈 수 있었다. 그리고 집약적인 다음 단계 농업을 발전시키기에 유리한 지리조건을 갖추고 있었으므로 북방을 고구려가 석권하는 동안 규모가 작으면서도 상당히 경쟁력 있는 국가들이 이곳에서 나타날 수 있었다.

해협을 건너 맺어진
가야-왜 복합체

삼한 지역의 청동기시대 분묘에서는 거울과 방울 등 의식儀式 용구들이 무기류와 함께 출토되는 곳이 많다. 그러나 철기가 함께 출토되는 기원전 1세기 이후의 분묘에서는 의식 용구가 거의 보이지 않고 무기만 출토되는 곳이 많다. 청동기문화 시대의 제정일치 전통이 철기문명 전래를 계기로 무너지는 상황을 보여주는 것이다.

철기문명을 받아들이는 시점에서 삼한 지역은 활기찬 발전을 위한 좋은 조건을 갖추고 있었다. 오랜 기간에 걸쳐 크고 작은 이민 집단이 북방으로부터 선진문물을 가지고 남하해서 안정성과 유연성을 아울러 갖춘 사회를 이루고 있었다. 서쪽의 마한 지역은 안정성이 더 큰 농업사회를 발달시키고 있었고, 동방의 진한·변한 지역은 새로운 변화를 보다 적극적으로 받아들일 태세를 갖추고 있었다.

삼한에 관한 가장 오래된, 그러면서도 가장 충실한 기록은 『삼국지』 '위서' '동이전'에 실린 것이다. 3세기 말 진晉나라 초기에 진수陳壽가 편찬한 『삼국지』는 중국의 초기 정사正史 중 품질이 좋은 명작으로 꼽히는데, 그중 '동이전'의 내용 대부분은 대방군과 낙랑군에서 파악한 것이 전해진 것으로 이해된다.

다음 단계에 이 지역에 모습을 나타낸 것이 백제, 신라, 가야 등이었다. 삼한의 70여 작은 나라들이 어떻게 변해갔는지 밝혀주는 자료는 많지 않다. 이 전환과정에서 인구의 총체적 이동은 일어나지 않았고, 기존의 나라들이 얼마간의 외부 자극을 받아들이며 백제와 신라, 두 고대국가와 가야연맹으로 발전해나간 것으로 추정될 뿐이다.

마한 지역은 단계적으로 백제에 흡수되었다. 삼한 인구의 70퍼센트 이상을 점하던 이 지역을 3세기 중엽에서 4세기 말 사이에 병탄한 백제가 고구려의 파생 세력에서 출발했다는 건국설화는 당시의 정황으로 보더라도 수긍이 가는 것이다.

마한처럼 인구가 많고 안정된 사회를 병탄하기에 이른 것은 북방으로부터의 이주 세력이 오랫동안 축적된 끝에 가능한 일이었을 것이다. 처음 이주한 소규모 집단은 마한 지역과 낙랑·대방 지역의 중간지대에 자리 잡고 마한 나라들의 용병 역할을 하지 않았을까 생각된다. 쇠퇴하는 낙랑·대방으로부터 이탈하는 세력을 그 위치에서 꾸준히 흡수함으로써 백제의 세력이 자라났을 것이다.

247년 중국 군현과 마한 세력 사이의 충돌을 틈타 마한의 맹주였던 목지目支를 병합한 것이 백제가 고대국가로 당당한 틀을 잡는 계기가 되었다. 당시 고이왕(234~285)은 왕권을 강화하고 관제를 정비하는 등 내부적으로도 국가체제를 확립했다.

4세기 들어 중국 군현이 사라지면서 백제는 고구려와 정면으로 대결하게 되었다. 대결 초기에 백제가 강세를 보인 것은 백제가 건국설화까지 고구려에 의탁한 나라라는 점을 생각할 때 놀라운 일이었다. 4세기 후반 백제는 영산강 유역의 마한 잔여 세력까지 병합하여 최대의 국세를 이룩했다. 아직기, 왕인 등을 일본으로 보내 한자문화를 전한 것도 이 시기였고, 중국 방면으로도 활발한 해상활동을 펼쳤다고 한다.

5세기에 접어들면서는 백제의 위세가 광개토왕·장수왕의 고구려에 밀리게 되고, 474년 도성이 함락되고 개로왕이 전사하는 참패를 계기로 남쪽의 웅진으로 피하는 위기를 겪었다. 동성왕과 무령왕의 중흥(479~522) 후 538년 사비로 도읍을 옮겨 새로운 시대를 열었으나 554년 주력군이 신라군에게 함몰당하고 성왕이 전사하는 위기를 다시 겪었다.

백제가 후세 사람들에게 강한 인상을 남긴 것은 그 군사력보다 문화력이다. 백제의 옛 땅인 호서 지방은 문향文鄕으로, 호남 지방은 예향藝鄕으로 근세까지 명성을 지켜왔다. 지금 박물관과 유적에 백제 문화의 아주 조그만 흔적이 남아 있을 뿐이지만 일본인 미술사가 야나기 무네요시柳宗悅를 감동시킨 '한국의 선線'이 바로 여기에서부터 나타난다.

한반도에서도 집약적 농경문명에 가장 유리한 조건을 가진 마한-백제 지역은 '문화의 용광로'와 같은 곳이 아니었을까? 선진문명의 전파가 늦은 곳이라도 토양이 비옥한 곳이면 특출한 숙성을 이룰 수 있다. 마한 부족국가들이 백제에 흡수되고 다시 신라에 병탄되는 정치적 곡절을 겪는 동안에도 이 지역의 문화 발전은 계속되었다.

백제의 유산은 통일신라와 일본 두 방면으로 흘러갔다. 통일신라 문화의 다른 부문은 차치하고 미술 방면에서 백제의 공헌이 어떤 것이었는지는 예술가의 이름이 밝혀져 있지 않더라도 작품 자체가 웅변하고 있다. 후에 반도국가가 군사력보다 문화력에 의지해 정체성을 지켜 나가게 되는 데는 백제의 전통이 큰 역할을 했을 것으로 생각된다.

중국발 철기문명이 도착하기 전까지 한반도 남부지역과 일본 지역의 토착 문화에는 북방으로부터 들어온 청동기문명 외에 남방으로부터 들어온 해양문명도 작용하고 있었다. 『삼국지』 '동이전'에 더러 보이는 '문신'文身과 '편두'褊頭 등의 풍속이 그런 예로 인정된다. 남방문명과 북방문명의 구성 비율이나 양상에 관해서는 아직 밝혀진 것이 많지 않고, 이 글에서는 철기문명 전파 이후의 변화에만 관심을 가질 것이다.

문명의 발달은 유동성의 증가를 가져온다. 따라서 문명의 전파과정에서는 미개지역이 수용의 주체가 되기보다 문명지역에서 온 이민이 매체 역할을 하기 쉽다. 철기문명은 중국에서 만주로, 만주에서 한반도로 흘러온 이민의 물결을 타고 전파되어왔다.

이 물결의 종점이 육지에서는 반도 동남부, 진한·변한 지역이었다. 그런데 물결이 거셀 때는 바다의 장벽을 넘어 일본까지 넘쳐가기도 했다.

철기문명 도입기의 변화는 마한 지역보다 변한·진한 지역이 더 급격했던 것으로 보인다. 같은 시기에 철기문화를 받아들인 일본의 규슈 지역은 변한·진한과 상황이 비슷했고, 거리도 가까워 그 지역과 상당 기간 밀접한 관계를 맺고 있었으리라고 생각된다. 변한의 철을 왜에서 받아 썼다고 하는 『삼국지』 '동이전'의 기사는 이런 상황을 보여주는 것이다.

'임나일본부' 任那日本府 관련 논의에는 각국의 자존심을 앞세운 주장들이 합리적 이해를 가로막고 있는 감이 있다. 과연 당시의 '왜'가 후세처럼 반도국가와 대비되는 섬나라 '일본'으로 인식할 만한 것이었을까? 반도국가 자체도 제 모습을 아직 드러내지 않고 있던 시점의 사정을 놓고 반도 민족과 섬 민족의 대비를 떠올리는 것은 무리한 일이다.

가야 지역과 규슈 지역 사이에 긴밀한 교류 내지 유대 관계가 있었다는 사실은 3~5세기에 축조된 전방후원분前方後圓墳의 분포에서 확연히 알아볼 수 있다. 4세기 말까지 백제가 마한 지역에 고대국가를 수립한 것이 인접한 가야 국가들에게는 큰 압력이 되었을 것이다. 그런데도 가야 국가들이 연맹 수준의 정치조직으로 6세기 중엽까지 버틴 것은 일본이라는 배후지가 있는 덕분이었을 것이다.

철기를 변한에서 공급받는 단계의 왜는 변한에 대해 종속적인 처지였을 것이다. 그러나 시간이 지나면서 기술 독점상태가 완화됨에 따라 이 관계에 변화가 올 수 있다.

변한-가야는 우세한 상대인 마한-백제, 그리고 대등한 상대인 진한-신라에 둘러싸여 있는 반면 왜는 광대한 발전 영역을 배후에 가지고 있었다. 가야와 왜가 바다를 사이에 두고 긴밀한 유대관계를 가지고 있던 것을 하나의 복합체로 본다면 초기에는 그 주도권이 가야에 있다가 후기에는 왜 쪽으로 넘어가는 것이 자연스러운 형세였다.

4세기 말의 고구려가 왜의 활동에 대응하고 있었다는 것은 광개토

___ 일본 군마현의 **간논야마**觀音山 **고분** 한반도와 일본에 걸친 전방후원분의 분포는 두 지역이 매우 긴밀한 관계를 가진 시기가 있었음을 말해준다.

왕비가 조작 여부에 관계없이 말해주는 사실이다. 그리고 이 왜의 활동이 한반도 안에서 있었고 단순한 약탈활동이 아니라 심각한 군사활동이었다는 것도 분명한 사실이다.

왜 아닌 가야에 대한 광개토왕비의 언급은 영락 10년(400) "5만의 보기步騎를 보내 낙동강 유역에서 왜倭를 격퇴하고 임나가라任那加羅를 복속시켜 신라新羅를 구원했다"는 것뿐이다. 비문에 나타나는 왜는 가야와 연계된 존재였으며 고구려에서는 당시의 왜와 가야를 하나의 대상으로 인식한 것이 아니었을까 생각된다.

왜는 5세기 초에 백제를 통해 한자문명을 받아들였다. 가야로부터 철기문명을 전수받던 단계를 졸업하고 새로운 스승으로부터 새로운 과목을 배우게 된 것이다.

일본 안에서도 가야와 연계된 세력의 선진문명 독점상태가 풀리면서 일본 각지의 여러 세력이 한반도의 여러 세력으로부터 경쟁적으로 문물을 받아들이는 상황이 되었다. 이 단계에서 백제가 가장 깊고 넓은 영향을 일본에 끼쳤다.

그러다가 백제의 멸망을 계기로 일본이 한반도로부터 떨어져나가게 되었다. 왜의 침입을 막기 위해 동쪽 바다에 무덤을 썼다는 문무왕의 해중릉海中陵 설화는 이 단절을 확고하게 하려던 신라의 자세를 보여주는 것이다.

기원 전후 시기에 철기문화를 받아들이면서 변한 소국들의 통합이 진행되어 2~3세기에 김해를 중심으로 전기 가야연맹이 이뤄졌고, 이 연맹이 4세기를 통해 약화, 소멸되었다가 5세기 후반에 고령을 중심으로 후기 가야연맹이 다시 이뤄졌다고 알려져 있다. 후기 가야연맹은 일시 백제, 신라와 대등하게 세력을 다투다가 6세기 중엽에 멸망했다고 한다.

전기 가야연맹이 쇠퇴한 계기가 313년 낙랑군의 소멸에 있었다는 설명이 있다. 낙랑군과 각별히 긴밀한 교섭관계를 가지고 있던 가야 나라들이 낙랑으로부터 전수받은 선진문물을 왜에 전달해주는 역할이 2~3세기를 통해 그 존립의 주요한 근거였다고 이해할 수 있다. 5세기 초 고구려 대군의 정벌로 가야연맹이 무너진 직후 왜가 백제로부터 문물을 도입하기 시작하는 데서도 이 상황을 이해할 수 있다.

이렇게 무너졌던 가야연맹이 5세기 후반에 다시 일어선 것은 어떤 조건 덕분이었을까? 고구려의 그늘 속에 있던 신라가 독립 세력으로 성장해 백제와 동맹을 맺고 반도 중부에서 고구려와 대치하게 된 상황이 가야에게 틈새를 다시 만들어준 것으로 보인다.

그러나 이 단계에서 고대국가 체제도 갖추지 못한 가야가 다시 일어설 수 있게 해준 뚜렷한 계기가 반도 내에서는 따로 보이지 않는다. 5세기 후반, 나제동맹이 고구려와 대치하고 있던 상황이 일시적이나마 왜의 세력이 반도로 진출할 틈새를 만들어준 것이라고 볼 수 있다. 당시 백제가 왜와 우호적인 관계였다는 사실도 유의할 일이다.

광개토왕비 비문에 보이는 것처럼 신라는 4세기 말까지도 고구려에게 조공을 바치고 그 보호를 받는 나라였다. 377년과 382년 신라가 중국의 전진前秦에 보낸 사신이 고구려 사신을 따라갔다고 하는 것도 이런 사정을 보여주는 일이다.

내물마립간(356~401) 시대에 비로소 왕위가 한 집안으로 정해졌다 하니 아직 고대국가의 수준을 바라보지 못하고 있었던 것을 알 수 있다. 아마 지방 세력 하나가 고구려에 복속하면서 서둘러 문물을 갖추어 가던 단계로 생각된다.

433년부터 백제와 동맹을 맺었다는 것도 과연 대등한 동맹관계였을지 의심스럽다. 통일신라시대를 거치면서 역사 기록이 신라 중심으로 많이 편향된 것을 감안해야 한다. 다만, 474년 백제가 고구려에게 참패를 겪은 후 신라의 상대적 위상이 얼마간 올라갔을 것은 짐작할 수 있는 일이다.

신라가 고대국가의 틀을 갖춘 것은 6세기에 들어와서였다. 국호를 신라로 정한 것부터 왕호王號를 취한 일, 중국에 독자적인 사신을 처음으로 보낸 일, 율령을 반포한 일, 불교를 공인한 일, 연호를 처음으로 쓴 일이 모두 500년에서 536년 사이에 이루어진 것이었다. 진정한 '삼국' 시대는 이때 비로소 시작된 것이라 할 수 있다.

진흥왕 순수비로 상징되는 550~560년대 신라의 영토 확장은 눈부시다 못해 눈을 의심하게 하는 것이다. 국세가 더 강한 경쟁자 고구려와 백제로부터 영토를 빼앗아 10여 년 사이에 영토를 몇 배로 키웠다는 것이 얼른 이해가 가지 않는 일이다. 자기 실력으로 쟁취한 것이 아니라 고구려와의 밀약을 통해 백제 견제의 역할을 맡았다고 하는 설이 정황으로는 그럴싸하게 들리지만 확인할 근거가 충분치 못하다.

어떤 방법으로 키워놓았든 일단 키워놓은 국세를 백제로부터 지켜내는 것이 이후 신라에게는 절체절명의 과제가 되었다. 김춘추의 고구려 사행은 신라가 백제를 견제하는 데 고구려의 도움을 바라고 있던 상황을 보여준다. 그러나 당나라의 정면 침공에 직면해 있던 고구려는 백제가 당나라와 연합하는 것을 막기 위해서라도 백제와의 대결을 피해야 할 상황이었다. 혼자의 힘으로 백제를 당해내지 못해 위기에 빠진 신라는 결국 생존을 위해 당나라에 매달리게 되었다.

반도 안에 중심을 둔
대륙국가 고구려

『삼국사기』, 『삼국유사』 등 자료를 통해 우리가 보는 '삼국시대'는 삼형제 같은 나라들이 서로 오순도순 어울리기도 하고 아웅다웅 다투기도 하던 그런 시대로 떠오른다. 그러나 이것은 '신라의 눈'으로 본 그림일 뿐이다.

6세기에 접어들어서야 고대국가의 틀을 갖춘 신라의 국세는 이른바 삼국통일 직전까지도 다른 두 나라보다 현격하게 미약했다. 특히 고구려는 4세기 말 이래 동북아시아 지역의 큰 세력으로 자리 잡고 있던, 신라는 말할 것도 없이 백제와도 차원이 다른 규모의 국가였다. 내부구조도 복합적이고 대외관계도 복잡한 하나의 대륙국가였다.

삼국사기에는 고구려의 건국이 기원전 17년으로 명시되어 있지만, 기원전 107년 한4군의 하나로 현토군이 설치될 때 그 속현으로 '고구려현縣'의 이름이 보인다. 한4군의 속현이란 현지 세력을 '현'의 명목으로 각 군에 예속시키고 그 수장을 '현령'縣令이란 이름으로 통제한 제도였다.

당시 고구려의 실제 모습을 정확히 포착할 수는 없지만, 한4군이 관할하던 지역의 수십 개 현지 세력 중 하나였음을 알 수 있다. 다만, 현토군의 치소治所가 기원전 75년 옮기기 전까지 고구려현에 있었다는 사실로 보아 고구려가 비교적 중요한 세력의 하나였다고 짐작된다.

왕망王莽의 신新나라가 흉노 토벌에 고구려 군대를 동원하려다가 거절당해 갈등을 일으킨 일이 있다. 중국에서 동원하고 싶어 할 만큼 세력이 커진 상황, 그러나 군사 동원 같은 적극적 통제는 먹혀들지 않고 있던 상황을 보여주는 일이다. 그 무렵 고구려는 한나라 세력에 완전히 매이지도 않고 정면으로 대항하지도 않는 애매한 위치에 있었다.

이 애매한 위치란 한나라 군현을 통해 선진문물을 쉽게 받아들이는 한편 독자적 발전에는 상당한 자유를 가진 위치였다. 29년 이후 고구려의 낙랑 공격 기사가 거듭 나오는 것은 이 애매한 위치를 마침내 벗어났음을 보여준다. 위만조선의 한 방면에서 요충의 위치에 있던 고구려는 한4군 설치 후 100여 년간 군현과의 지속적 교섭을 통해 실력을 키우면서 틀 잡힌 고대국가로 발전해나갔다.

4세기 초부터 고구려가 세력을 크게 키운 과정은 북중국의 정세 변화와 긴밀하게 맞물린 것이었다. 282년 중국의 3국을 통일한 진晉나라가 팔왕八王의 난(291~306)으로 혼란에 빠지고 뒤이어 오랑캐 세력의 대두로 5호16국의 분열시대가 시작된 것이 고구려에게 발전의 기회를 주었다. 3세기 말까지 중국 세력의 침공에 거듭 당하기만 하던 고구려가

302년에서 314년 사이에 한4군을 공격, 중국 세력을 배제하고 지역 패권을 장악한 것은 5호의 대두와 나란히 진행된 일이었다.

5호16국이 북중국에서 뒤얽혀 있는 동안 요동을 장악한 고구려는 요서의 선비족 모용慕容씨와 맞서 일진일퇴를 거듭했다. 그러다가 도약의 계기를 맞은 것은 전진前秦의 부견苻堅이 370년대에 북중국을 거의 통일했다가 383년 비수(淝水, 페이수이)전에서 패해 일거에 무너지는 과정이었다. 부견이 세력을 떨치는 동안 고구려는 전진과 우호관계를 맺고 불교 도입, 태학太學 설립, 율령 반포 등을 통해 국가체제를 발전시켰다. 전진이 와해된 뒤 다시 모용씨와 대결하게 되었지만, 이제는 전과 달리 고구려가 우세한 상황이었다.

383년 전진의 몰락과 430년대 북위北魏에 의한 북중국 통일 사이의 혼란기 50년간이 고구려에게 도약의 최대 기회였다. 광개토왕(391~413)은 바로 이 기회를 활용해 요동을 확보하고 부여 계열의 제 세력을 흡수, 고구려 최대의 판도를 이룩했다. 이 기세는 494년 부여 병탄을 통한 고구려의 만주 지역 패권 완성까지 이어졌다.

430년대 이후 중국에서 남북조의 대치가 지속되는 동안 북중국 세력의 고구려에 대한 압력은 약 100년간 일정한 수준을 유지했다. 530년대 북조의 분열은 고구려의 발전에 다소 유리한 상황을 일시 열어주었다. 그러나 580년대에 수나라가 남북조를 통일하면서 전혀 새로운 상황이 펼쳐지기 시작했다.

4세기 초 북중국을 휘젓기 시작한 이른바 5호는 사실 중국 외부의 오랑캐가 아니라 어떤 형태로든 한漢 제국 울타리 안에 들어와 있던, 중국

___ **광개토왕비** 광개토왕의 고구려 제국 확장은 중국의 5호16국 혼란기를 틈탄 것이었다.

내부의 이질적 요소였다. 5호16국과 남북조시대 동안 그들은 중국의 정치사회 풍토에 큰 변화를 일으키면서 그들 자신도 그 속에 융화되었다. 6세기 말 수당隋唐 제국의 성립은 이 융화과정의 완결이었다.

이 새로운 천하체제의 안정에 걸림돌로 나타난 것이 5호16국 틈에 끼어들지 않고 외부에서 실력을 키워온 다음 세대 오랑캐들이었다. 고구려는 돌궐과 함께 이 신흥 오랑캐 그룹의 대표선수로 모습을 나타낸 것이었다.

광개토왕 이후 고구려는 반도를 깔고 앉아 있는 모습의 대륙국가였다. 그런데 장수왕이 남쪽으로 왕도를 옮긴 것은 무슨 까닭이었을까? 광개토왕에서 장수왕에 걸친 국토 확장은 서북방에 집중된 것이었으므로 새 제국의 중심은 그 방향으로 옮겨졌을 것이다. 그리고 규모가 큰 제국은 방위상 가장 민감한 방면에 수도를 두어 대비 자세를 취하는 것이 상례다. 427년 장수왕의 천도는 당시 상황에 비추어 선뜻 이해가 가지 않는 방향이었다.

북위가 북중국의 패권을 장악해감에 따라 그와의 첨예한 대결을 회피하면서 배후지역의 발전을 도모한 움직임으로 이해된다. 또한 당시 고구려 제국의 복합적 구조에도 이유가 있었을 것으로 생각된다. 압록강 유역에서 한강 유역에 이르기까지 반도의 서북부 일대는 고구려의 판도 중 농업이 가장 발달한 지역이었다. 5세기 이후의 고구려에서는 이 지역이 산업구조가 다른 여타 지역과 차별되는 제국의 핵심부로 자라나 있어서, 그 지역의 중심부로 수도를 옮긴 것이 아닌가 생각된다.

수나라와 당나라가 천하를 통일한 뒤 사방을 둘러볼 때, 돌궐과 고구려는 중국문명을 상당한 수준까지 섭취하고 소화해 강한 세력을 이루고 중화제국 바로 바깥에 웅거하고 있던 나라들이었다. 중국의 천하체제는 문명이 확산되는 주변 지역을 계속해서 중국 내부로 끌어들여 제국의 범위를 넓혀나가는 과정을 밟았다. 중국문명을 섭취하고도 제국체제에 끌려들어오지 않는 오랑캐는 후대의 정복왕조에서 보듯 중국을 침공해들어올 잠재적 위협이었다. 수당 제국 초기 돌궐과 고구려가 이런 존재였고, 이들을 어떻게든 제국에 끌어들이는 것이 진정한 천하통일을 위해 불가결한 과제였다.

700여 년 전 진한 제국도 비슷한 과제를 안고 있었다. 한 무제가 이 방면을 경영하려는 노력으로 한4군의 충격파를 일으킨 데 이어 다음 통일제국인 수당 제국은 도호부都護府 체제를 지향함으로써 또 한 차례의 충격파를 일으켰다.

그러나 한4군이 길게 제 몫을 하지 못하고 오히려 고구려 등 현지 세력의 발전을 촉진해주고 만 것처럼 당나라의 안동도호부도 그 설치 의도를 살리지 못한 채 신라와 발해에게 발전의 기회를 만들어주고 말았다. 고구려의 멸망으로 당나라는 현실적 위협을 제거했지만, 그 유산은 신라와 발해로 많이 전해졌다.

신라와 고려가 고구려를 통째로 계승한 것은 아니었다. 신라는 고구려 영토와 인민의 일부만을 넘겨받았다. 고려의 북진으로 고구려 고토의 핵심부가 넘어오기는 했지만, 고구려의 국가구조가 무너진 수백 년 뒤의 일이었다. 고구려의 고토 중 농업지역은 대부분 곡절 끝에 반도국가로 넘어왔다고 볼 수 있다. 한편 유목·수렵지역 대부분은 말갈-여진-만주족의 손을 거쳐 중국에 합쳐졌다. 한국과 중국은 고구려의 공동상속자인 셈이다.

고려는 고구려의 계승을 표방했다. 그러나 『삼국사기』, 『삼국유사』 등 고려의 역사서를 보아도 고구려 관계 기록은 반도에서 대륙에 걸친 국가였던 고구려를 반도 내부에서 바라본 시각에 한정되어 있다. 고구려가 돌궐과 교류하던 상황이 중국 기록에는 더러 나타나 있는데, 반도의 기록에는 전혀 보이지 않는다.

『유기』留記 등 고구려에서 작성되었다는 기록이 전해지지 못함은 아쉬운 일이지만, 그것은 우연한 일이 아니었다. 신라는 고구려로부터 그런 핵심 요소를 넘겨받을 형편이 아니었다. 고구려가 쓰러질 때 문서로 된 자료가 무엇이든 있었다면 안동도호부를 통해 그 지역을 다스리려 하던 당나라 측에 넘어가게 되어 있었다.

3

신라 통일을 계기로 반도국가가 성립되었고,
이 반도국가는 500여 년간 외부의 압력이 비교적 약한 상태에서
독자적 발전의 기회를 가졌다.
국가구조와 정치체제는 아직 불안정한 면이 있었지만
한민족의 고유문화가 확고하게 자리 잡았다.
고구려는 만주와 한반도를 포괄하는 신석기·청동기 문명권의 주류를 이어받은 나라였다.
고구려 멸망으로 이 흐름이 끊기고 그 남쪽의 지류들이 반도국가로 남았다.
신라에서 고려로 이어지는 반도국가가 농업국가로 발전해가는 동안
만주는 뒤처져 야만의 땅이 되었다.
고구려 멸망 후 반도 북방의 농업사회는 파괴되거나 퇴화했다.
8세기에서 13세기까지 중화제국의 힘이 약화된 상황에서
반도국가는 우세한 농업생산력을 토대로
거란·여진 등 북방민족들과 경쟁하며 영토를 넓혀나갔다.
고려의 북방정책은 농업사회의 확장 추세를 반영한 것이었다.

신라 통일,
반도국가의 탄생

신라의 통일이 외세에 의존한 것이었다고 불만스러워하는 이들도 있고, 고구려 고토를 차지하지 못했으니 '2국' 통일에 불과한 것이었다고 깎아내리는 사람들도 있다. 이런 비판은 욕심이 앞서는 데서 나오는 것이다. 당시의 현실에서 신라 통일은 이런 한계를 피할 수 없는 것이었고, 또 어찌 보면 민족의 발전을 위해 다행스러운 면도 있는 일이었다. 통일의 규모가 굉장한 것이었다면 일시적 영광은 컸겠지만 민족의 형성과 발전을 위한 아늑한 보금자리를 마련하기는 어려웠을 것이다.

통일이 임박한 시점까지 신라의 국력은 고구려는 말할 것도 없이 백제에 비해서도 미약한 실정이었다. 648년 김춘추가 당나라에 입조入朝해 원병을 청한 것은 생존을 위한 발버둥이었지 통일의 위대한 포부가 아니었다.

당시 신라는 백제에게 대야大耶와 당항黨項을 빼앗기고 풍전등화의 위기에 몰려 있었다. 옛 가야 땅인 대야는 백제와 신라 사이의 저울추가 걸려 있는 곳이었고, 당항은 당나라와의 연결을 위한 교두보였다. 그런데 신라의 생존이 고구려 평정이라는 당 태종의 지상과제와 맞아떨어졌기 때문에 반도 귀퉁이의 미약한 세력에 불과하던 신라가 통일의 주역으로 나서게 된 것이었다.

백제 정벌의 실제 진행과정을 보아도 신라의 공헌은 미미했다. 김부식은 『삼국사기』에서 신라의 역할을 부풀려 보여주려 시종일관 애쓰지만, 백제 정벌 때 당나라 병력이 13만이었던 데 비해 신라 병력은 5만이었다. 그리고 황산벌 전투를 박진하게 그려놓았지만, 진짜 전투는 기벌포에서 당나라 군대가 치른 것이었다. 기벌포 방면의 백제 주력군은 병력 10만 이상이었을 것으로 추정된다. 신라군에 맞선 계백의 병력은 불과 5,000이었다.

신라군이 약속 기일을 어겼다고 소정방蘇定方이 펄펄 뛴 것은 동맹군으로서 신라군의 신뢰성 때문이었다. 당나라가 바다 건너 대군을 보낸 것은 고구려 정벌이라는 자기네 과제 때문이었지만 그래도 신라가 그만큼 다급하게 불러들였으면 조금이라도 하는 몫이 있겠지 하는 기대가 없을 수 없었다. 그런데 막상 와 보니 한 줌도 안 되는 적군한테 가로막혔다고 싸움 같지도 않은 싸움으로 시간을 끌며 진짜 싸움에는 코빼기도 비치지 않은 것이었다.

5만 군대가 5,000 적군에 막혀 제일 중요한 전투를 놓치다니! 계백의 군대가 결사대였다고 하지만, 그러면 신라군은 소풍대였단 말인가?

신라군의 기벌포 싸움 회피는 분명 동맹에 대한 배신이었다. 그러나

___ **김유신의 묘**   백제·고구려 정벌에서 김유신이 이끄는 신라군의 공헌은 미미한 수준이었다.

당나라에게는 이 배신의 응징보다 더 중요하고 다급한 과제가 있었고, 그를 위해서는 신라가 도움을 주기는커녕 방해라도 되지 않으면 다행이었다.

소정방이 신라군의 위약을 문책하려 했을 때, 그렇게 나온다면 당나라와 먼저 붙겠다고 김유신이 기염을 토한 것은 당나라 측의 필요를 꿰뚫어본 허장성세였다. 신라까지 등지면 너희가 간절히 원하는 고구려 정벌은 어떻게 할 거냐, 이제 백제가 깨졌으니 우리는 아쉬울 것이 없다, 하는 배짱이었다.

뒤이은 고구려 정벌에서 신라의 배짱은 더 심했다. 백제 평정 이듬해인 661년 당나라 군대가 북방으로부터 고구려를 공격하며 신라의 참전을 독려하였으나 신라는 7월에야 슬슬 군대를 편성해 출정 시늉만 하다가 백제 잔당의 발호를 핑계로 행군을 늦추고 겨울이 되었다 하여 군사를 파했다. 당나라의 거듭된 재촉에 마지못해 한겨울에 김유신이 출동해서 회군을 앞둔 당나라 군대에 군량만 전달하고 돌아왔다.

신라에게는 고구려가 하루라도 더 버티며 당나라를 붙잡고 있어주기를 바라는 마음도 있었을 것이다. 그래야 그 시간을 이용해서 당나라가 깨뜨려놓은 백제를 혼자 요리해 먹을 수 있을 테니까.

당나라의 줄기찬 공격에 고구려가 완전히 무너지기 시작하는 667년까지 신라가 고구려 공격에 참여한 흔적은 『삼국사기』에 더 이상 보이지 않는다. 평양이 포위된 마지막 단계에 이르러서야 출정한 신라군이 전리품 획득에나 참여하고 돌아왔다.

당시 동북아시아의 강대국인 고구려는 말할 것도 없고, 이웃 백제조차 자기 힘으로 어쩔 수 없던 약소국이 신라였다. 천하체제를 완성해가는 단계에 있던 당나라의 힘을 빌려 이웃의 백제를 제거할 수 있었던 것만도 신라에게는 천만다행한 일이었다.

한편 당나라로서는 고구려 평정과정에 방해가 되지 않은 것이 신라의 공로였다. 백제와 고구려의 정복은 당나라가 한 일이며, 그것을 바로 신라의 반도 통일이라 할 수는 없다. 신라의 통일은 두 나라 멸망 뒤에 비로소 시작된 과업이었다.

수·당은 진·한에 이어 중국의 두번째 천하제국이었다. 고대제국과 중세제국의 성격 사이에 상당한 유사점이 발견된다는 것은 800년의 시차를 감안할 때 놀라운 일이다. 유사점의 핵심은 천하제국의 이념이었다. 중국인이 인식하던 세상 전체를 중심부의 문명세계와 주변부의 야만세계로 구분하여, 문명세계는 황제의 직접 통치 아래 두고 야만세계는 간접적 통제로 묶어둔다는 것이었다.

제국의 건설자인 진나라와 수나라가 오래가지 못하고 그 뒤를 이은 한나라와 당나라가 비교적 안정된 체제를 구축한 공통점도 천하제국 이념의 부담을 통해 이해할 수 있다. 중국, 즉 문명세계의 통일을 이룩한 시점에서 진나라와 수나라에게 남은 과제는 주변부 야만세계에 대한 통제체제를 세우는 것이었다.

두 나라는 이 과제를 수행하는 과정에서 구심력의 한계에 부딪혔다. 그 한계가 진나라에게는 만리장성의 부담으로 나타났고, 수나라에게는 고구려 원정의 짐으로 주어졌다. 한나라와 당나라는 앞 왕조에서 미처 못 이룬 야만세계 통제의 과제를 수행, 천하제국의 안정된 체제를 만들어낸 것이었다. 이 과제를 가장 심각하게 제기한 장본인이 진·한에게는 흉노였고, 수·당에게는 돌궐과 고구려였다.

고구려는 중국의 선진문물을 앞장서 받아들여 4세기 초 이래 한반도와 만주에 걸친 넓은 영역의 패권을 확립한 강대국이었다. 백제는 반도 서남부의 비옥한 토지와 온화한 기후를 배경으로 높은 수준의 농업문명을 발전시키고 바다를 통해 중국 남부 및 왜와의 관계를 활발하게 펼쳐온 선진국이었다. 그에 비해 신라는 상대적으로 척박하고 문물의 도입이 늦은 후진지역의 토착 세력이었다.

6세기 말 중국이 통일되자 서방의 발전 진로가 막힌 고구려와 백제의 발전 압력이 배후의 신라 방향으로 쏠리게 되었다. 위기감에 싸인 신라는 살아남기 위한 몸부림으로 당나라에 접근했고, 당나라와 맺은 관계는 본질적으로 동맹이 아니라 복속 관계였다.

백제와 고구려를 정벌한 후 당나라는 고구려 땅에 동방을 총괄하는 도호부를 두고 백제와 신라 땅에는 그보다 낮은 급의 도독부를 두고자 했다. 신라 왕은 계림도독으로서 신라의 원래 땅만을 다스리게 하고 의자왕의 아들 부여륭을 웅진도독으로 삼아 백제의 옛 땅을 간접통치하려 한 것이다. 이들을 통솔할 도호사는 물론 당나라에서 파견할 것이었다.

이 방침에 따라 665년 문무왕과 부여륭이 당나라 칙사 유인원과 함께 웅진에서 맹약을 맺었다. 5년 전 부여륭이 의자왕의 항복 사신으로 나왔을 때 김법민(문무왕)이 그를 자기 말 앞에 꿇리고 얼굴에 침을 뱉으며 "내 누이를 죽인 놈, 오늘은 네 목숨이 내 손에 달렸다!"고 기염을 토하던 일을 생각하면 착잡한 장면이 아닐 수 없었다.

당나라는 백제의 명맥을 웅진도독의 이름으로 잇게 하여 신라를 견제하려 했으나 신라는 백제 땅 병탄에 전력을 기울였다. 고구려 정벌에 참여하라는 당나라의 요구를 거듭 묵살한 것도 백제 지역 확보에 힘을 쏟기 위해서였다.

당나라는 원래 웅진 함락 직후 당나라 장수를 웅진도독으로 보냈으나 부임하는 길에 무열왕과 만난 자리에서 갑자기 죽었다고 한다. 당과 신라 사이의 갈등이 불거진 하나의 대목일지 모를 일인데, 어찌 봉합되었는지 상세한 내용은 전해지지 않는다. 665년 부여륭을 보낸 것은 신라가 그때까지 확보해놓은 통제력에 최대한 대항하기 위한 것으로 보이는데, 부여륭 역시 신라의 세력을 견뎌내지 못하고 얼마 안 있어 당나라로 돌아갔다.

고구려가 평정되자 신라와 당 사이의 갈등이 노골적으로 불거져나오기 시작했다. 671년 당나라 총관 설인귀薛仁貴가 문무왕에게 편지를 보내 배신을 책망했을 때 문무왕은 답장에서 당 태종의 약속을 둘러댔다.

648년 김춘추가 입조했을 때 당 태종이 "내가 두 나라를 평정하면 평양 이남 백제의 토지는 전부 너희 신라에게 주어 길이 편안토록 하려고 한다"고 약속했다는 것이었다. 당나라 기록에는 남아 있지 않은 약속이므로 당나라가 인정할 수 없는 것이었지만, 이런 약속을 갖다댄 신라의 의도는 분명하다. 고구려 땅 갖고 당나라와 다툴 생각은 없지만 백제 땅은 우리가 먹겠다는 것이었다.

당나라에게 동방의 패자 고구려는 천하체제 확립에 중대한 걸림돌이었다. 이 걸림돌을 치우고 나서 반도 남쪽 지역도 더 쪼개 확실한 기미정책으로 묶어놓고 싶었지만, 그것은 고구려 평정처럼 전력을 기울일 절체절명의 과제가 아니었다.

당나라는 신라를 견제하기 위해 몇십 년간 압박정책을 썼으나, 8세기 들어 북방에 발해가 일어나고 동방의 적극적 경략이 갈수록 부담스럽게 되자 735년 패수浿水 이남을 신라 영토로 인정하고 발해 신라 두 나라와 조공-책봉 관계를 안정시킨다. 670년에서 735년까지 당나라와의 저강도전쟁low-intensity war이 반도를 민족의 터전으로 지켜낸 신라 통일의 진정한 과정이었다고 할 수 있다.

오늘날 중국의 판도를 보면 최초의 중심지 황하 유역으로부터 남쪽과 서쪽으로 수천 킬로미터 밖까지, 북쪽으로도 몽골의 사막지대까지 뻗쳐 있다. 그런데 동쪽으로 작은 바다 건너 한반도는 중국 중심부에 가까우면서도 독립된 나라로 남아 있다.

　13세기에 유라시아 대륙을 석권한 몽골조차 고려만은 정복한 뒤에도 독립국으로 남겨둘 만큼 한반도는 독자적인 문화를 키우는 곳이 되었다. 신라의 통일을 통해 반도를 하나의 나라로 지켜내고 반도의 지정학적 특성을 잘 활용해 민족문화를 발전시킨 결과였다.

　고구려가 당나라를 끝내 물리치고 신라 대신 동방을 통일했다면 동방의 힘이 더 찬란하게 펼쳐졌으리라는 아쉬움을 느낄 수도 있다. 동방의 힘이 중원을 한 번쯤 석권하는 일도 있었을지 모른다.

　그러나 중국을 정복했던 이민족이 한민족처럼 독립된 민족으로 고유한 문화를 지켜낸 예가 있었던가? 한민족의 정체성을 확보하는 정치적 조건은 신라의 통일을 통해 마련된 것이다. 삼국통일이냐 이국통일이냐를 따질 필요가 없다. 신라의 통일은 반도의 통일이었다.

고구려 유산,
반도국가의 성장

신라 통일을 계기로 고구려의 전통이 민족사의 흐름에 완전히 합쳐졌다고 한국인들은 대개 믿어왔다. 김부식이 『삼국사기』에서 신라, 백제, 고구려가 평면적으로 통합된 것처럼 그려놓은 것을 그대로 받아들인 것이다. 그러나 이것은 고구려 계승자를 자임한 고려 사람 김부식의 자기중심적 관점이다. 신라 통일이 고구려를 배제한 것이었으므로 진정한 민족통일이 못 된다는 근래 나오고 있는 지적이 보다 합리적인 관점으로 보인다.

고려는 고구려의 유산을 획득하기 위해 북방정책을 펼쳤다. 『삼국사기』는 이 정책을 정당화하기 위해 고구려의 전통이 이미 반도국가에 합쳐져 있다고 주장한 것이었다. 그러나 통일 당시의 신라는 고구려의 유산을 많이 물려받지 못했다. 그럼에도 불구하고 한민족이 고구려 전통을 민족 정체성의 일부로 인식하게 된 것은 고려의 북방정책 덕분이다.

고구려 유산의 귀속 문제는 근년 동북공정을 둘러싼 역사 논란의 초점이 되어왔다. 이 유산에 대한 한민족의 배타적 '소유권'에 의문을 제기하는 것을 민족반역죄로 규탄하는 사람들도 있을 것이다. 그러나 보다 합리적이고 균형 잡힌 관점을 시도할 여지가 있다. 우리 역사를 '밖에서 보는' 시각의 필요성을 저자가 가장 절실하게 느낀 문제이기도 하다.

신라가 통일을 통해 이룩한 것은 하나의 반도국가였다. 이 반도국가가 유일한 발전방향인 북방으로 오랜 세월에 걸쳐 뻗어나간 결과 자연적 의미의 반도보다 큰 오늘날의 '한반도'가 만들어졌다. 고구려의 유산이 그 과정에서 얼마간 반도국가에 흡수되기는 했지만 멸망 후 오랜 시간이 지난 뒤의 일이기 때문에 그 무너진 잔해의 일부일 뿐이었다.

17세기 중엽 중국에 청나라가 들어선 이후 북방 경계선이 엄격해지면서 한국은 반도라기보다 섬 같은 나라가 되었다. 그러나 그전 1,000년 동안 민족의 형성과 발전 과정에서 북방 변경은 한민족의 가장 활기찬 활동무대였다. 그리고 그중 앞쪽의 500년 동안 그 활동의 배경에 깔려 있던 것이 고구려의 그림자였다.

신라에게는 '나당연합'의 목적이 백제를 멸망시키는 것이었고 당나라에게는 고구려 평정이었다. 신라는 당나라가 백제 고토 병합조차 허락하지 않아 수십 년의 투쟁을 거쳐서야 겨우 좁은 의미의 반도 내부나마 확보할 수 있었다. 신라는 나당 항쟁기간 중에는 고구려 고토를 전혀 넘보지 못하고 있다가 당나라가 동방의 적극적 경략을 포기한 후 735년에 이르러서야 고구려 고토의 남쪽 끝, 지금의 황해도 지역을 겨우 차지했다.

고구려는 광역국가이며 다민족국가였다. 고구려는 4세기 이래 만주 방면의 여러 민족과 세력을 통합하고 있었다. 5~6세기 중 고구려의 내습을 적은 『삼국사기』 기사 중에 "고구려高句麗와 말갈靺鞨이 함께 쳐들어왔다"(신라본기, 468년, 481년)든가, "말갈靺鞨이 쳐들어왔다"(신라본기, 480년)든가, "고구려高句麗 왕 평성平成(양원왕)이 예濊와 짜고 독산성秃山城을 공격했다"(백제본기, 548년)든가 한 것을 보면 고구려가 복합적 내부구조를 가진 통합국가였음을 알아볼 수 있다.

645년 당 태종의 정벌 때도 주필산 전투에서 고구려군과 말갈군이 따로 언급되었다. 그리고 전투 후 고구려군 포로는 당나라로 데려가거나 석방해 평양으로 돌려보낸 반면 말갈병 수천 명은 산 채로 땅에 파묻었다는 서로 다른 처분 기록이 있다. 고구려 안에 고구려인이 아닌 말갈족이 있었음을 주변국에서 모두 인식하고 있었던 것이다.

고구려는 고구려인만의 민족국가가 아닌 복합국가였다. 그 구조를 세밀히 파악할 수는 없지만, 고구려인이 발상지 압록강 유역으로부터 낙랑의 고토 대동강 유역에 이르는 지역에 정착해 농경문화를 상당 수준까지 발전시키면서 국가의 중심부를 이루었고, 다른 지역에는 말갈 등 여러 종족들의 수렵·목축사회가 그 통제 아래 있었던 것으로 보인다.

당나라가 고구려를 평정한 후 3만 8,300호戶(『삼국사기』 '고구려본기'에 기록된 숫자이며, '신라본기'에는 "20여만 구口"로 되어 있음)를 관내關內 여러 곳으로 옮겼다고 하는 것은 중심부의 농경지역을 대상으로 한 조치였을 것이다. 제국의 구조를 효과적으로 무너뜨리기 위해서는 문

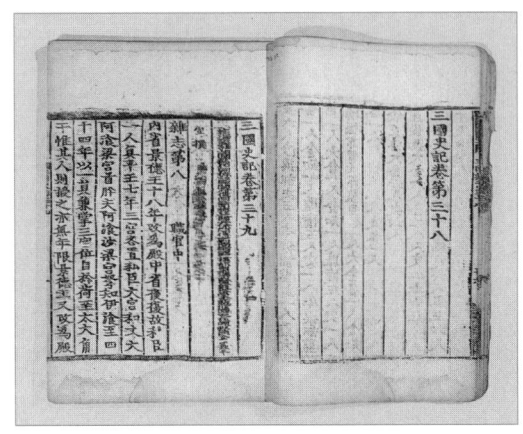

『삼국사기』 고구려의 전통이 신라에 통합되었다고 김부식이 주장한 것은 북방정책의 정당화를 위해서였다.

화수준이 높은 중심부를 파괴할 필요가 있었기 때문이다.

당나라가 20여만 명을 중국으로 데려갈 때 신라 왕은 고구려 포로 7,000명을 데려왔다고 『삼국사기』에 기록되어 있다. 유민의 신라 유입도 얼마간 있었겠지만 가장 두드러진 사례인 안승安勝의 귀부歸附 때 4,000호가 따라왔다고 하니 당나라에 끌려간 수와는 비교가 되지 않는다. 그리고 요동 지역이 당나라에 편입되면서 그곳에 사는 채로 당나라 치하에 들어간 주민은 사민당한 사람들보다도 훨씬 많았을 것이다.

한편 만주 동부와 두만강 유역 주민들은 698년 건국한 발해 치하에 들어갔다. 대조영이 고구려인이냐 말갈인이냐 시비가 있어왔지만, 명확한 사료 없이 억지로 판단할 일도 아니고 큰 의미도 없는 문제다. 대조영이 설령 고구려인이라 하더라도 그가 속한 집단이 고구려 제국의 주류가 아니었음은 분명하다. 고구려 제국 주류는 중국 관내로 옮겨졌기 때문이다. TV 드라마 〈대조영〉에는 대조영 집안이 고구려의 핵심부에 있었던 것처럼 그려놓았지만 드라마는 드라마일 뿐이다.

대조영 집단은 고구려 외곽 세력이었다가 당나라의 혼란을 틈타 더욱 외곽의 만주 동부지역으로 옮겨가 고구려 체제를 모방한 나라를 세운 것이었다. 백두산 동북방 목단강, 해란강과 두만강 유역의 소규모 농업사회를 중심으로 주변의 미개 사회를 통제한 것이다.

발해는 716년 이후 당나라와 조공-책봉 관계를 맺고 대체로 평화로운 관계를 200년간 유지했다. 신라와 특별히 친밀하게 지내지도 않았지만 그렇다고 국경을 놓고 분쟁을 벌인 일도 없다. 두 나라 다 영역국가 체제가 확고하지 못한 채 고구려가 남긴 공백을 채우고 있는 상태여서 경계지역에서 압력을 서로 크게 주고받을 상황이 아니었던 것으로 보인다.

신라와 달리 발해는 고구려의 계승자를 자임했다. 신라가 고구려 유산의 극히 일부만을 접수한 반면 발해는 고구려 제국을 일부나마 되살린 나라였다고 볼 수 있다.

고구려의 옛 중심부, 지금 평안남북도의 서부 일대는 당나라의 사민정책으로 농업사회가 사라지고 말갈족의 수렵·목축사회가 널리 자리 잡은 것으로 보인다. 고구려 평정 후 당나라가 설치했던 안동도호부가 몇 해 후(676) 요동으로 옮겨진 것을 유민의 항쟁과 신라의 저항 때문이었다고 흔히 말하지만, 민족 자존심에 입각해 과장한 이야기로 들린다.

당시 신라의 실력은 당나라에 정면으로 대항할 수준이 되지 못했다. 그리고 정말 자기 힘으로 안동도호부를 몰아낸 것이라면 그 뒤에 평안도 지역을 신라가 경영하지 못한 사실을 어떻게 설명할 것인가?

안동도호부의 요동 퇴각은 당나라의 군사적 열세가 아니라 전략적 선택을 보여주는 것으로 이해해야 할 것이다. 당나라의 고구려 평정 목적은 영토 확장이 아니라 천하체제 완성에 있었다. 'divide and rule'의 원리대로, 모든 오랑캐가 각자 당나라와 조공-책봉 관계를 맺고 오랑캐들 사이에 저희들끼리 큰 세력구조를 만들지 못하게 하는 것이 당나라의 대외정책이었다. 당 태종이 많은 반대를 무릅쓰고 고구려 정벌을 강행한 최대의 명분도 신라와 백제의 조공 길을 고구려가 막는다는 것이었다.

고구려 멸망 후 당나라의 과제는 자기 부담을 최소한으로 하면서 고구려 같은 지역 패권이 다시 일어날 소지가 없는 통제체제를 만드는 것이었다.

이미 경영하고 있던 요서 지역과 바로 연결되어 한 덩어리가 될 수 있는 요하 건너편 요동 지역은 큰 부담 없이 경영을 넓힐 수 있는 곳이었다. 그러나 천산(千山, 첸산)산맥 너머 압록강 유역과 그 이남 지역의 경영에는 이득보다 부담이 너무 컸다. 고구려의 옛 중심부였던 이 지역을 신라나 발해가 차지하지 못하도록 요동으로부터 견제하는 정도가 당나라로서는 가장 적은 부담으로 이 방면의 천하체제를 지켜나가는 길이었다.

발해 전성기인 선왕(818~830) 때 남경 남해부와 함께 서경 압록부를 두었다고 하는 것을 보면 발해 세력이 평안도 지역까지 뻗친 사실을 알 수 있다. 그러나 압록부의 관할이 서해안 평야지대까지 미치지 못한 것은 분명하다. 이 시기 발해의 발전은 당나라의 극심한 혼란에 힘입은 것이었지만 비옥한 평양 일대까지 넘보지는 못했다. 요동 방면에서도 마찬가지였다. 발해의 세력이 떨칠 때 요동 평야를 바라보는 산악지대까지 그 힘이 미쳤지만 평야지대 안까지 판도를 넓히지는 못하고 있었다.

당나라가 혼란에 빠진 채 9세기가 지나가는 동안 고구려 옛 중심부에 대한 당나라의 통제가 점차 해이해짐에 따라 농경사회가 다시 자리 잡고 지방 세력이 형성되기 시작했다. 원래 농업에 적합한 지역이었던 만큼 고구려의 부활을 견제하는 당나라의 통제가 약화되면서 자연스럽게 농경사회가 자리 잡은 것이었다.

새로운 정착 세력은 개마고원 건너편에 중심을 둔 발해보다 남쪽의 신라로부터 서해안을 따라 침투해왔을 것으로 보인다. 무력정복이라면 인근 산악지대까지 세력을 뻗치고 있던 발해가 유리한 입장이었겠지만, 기술과 문화의 압력을 통한 침투라면 가까운 위치의 농경사회에서 퍼져나오는 것이 더 쉬울 것이었기 때문이다.

10세기가 시작될 무렵 평안도 서부 평야지대에는 상당한 규모의 농업사회가 당나라, 발해, 신라 어느 나라에도 예속되지 않은 채 자리 잡고 있었다. 그 분포는 당나라의 통제력이 약한 평안남도 지역에 집중되어 있었고, 그 지도층은 신라 영역에서 퍼져간 것이었지만 신라가 지방 통제력을 상실한 상태였으므로 독립적인 호족 세력으로 자라났다.

이 세력이 신라 북부에서 일어난 궁예·왕건 세력에 합류함으로써 고려의 재통일에 공헌했다. 후삼국 쟁패 초기에 견훤 세력이 우세하다가 929년 이후 왕건 쪽으로 반전되었는데, 이것도 926년 발해의 멸망으로 이 지역 세력의 향배가 고려 쪽으로 쏠리게 된 상황에 영향을 받은 것이 아닌가 생각된다.

9세기가 끝날 무렵 신라 왕국은 와해상태에 놓여 있었다. 조정의 지방 통제력이 실종된 상황이 오래되면서 각 지방에 자생적 호족이 할거하다가 이합집산을 거쳐 중앙정부에 대항할 실력을 갖춘 두 세력이 900년경까지 형성되었다. 서남방의 견훤 세력과 북방의 궁예 세력이었다.

견훤 세력은 서남부 지역의 뛰어난 농업생산력을 확보하고 해상활동의 중심지를 장악함으로써 중국 동남방 세력들과 쉽게 교통할 수 있었다. 중국과의 교통은 선진기술 확보에 유리한 조건이었다. 한편 궁예 세력은 황해도·평안도 지역에 형성된 변방 세력을 끌어들이는 것이 세력 확장의 중요한 조건이었다. 고구려의 계승을 표방하던 발해가 쇠퇴하던 시기였으므로, 그 이탈 세력을 흡수하기 위해 '고려'란 국호를 내걸었다.

'고구려'의 이름에서 원래의 고유명사는 뒤의 '구려'이고 앞의 '고'는 미칭美稱으로 덧붙여진 것이라 한다. '구려'는 여러 계통 알타이어에서 '성읍'城邑을 의미하는 'Khor', 'Kor', 'Kuru' 등의 말에서 나온 것으로 본다. 우리말의 '고을'도 이에 통하는 것이다.

『삼국사기』는 궁예가 901년 왕을 칭하면서 국호를 '후고구려'라 했다고 기록했다. 궁예 자신이 '후'자를 붙였을 리가 없다. 900년 서남방의 견훤이 '후백제' 왕을 칭했다고 『삼국사기』에 또한 기록해놓았지만, 견훤은 '백제' 왕을 칭했고 궁예가 904년까지 쓴 국호는 '고구려'였다. 신라의 통치에 불복하는 요소가 각자의 세력 근거지에 남아 있었기 때문에 이를 끌어모으기 위해 그 지역에 있던 옛 왕조의 부활을 표방한 것이었다.

918년 궁예를 몰아낸 왕건이 이것을 다시 자기 국호로 삼은 것은 고구려 고토인 패서浿西 세력에 특히 집중적으로 의존했기 때문이다. '고려'는 왕건의 선택에 의해 500년 가까이 계속된 왕조의 이름이 되었다. 김부식을 비롯한 고려시대 사람들이 이 시기 역사를 서술할 때 견훤의 백제는 원래 백제와 구분하기 위해 '후'자를 붙인 반면 자기 왕조 이름인 '고려'는 그대로 두고, 가운데 '구'자가 있는가 여부로 원래의 고구려와 구분했다. 물론 궁예의 고려는 왕건의 고려와 구분하기 위해 '후고구려'라고 적은 것이다.

신라가 버렸던, 아니, 넘보지도 못했던 고구려의 이름과 그 핵심지역이 이렇게 해서 반도국가로 넘어왔다. 온전한 유산은 아니었다. 고구려의 가장 충실한 계승자라 할 발해를 멸망시킨 거란 역시 고구려 계승을 표방하고 있었으므로 고구려의 후계자라는 이름이 고려의 전매특허는 아니었다.

그리고 당나라에게 철저히 파괴당했던 고구려 핵심지역의 일부가 200여 년 만에 농업사회로 되살아나기는 했으나 말갈족의 후신인 여진족의 거주지역으로 남은 곳이 더 많았다. 재통일 당시 고려에 편입된 고구려 고토는 신라와 인접해 있던 일부 지역뿐이었다.

그러나 국호에서부터 고구려의 계승을 표방한 고려의 지향성은 오랜 기간에 걸친 북방정책의 근거가 되었고, 이를 통해 더 많은 고구려 유산을 접수할 수 있었다. 북방정책의 동력을 맡은 것은 서경 세력이었다. 새로 편입된 땅인 서경에 오랜 국가중심지 경주의 동경과 대등한 위상을 부여한 데서 고려 초기 서경 세력의 비중을 알아볼 수 있으며, 국가를 북방으로 발전시키는 것은 서경 세력의 근거 확충을 위해서도 꼭 필요한 일이었다. 이 방향에서 서경 세력의 역할은 묘청의 난(1135) 때까지 계속되었다.

고려 초기 북방정책의 가장 큰 성과는 강동 6주를 확보한 서희의 담판(993)이었다. 당시 고려는 요나라의 침공으로 위기에 처해 있었다. 담판 직전의 고려군 승리가 담판에 유리하게 작용했다고 주장하는 이들도 있으나, 한두 곳 국지전의 승리로 대세를 바꿀 수 있는 상황이 아니었다.

당시 요나라는 성종 즉위(982) 후 국세를 크게 떨쳐 남쪽으로 송나라를 압박하고 있었으며, 고려와는 비교가 되지 않는 군사력을 지니고 있었다. 고려 침공의 목적도 고려의 영토를 빼앗는 것이 아니라 후방의 걱정거리를 없애면서 송나라를 고립시키려는 것이었다.

군사적으로 불리한 상황에서 좋은 결과를 얻어낸 것이 서희의 성공이었다. 서희가 요나라 장군 소손녕에게 호통을 쳐서 양보를 얻어냈다는 것은 '국내용' 기록이다. 서희는 요나라의 필요를 정확히 꿰뚫어보고 그 필요에 적극 부응함으로써 반대급부를 받아낸 것이다.

요나라가 원한 것은 고려가 송나라를 돕지 않는 것, 그리고 여진을 견제해주는 것이었다. 압록강 하류 이남의 강동 6주, 지금의 평안북도 서부 일대를 고려에게 맡긴 것은 조공관계를 맺는 상대이니 주머닛돈이 쌈짓돈이라는 심산이었다.

강동 6주의 확보는 993년의 담판으로 뚝 떨어진 것이 아니라 그후의 효과적 경영으로 이뤄진 것이었다. 1010~1018년 사이 요나라의 끈질긴 침공을 물리침으로써 이 과정이 일단락되었다. 1030년대에 고려가 천리장성을 쌓기 시작한 것은 요나라와의 관계가 안정됨에 따라 북진정책을 한 차례 마무리한 것으로 이해할 수 있다.

고려 북진정책의 마무리는 고구려 계승 사업의 종결이었다. 북진정책은 당나라 말기 이래 중국의 분열과 혼란 덕분에 상당한 성과를 거두었다. 요나라 체제가 안정된 후로는 요나라, 금나라, 원나라가 모두 고려에게 넘을 수 없는 장벽이 되었다.

그런 상황에서 외풍을 이겨내고 민족국가로 성장한 것이 고려의 발전방향이었고, 그 힘으로 원나라의 지배 아래서도 반도국가를 지켜낼 수 있었다. 고려는 고구려 유산의 작은 부분만을 계승했지만 다른 계승자들에 비해 계승한 유산을 잘 지키고 키워냄으로써 결국 가장 뚜렷한 계승자로 남을 수 있었던 것이다.

천리장성,
반도국가의 완성

케임브리지 대학 줄리아 로벨Julia Lovell 교수의 『장성, 중국사를 말하다』는 만리장성에 관한 통념을 깨뜨려주는 참신한 시각을 많이 담은 책이다. 장성의 대내적 용도를 밝힌 것도 참신한 시각 중 하나다. 장성이라 하면 밖에서 오는 오랑캐를 막아낸다는 대외적 용도를 누구나 떠올린다. 그런데 어찌 보면 안의 백성이 밖으로 나가지 못하게 막는 용도가 그 못지않게 컸을 수도 있는 것이다.

춘추전국시대(기원전 8~3세기)를 통해 중국에서는 철기의 대량 보급과 함께 집약적 농업사회가 만들어졌다. 이 집약적 농업사회는 황하 유역에서 출발해 회수 유역과 양자강 유역까지, 그리고 나중에는 남중국 지역까지 확장되었다. 그러나 북쪽으로는 멀리 가지 못하고 자연의 장벽에 부딪혔다. 강우량이 적은 사막과 초원지대가 펼쳐져 있기 때문이었다.

아직 인구가 조밀하지 않던 초기 농업사회에서는 토지보다 인력이 더 요긴한 가치를 가진 자원이었다. 중국에서 조세 부과의 일차적 대상이 사람에서 땅으로 바뀐 것은 당나라 후기인 9세기의 일이었다. 그 이전에는 영토를 가지는 것보다 백성을 가지는 것이 생산력 확보를 위해 더 중요한 조건이었고, 국가들 사이의 경쟁에서 백성을 붙잡고 끌어들이는 것이 언제나 정책의 제일 중요한 목표였다.

농업국가 중국에게는 주변의 유목지대로 인구를 빼앗기지 않는 것이 중요한 과제였다. 인구밀도가 낮은 유목지대에 농업지대로부터 새로운 기술이 전파되면 노동력 수요를 촉발하는 일이 많았다. 그래서 유목민이 중국 변경을 약탈할 때는 노예로 삼을 백성이 중요한 약탈 대상이었다. 그리고 인구밀도가 높은 사회에서는 정치적·사회적 압력도 높기 마련이므로 이 압력을 피해 중국을 빠져나가려는 사람들도 늘 있었다.

지금 남아 있는 장성은 17세기에 몽골과 대결하기 위해 명나라에서 고쳐 쌓은 것이다. 이때는 장성의 군사적 의미가 분명히 컸다. 그러나 그 2,000년 전 중국에 집약적 농업사회가 만들어지고 고대제국이 형성되어가던 시절의 장성에는 남의 공격을 막는 것 못지않게 내 백성의 이탈을 막으려는 뜻이 있었다.

1033년에서 1044년 사이에 축조된 고려의 장성을 흔히 '천리장성'이라 부르는 것은 만리장성과 대비한 것이다. 이 장성의 용도는 어떠한 것이었을까?

대외적 용도가 분명히 있었다. 고려는 1010년대에 여러 차례 거란의 요나라에게 침공을 당해 수도 개경이 약탈·파괴를 당하기까지 했

__ 평안북도 창성군 자작령의 천리장성 성벽
천리장성은 한반도 농업국가 완성의 선언이었다.

다. 993년 서희의 담판 이래 조공-책봉 관계를 유지하고 있었고 1019년에 강화를 맺기도 했지만 고려와 요나라 사이에는 긴장이 사라지지 않고 있었다. 그래서 장성 축조에 대해 요나라의 항의와 방해도 얼마간 있었다.

그러나 다른 한편으로 대내적 용도도 있었을 것 같다. 서희의 담판으로 획득한 압록강 중하류 이남의 강동 6주 지역이 '고려화' 과정을 겪고 있었다는 사실이 특히 주목된다. 여진족이 살고 있던 이 지역은 고려의 농경사회를 확장하기에 좋은 여건을 가진 곳이었다.

이 지역의 고려화 과정을 구체적으로 알아볼 자료는 없지만, 수십 년 후 여진 세력이 크게 일어날 때 그 귀속 문제가 제기되지 않은 것을 보면 그때까지는 고려화가 완성되어 있었음을 알 수 있다. 빠른 속도로 이 지역을 고려화하는 데 장성의 존재가 유리한 조건이 되었을 것이다.

한편 장성은 강동 6주보다 더 동쪽으로 동해안의 함흥 지역까지 뻗어 있었다. 이것은 여진 지역과의 경계선으로서 의미가 있는 것이었다.

926년 발해 멸망 때 구체적으로 어떤 변화가 일어났는지 알려주는 자료는 많지 않다. 그러나 발해 고토 서부의 압록부 자리에 유민들이 정안국을 세운 일, 세자 대광현이 934년 수만 명 무리를 끌고 고려에 귀순한 일을 놓고 보면 발해 중심부가 철저하게 파괴당한 것이 분명하다.

그 결과 발해 고토에서는 집약적 농업사회가 사라졌다.

발해 고토는 수렵과 유목, 그리고 낮은 수준의 농경에 종사하는 주민들의 지역이 되었다. 이와 달리 거의 전 국토에 집약적 농업사회를 발전시킨 고려는 농업사회의 안정성을 지켜줄 울타리를 필요로 했다. 천리장성은 고려 땅을 지키는 울타리였고, 고려 전국이 집약적 농업사회로 만들어졌다는 선언이었다.

만주 동부지역에 살던 종족들을 중국에서 부른 이름은 시대에 따라 여러 가지다. 춘추전국시대에는 숙신肅愼, 한나라 때는 읍루挹婁, 남북조시대에는 물길勿吉, 당나라 때는 말갈靺鞨 등의 이름이 쓰였고, 고려와 송나라에서 여진女眞이라 부르기 시작했다.

숙신이 그대로 읍루가 되고 읍루가 그대로 말갈이 되지는 않았을 것이다. 아마 숙신 가운데 일부가 다른 발전의 길을 걸으며 빠져나가고 대신 다른 주변 종족들이 합쳐지는 변화를 겪은 결과가 어느 단계에서 읍루로 파악되고, 비슷한 변화를 또 겪은 뒤에 다음 단계에서는 말갈로 파악되는 과정이 거듭되었을 것으로 보인다.

말갈에서 여진으로 변신하는 과정도 이런 것이었다. 신라와 고구려, 그리고 당나라에서 파악하던 '말갈'은 하나의 종족으로 볼 수 없는 복합체였다. 고구려도 발해도 포용하지 못했던 북방의 흑수黑水말갈이 있는가 하면 지금의 강원도와 충청북도 지역에는 전혀 다른 계통의 말갈이 신라 통일 전에 존재했다.

발해가 200여 년간 존속하는 동안 발해 지배층은 말갈 출신이냐 고구려 출신이냐 하는 구분을 넘어서서 '발해인' 집단을 이루었다. 이 집단이 거란의 정복 때 사민의 대상이었고, 정안국의 주체였으며, 대광현이 고려로 끌고 온 무리였다.

피지배층의 말갈 주민 대부분은 지배층을 잃어버린 뒤 낮은 수준의 산업에 종사하며 그 지역에서 계속 살아갔다. 여기에 흑수말갈 등 주변의 다른 종족들이 합쳐져서 '여진'으로 인식되기에 이른 것이었다.

고 이용범 교수는 발해가 고구려의 제철기술을 넘겨받은 것이 국력의 기반이 되었고, 거란의 발해 정복 때도 제철기술의 탈취에 주력하였으며, 발해 유민의 부흥운동에서도 제철산업이 중요한 근거가 되었다는 견해를 제시했다. '발해인' 집단 정체성의 근거를 제철기술에서 찾는 이 관점은 당시의 정황에 부합하는 탁견으로 보이는데, 더 상세히 밝혀지지 못하고 있는 것이 안타까운 일이다.

고려와 인접한 지역의 여진족은 11세기 말까지 고려에 대해 종속적인 위치에 있었다. 고려는 여진 추장들에게 무산계武散階, 향직鄕職 등 명목상의 관직을 주어 기미정책을 펴고 상당한 범위의 귀화를 받아들였으며 무역을 허락했다. 고려가 수입한 것은 말과 모피 등 원자재였고, 수출한 것은 의류, 농기구, 그릇 등 공산품이 주였다.

11세기 말에 이르러 멀리 북방에 있던 완안부完顏部를 중심으로 여진족이 세력을 일으키기 시작해 불과 20여 년 만에 요나라를 멸망시키고 송나라를 격파해 천하를 호령하게 된 것은 이해하기 힘들 만큼 급격한 변화였다. 다만 이 과정에서 1100년대 고려와의 접촉이 중요한 계기가 되지 않았을까 추측할 뿐이다.

고려는 완안부 세력이 두만강 유역까지 확장된 1104년 이후 몇 차

레 정벌을 시도하였으나 효과를 보지 못하고 있다가 1107년 윤관이 이끄는 대군을 동원해 9성을 쌓고 함경도 지역을 경략했다. 이듬해 9성을 내어준 것이 여진의 애원 때문이었다고 『고려사』에는 적혀 있으나, 실상은 여진족의 저항을 견뎌내기 어려웠기 때문이었으리라고 짐작된다.

11세기 말까지 여진족이 접하고 있던 큰 세력은 거란과 고려였다. 거란족은 요나라를 통해 중국의 일부까지 다스리고 있었지만, 거란의 근거지는 정치조직과 사회조직을 중국식으로 바꾸지 않은 채 유목사회의 원리에 따라 경영되고 있었다. 거란 근거지와 접하고 있던 북방의 완안부는 거란족과의 접촉을 통해 군사기술을 전수받았겠지만 수준 높은 문화를 받아들일 기회는 없었을 것이다.

그런 완안부 세력이 두만강 유역과 함경도 지역까지 뻗쳐오자 오랫동안 고려와 접촉하고 있었던 현지 여진족이 합류하게 되었다. 이 합류가 여진의 문화수준에 큰 변화를 가져왔을 것이다. 이곳에서 힘을 키운 여진족이 1115년 금나라를 세우고 1125년 중원을 평정하여 100년간 천하를 호령하면서 고려에 대해 대체로 우호적인 태도를 지킨 것은 깊이 음미할 뜻이 있는 일이다.

1234년 금나라가 멸망한 뒤 여진족은 만주 지역에 계속 거주하며 원나라의 지배를 받았다. 이 여진족이 낮은 문화수준에 머물러 있었던 것으로 보아 금나라를 경영하러 중원에 진출했던 여진족은 만주로 별로 돌아오지 않고 한족에 흡수된 것으로 생각된다.

원나라 통치체제 아래 고려인의 여진 지역 이주가 활발해졌다. 문화수준이 높고 인구가 조밀한 지역에서 주변부로 인구가 흘러가는 것은 자연스러운 추세인데, 원나라 체제가 정치적 장벽을 낮춰주었기 때문에 이 추세가 확장된 것이었다.

『용비어천가』에 기록된 이성계 조상들의 행적은 고려인의 여진 지역 이주에서 보편적으로 나타난 현상의 한 단면으로 생각된다. 문화와 기술을 가진 고려인 이주민은 원나라 관헌의 우대를 받아 백호百戶, 천호千戶 등 직함을 가지고 그 지역의 중간지배층이 되었다. 고려 왕족으로 임명된 심양왕瀋陽王이 이주민 집단의 정점이었다.

원나라 멸망 후 조선 건국에 임해 함경도 지역이 조선에 들어오면서 그 지역의 고려인 이주민과 함께 다수 여진족이 조선에 귀속되었다. 만주 서부지역의 고려인 이주민들은 명나라 통치를 받게 되면서 한족에 편입되었다.

만주 중부와 동부 지역에는 여진족이 상대적으로 미개한 상태에서 명나라의 간접적 통제를 받게 되었다. 인접한 중국이나 조선에 비해서는 미개한 상태였지만, 상당한 정치적 경험이 축적되어 있고 선진문명과의 접촉이 원활한 지역이었다. 16세기 말 명나라의 통제력이 약화되자 이 지역이 다음 단계 변화의 축으로 떠오르게 된다.

무신정권에 대한 오해

1170년 정중부의 난으로부터 1269년 일시 폐위되었던 원종이 복위될 때까지 100년간을 무신정권기라 하여 고려 왕조체제의 파행기로 보는 시각이 일반적이다. 무신집단이 문신들을 제압하고 왕권까지 억누른 것을 비정상적 상황으로 보는 것이다.

그러나 이 상황은 오랜 시간에 걸쳐 형성된 것이었고, 몽골 침략이라는 특이한 외적 요인에 의해 교란될 때까지 상당 기간 지속된 것이었다. 최씨 정권이 자리 잡은 뒤에는 상당히 안정된 정치구조도 이루어졌다. '파행'으로 섣불리 규정하고 도외시할 것이 아니라 그 구조와 성격을 적극적으로 이해하려는 노력이 필요한 주제다.

반도를 재통일하던 시점에서 고려의 권력은 크게 세 갈래로 나뉘어 있었다. 첫째는 왕의 측근에 포진한 장군들이었고, 둘째는 신라 귀족 출신을 주축으로 하는 관료집단이었으며, 셋째는 혼인 등을 통해 국왕과 연합관계를 맺은 지방 호족층이었다.

10세기를 통해 국가체제가 정비되어가는 동안 권력구조에 많은 변화가 일어났다. 전체적으로 국왕 측근 장군들의 정치적 비중이 줄어든 반면 초기 관료집단과 호족층은 귀족계급으로 자라났다.

한편 과거제를 통해 등장한 신진관료층이 국왕의 새로운 측근 세력을 이루었고, 지방에서는 호족층보다 작은 세력의 중소 실력자들이 향리층으로 자라나 지방의 실권을 장악했다. 이런 변화 속에서 변하지 않은 사실은 국왕의 전제권력이 확립되지 못하고 국가권력이 여러 이질적 집단에 나뉘어 있었다는 것이다.

권력을 나눠 가진 여러 세력은 각자 더 큰 권력과 이익을 차지하기 위해 토지와 인구를 점유하는 경쟁을 벌였다. 국왕 또한 이 경쟁에 참여했는데, 전제권력의 구축을 위해서도 부득이한 일이었다. 고려 전기의 중요한 정치적 변화와 제도개혁은 이 경쟁의 전개과정이라는 맥락 속에서 이해할 수 있다.

11세기 초 현종 때(1010~1031) 국가체제 정비가 일단락된 것은 이 경쟁이 비교적 안정된 양상에 접어든 사실을 말해준다. 국왕, 중앙귀족, 신진관료, 지방 향리층 등 경쟁 주체들이 명확한 위치와 실체를 가지게 된 것이다. 그러나 권력투쟁은 여기서 끝나지 않았다. 여러 세력 사이의 상호 견제가 충분하지 못했기 때문에 권력집단 사이의 생산력 점유 경쟁은 무한경쟁의 양상을 띠게 되었다.

오랜 혼란기를 지나 질서가 회복되고 정체되었던 기술 발전과 보급이 활발해지면서 초기 고려의 생산력은 급격히 향상했다. 그 덕분에 권력 집단 사이의 무한경쟁은 11세기 말까지 200년간 큰 파국에 이르지 않고 계속될 수 있었다.

10세기 말 요나라로부터 강동 6주를 할양받고 미개상태에 있던 여진 거주지역으로의 이주와 개척이 계속됨에 따라 이 경쟁이 계속될 여유가 늘어난 것으로 보인다. 그러나 생산력 향상 추세가 점차 둔화되고 12세기 들어서는 여진의 세력 강화로 북방으로의 발전마저 막히게 되자 고려의 권력 경쟁은 제로섬게임의 양상으로 접어들었다.

1120년대 이자겸의 난과 1130년대 묘청의 난은 이 제로섬게임이 낳은 구조적 문제에 기인한 것이라는 점에서 평면적 경쟁에 머물렀던 종래 고려의 정변과 다른 것이었다. 이자겸의 난은 중앙귀족집단이 왕권 배제를 시도한 것이었고, 묘청의 난은 신진관료층이 왕권과 결탁하여 중앙귀족집단을 배제하려 한 것이었다. 권력구조의 근본적 전환을 노린 12세기 전반의 이 정변들은 더 이상 나눠 가질 것이 없는 제로섬게임의 한계를 보여준 것이었으나 현상 유지의 대세에 눌려 진압되고 실패로 돌아갔다.

1170년 정중부의 난에서 1196년 최충헌의 집권에 이르는 무신의 난에는 국초 이래 200여 년간 진행되어온 여러 기득권 세력 사이의 권력 경쟁에 종지부를 찍는 의미가 있었다. 종래 권력 경쟁의 외곽으로 몰려나 있던 무신집단이 권력을 장악하면서 국왕을 비롯한 이전의 '큰 손'들을 모두 무력하게 만든 것이었다.

권력 운용의 경험이 없는 무신집단은 시행착오로 인해 여러 차례 내분을 겪었고, 그때마다 귀족집단과 관료층에게 개입할 기회를 주었다. 그럼에도 불구하고 원래의 기득권층에게 권력이 돌아가지 않고 최씨 정권의 안정으로 낙착된 것은 제로섬게임으로 돌아갈 여유가 없던 당시 고려의 국가상황 때문이었다.

정중부의 난에서 최충헌의 집권에 이르기까지 20여 년간은 권력 담당자들이 주마등처럼 바뀌어간 시기였다. 얼결에 정권을 잡은 무신들이 권력 운용에 얼마나 서툴렀는지는 지도집단 내의 상호 살육이 이어진 데서 단적으로 알아볼 수 있다.

그러나 기존 권력집단의 반격은 1173~1174년 김보당과 조위총의 봉기에 그쳤다. 반격에 성공해서 권력을 회수하더라도 국가를 운영할 자신감을 잃는 상황이 펼쳐져 있었기 때문이다.

조위총의 난 이후 정권에 대한 항쟁의 주체는 피지배층으로 옮겨졌다. 피지배층을 직접 장악하고 있던 권력집단들이 무력해지면서 억눌려 있던 하층민의 정치적 표현이 풀려나온 것이라고 볼 수 있다.

정중부의 난 직후부터 30여 년간 전국 각지에서 농민과 천민의 반란이 줄을 이은 것은 무신 집권에 대한 반발이라기보다 쌓여 있던 불만이 무신 집권을 계기로 표출된 것으로 이해할 수 있다. 고려의 정치사회적 상황이 종전의 체제로 되돌아갈 수 없는 비가역적 변화를 겪은 것이라 할 수 있다.

최충헌이 1196년 이의민을 제거하고 정권을 잡아 왕까지 갈아치우는 위세를 떨쳤지만, 최씨 정권의 권력체제가 완성된 것은 교정도감敎定都監을 설치한 1209년이라고 볼 수 있다. 그 사이에는 만적의 난(1198), 명주 반란(1199), 진주 노비와 합주 부곡민의 봉기(1200), 경주 반란(1202) 등 민중 봉기가 이어지고 집권자 형제간의 항쟁이 벌어지는 등 이전의

___ 「고려사」 최충헌 열전과 최충헌의 묘지명   최충헌은 무신정권의 진화과정을 마무리했으나 얼마 못 가 몽골 침입에 휩쓸려버렸다.

혼란상이 계속되는 것으로도 보였다. 그러나 교정도감 설치 후로는 권력 내부의 동요도 더 이상 보이지 않고 민중의 항쟁도 사라졌다.

최충헌이 안정시킨 무신정권 체제는 이전에 비해 저비용 고효율의 권력구조였다. 이 체제에서 민중의 저항이 더 이상 뚜렷이 나타나지 않게 되었다고 하여 민중의 불만이 완전히 해소된 것으로 볼 수는 없다. 기본적으로는 저항을 분쇄하는 정권의 능력이 향상된 것이라고 보아야 할 것이다.

그러나 또 한편으로는 민중의 불만을 야기한 직접적 요인들을 제거하는 데도 효율을 보였을 것이다. 몽골 침략에 대한 무신정권의 항쟁에 민중의 동조가 두드러졌던 사실로 짐작할 수 있는 일이다.

고려 무신정권 성립과 비슷한 시기에 일본에서 바쿠후幕府 체제가 형성되었다는 사실이 흥미롭다. 1185년 성립된 일본의 가마쿠라鎌倉

바쿠후와 1209년 설치된 고려의 교정도감은 무신집단이 왕권과 귀족을 배제하고 최고 권력을 장악했다는 공통점을 가지지만 실제 성격에는 큰 차이가 있었다. 일본에서 전국적 기반을 가지고 있던 무사집단 내의 봉건체제가 고려에는 없었다. 가마쿠라 이전의 일본에 비해 무신정권 이전의 고려에서는 중국식 문민체제가 훨씬 더 진전되어 있어서 무신집단과 지방 세력 사이의 연결이 약했던 것이다.

그러나 사회정치적 여건의 큰 차이에도 불구하고 12세기 고려와 일본의 무신정권이 상당한 범위의 유사성을 보인다는 것은 역시 흥미로운 일이다. '파행'으로 쉽게 치부되어온 고려 무신정권의 성격을 더 깊이 천착할 필요를 느끼게 하기도 한다. 고려 무신정권이 내부 모순이 아니라 몽골 침략이라는 외적 요인으로 인해 중단되었다는 사실을 감안하면 지금까지의 통념과 달리 정상적 정치 현상으로 해석할 여지를 생각하지 않을 수 없다.

1231년에서 1259년까지 근 30년에 걸친 대 몽골 항쟁은 놀랄 만한 현상이었다. 그 이전 고려의 대외항쟁 중 가장 치열한 것이 1010~1019년 요나라 침입에 대항한 것이었다. 몽골이 유라시아 대륙을 휩쓰는 과정에서 고려처럼 작은 나라가 이처럼 오래 버틴 일도 없었다. 최씨 정권이 상당한 안정성을 확보하고 있었음을 알 수 있다.

항쟁은 결국 항복으로 끝나고 말았으나 장기간의 이 항쟁에는 실질적인 성과가 있었다. 고려의 항복 조건은 고려의 풍속을 바꾸지 않을 것, 몽골군이 모두 철수할 것, 다루가치를 두지 않을 것 등 고려의 요구조건이 반영된 것으로, 몽골의 정복전쟁에서 이례적으로 너그러운 것이었다. 항쟁을 통해 고려가 겪은 희생은 헛된 것이 아니었다.

이처럼 관대한 조건이 가능했던 데는 몽골 쪽 사정 변화도 작용했다. 고려 항복 당시 몽골 조정은 헌종이 죽은 뒤 쿠빌라이가 세조로 즉위하려던 참이어서 남송 공격까지 중단할 정도로 경황이 없을 때였다. 장기간 항전하던 고려의 항복은 몽골 조정에 그 자체로 대단히 반가운 소식이었다.

또 몽골 조정에서 한지파漢地派가 본지파本地派를 누르고 우위를 확립한 시점이었다는 사실이 고려에 유리하게 작용했다. 헌종 즉위(1251) 전까지 몽골 조정을 지배하던 본지파는 파괴 위주의 정복 사업을 주도했다. 헌종 즉위 후 주도권을 잡은 한지파는 파괴와 약탈보다 조공-책봉 관계의 중국식 천하질서를 추구했다. 세조 쿠빌라이는 몽골의 중국 지배를 전면적으로 중국화한 황제였는데, 그 즉위에 임해 고려가 항복한 것이었다.

유라시아 대륙을 휩쓴 몽골군에 맞서 30년간 나라를 지킬 수 있었다는 것은 높은 수준의 경영 능력을 보여주는 일이다. 항전 초기에 투항한 것은 지방의 권력층이었고, 민중은 자발적으로 항전에 적극 참여한 사례가 많았다. 항전 후기에 접어들어 정권의 성격이 크게 변질된 뒤에야 민중의 투항이 늘어났다. 항전 초기까지 최씨 정권의 영도력은 높이 평가할 만하다.

몽골 침략을 물리친 일본은 800년 가까이 바쿠후 체제를 발전시키며 운용했다. 몽골 침략으로 고려 무신정권이 좌절된 득실을 한마디로 잘라 말할 수는 없는 일이지만, 당시 고려 국가의 시대적 필요에 적절히 부응한 측면을 더 깊이 천착할 필요는 분명히 느껴진다.

국가불교에서
불교국가로

 통일신라에서 고려시대를 통해 불교는 국교國敎의 위치에 있었다. 중세 이전의 국교가 가진 의미는 근세 이후와 다른 것이었다. 공식적 지배체제를 비롯해서 사회·경제·문화 등 모든 부면에서 종교가 중추적 역할을 맡았던 것이다.

 700년이 넘는 불교국가의 시대를 통해 불교의 자체 모습에도, 그리고 국교로서 실제 역할에도 적지 않은 변화가 있었다. 불교국가의 성격을 이해하기 위해서는 우선 고대에서 중세에 걸쳐 불교국가 표방이 계속된 긴 흐름의 전체적 방향을 파악하여야 할 것이고, 그 다음에 불교국가의 성격 변화를 시대 변화에 맞춰 이해해야 할 것이다.

 고구려는 372년(소수림왕 2), 백제는 384년(침류왕 1)에 불교를 공식적으로 도입했는데, 신라는 527년(법흥왕 14)에 불교를 공인했다. 그 사이에 고구려 승려들이 신라에 들어와 민간에 포교할 뿐 아니라 궁중에까지 발길이 미친 사실이 『삼국유사』 등 자료에 나타나 있는 것을 볼 때, 신라의 불교 공인에는 오랜 시간이 걸렸다는 느낌이 든다.

사실 백제의 불교 발전도 신라보다 그리 빠른 것이 아니었다. 고구려에서 불교 도입 이후 사찰 창건 등 불교 관계 사업이 활발했던 데 반해 백제에서는 불교 도입 이듬해인 385년 10명의 백제인이 승려가 되었다는 기록 이후 6세기 초 성왕 때까지 불교 관계 기록이 보이지 않는다. 불교가 백제에서 국가 이데올로기 차원의 기능을 발휘한 것은 526년 겸익의 활동부터였다. 신라의 불교 공인과 같은 시기였다.

150년에 이르는 고구려와의 시차는 중국문명 도입에 유리하고 불리한 차이로 설명하기에 너무 큰 것이다. 외래사상의 단순한 수입이 아니라 국가체제 정비 및 국제 정세와 관련된 문제로 이해해야 할 것이다.

불교 도입 전의 한반도에서는 고대국가 성립에 따른 신앙체계 정비가 이루어지고 있었다. 국가의 확대에 따라 여러 지역과 부족의 토착 신앙이 천신天神과 조상신 숭배를 중심으로 정리되고 있었다. 기존 신앙의 자연스러운 융화를 통해 국가 이데올로기가 형성되는 과정이라고 이해할 수 있다.

이 과정이 어느 정도 진행된 단계에서 불교가 도입되자 신앙체계의 보편성을 한 차원 높인 국가 이데올로기로 불교가 채택되면서 기존 토착 신앙은 불교와 융화되기도 하고 병존하기도 하고 소멸하기도 한다. 권력의 구조조정에서 국왕이 중심축 노릇을 한 것처럼 신앙·사상의 구조조정에서 불교가 구심점 노릇을 한 것이었다.

국가 이데올로기로서 불교의 보편성은 제일 먼저 대외관계를 통해 확인된다. 고구려에 불교가 도입된 것은 전진 왕 부견이 북중국 지역에 불교를 널리 퍼뜨릴 때였다. 당시 소수림왕은 전진으로부터 문물을 폭넓게 도입하고 있었으므로 불교도 빠르고 쉽게 고구려에 자리 잡을 수 있었다.

백제는 중국의 남조와 교류가 많았고, 불교 역시 남조의 동진東晉으로부터 도입되었다. 그러나 당시 남조에서는 불교의 세력이 약했다. 남조에서 불교가 성행한 것은 5세기 말 이후의 일이었다. 백제에서 불교가 활기를 보이기 시작한 6세기 초는 중국 역대 황제 중 가장 독실한 불교도로 일컬어지는 양梁나라 무제(502~549) 때였다.

4세기 중엽 이후 고구려와 첨예하게 대립하고 있던 백제로서는 고구려에 먼저 자리 잡은 불교를 고구려 자체와 연관시켜 인식해 반감을 느꼈을 수도 있다. 고구려 장수왕이 보낸 승려 도림道琳이 바둑으로 개로왕(455~474)을 미혹시켜 망국의 길로 이끌었다는 『삼국사기』의 설화는 이런 반감을 비쳐 보이는 것인지도 모른다.

신라는 고대국가 형성이 워낙 늦었다. 527년(법흥왕 14) 이차돈이 순교할 때까지 신라에서는 아직도 왕을 매금寐錦이라 부르고 있었다. 귀족회의 대표 정도 위치로서, 귀족층을 초월한 권위는 가지지 않고 있었던 것이다. 520년 율령을 반포하고 534년 '대왕'大王이란 표현이 처음 나타난 것을 보면 바로 그 무렵이 왕권 확립이 이뤄지던 시점이었다.

그리고 중단되었던 흥륜사 불사를 535년 재개한 것을 보면 왕권 확립과 불교 공인 사이의 상관관계를 짐작할 수 있다. 이차돈의 순교를 불러왔다는 귀족들의 불교 공인 반대가 사실 법흥왕의 왕권 강화책에 대한 귀족층의 저항을 반영한 것이라고 많은 연구자들이 이해하는 것은 그런 까닭이다.

530년대까지 신라의 국가체제가 정비되어 본격적인 삼국시대가 펼쳐지면서 불교는 3국 문화의 중요한 공통분모가 되었다. 각국 내부가 불교로 통합되는 수준에는 한계가 있었던 것으로 보이지만, 국제관계에서는 불교가 중요한 역할을 맡았다. 6세기 중엽 불교가 백제에서 일본으로 전파된 후로는 중국에서 일본에 걸친 동아시아 불교문화권이 이루어졌다.

　6세기 후반 고구려와 백제의 불교가 흥왕했던 사실은 활발한 일본 전교활동에서 알아볼 수 있다. 그러나 620년대 이후 고구려에서는 불교가 도교에 밀리게 되었다. 그 무렵 중국 천하를 차지한 당나라에서 도교를 숭상한 데 영향받은 점도 있겠지만, 왕권의 배경으로 자리 잡았던 불교의 위치가 왕권 약화에 따라 흔들린 점도 생각할 수 있을 것이다.

　한편 신라에서는 6세기 중후반 비약적인 국세 확장의 기세를 타고 왕권 강화와 맞물려 급속한 불교 진흥이 이뤄졌다. 580년대 이후 많은 신라 승려들이 중국으로 유학했는데, 당시 신라의 대외접촉에서 큰 비중을 차지한 현상이었다. 수나라에 고구려 공격을 청하는 외교문서를 608년 원광법사가 작성한 일 등에서 당시 유학승 출신 승려들이 '외교통' 노릇을 하고 있던 상황을 알아볼 수 있다.

　630년대 선덕여왕 치세에 들어서는 분황사, 황룡사 등 대형 사찰이 왕궁과 맞먹거나 능가하는 위엄을 갖추게 된다. 이것은 불교가 신앙·사상계를 넘어 정치·사회 세력으로서도 강대한 위치를 구축한 사실을 보여준다. 이 시기에 혜숙, 혜공, 대안 등 서민 속으로 파고든 고승

___ **원효** 불교 대중화에 앞장서 불교국가 시대를 열었다.

들의 행적을 『삼국유사』에 많이 적은 것은 지배층에 먼저 자리 잡은 불교가 사회 기반층으로 퍼져나가고 있던 당시 상황을 보여주는 것이다.

『삼국유사』에는 642년 김춘추가 고구려에 갔을 때 만난 고승이 신라에 의탁할 뜻을 밝힌 이야기가 실려 있다. 도교에 밀리고 있던 고구려 불교계에서 신라의 불교 우대를 선모하던 분위기를 짐작할 수 있다.

불교는 신라 왕실이 국외 불교 세력과 맺어지는 고리 역할도 했다. 통일과정에서 불교가 백제와 고구려의 유산을 신라로 넘겨주는 통로 역할을 한 것도 신라의 백제 불교미술 수용과정에서 알아볼 수 있다. 그러나 이것은 지배층의 사정이었고, 신라의 모든 지역과 계층이 불교로 통합되는 것은 통일 이후의 과제로 남아 있었다.

통일을 전후한 시기 신라 불교의 발전상을 가장 폭넓게 보여준 인물이 원효(617~686)였다. 통일기 신라에서는 교학敎學 연구가 성행했는데, 원효의 일심론一心論과 화쟁론和諍論은 그 백미로 꼽힌다. 그리고 그가 해골에 고인 물을 마신 뒤 당나라 유학을 포기했다는 『삼국유사』의 설화는 불법의 보편성에 대한 인식을 한 단계 더 높인 것으로 이해된다. 그러나 무엇보다 컸던 원효의 역할은 불교 대중화에 있었다.

원효의 불교 대중화 원리는 '무애'無碍였다. 그가 온몸으로 체현한 무애경이 한낱 방종이 아니라 뚜렷한 지향성을 가진 원리였다는 사실은 요석공주와의 사이에서 얻은 아들이 신라의 또 한 명 문화 영웅 설총이었다는 사실에도 비쳐 보인다. 원효의 시대는 불교가 다수 신라인의 생활 속에 실천종교로 자리 잡은 시기였다.

7세기를 통해 원효와 자장, 의상 등 고승들이 터를 닦아놓은 신라 불교는 8세기 중엽까지 전성기를 구가했다. 뛰어난 불교미술품이 만들어졌고, 교학 연구도 확장되었으며, 일반인의 의식에도 넓고 깊은 영향을 끼쳤다. 그러나 어찌 보면 화려한 껍데기가 굳어져가는 가운데 사상적 활력을 잃어가던 공동화空洞化의 시기로도 볼 수 있다.

도입 때부터 왕권과 밀착되어 있던 불교가 8세기 후반 이후 쇠퇴한 것은 왕권의 쇠퇴와 맞물린 현상이었다. 9세기 초반에 도입된 선종禪宗 불교가 이 공백을 메웠다. 선종 불교는 왕실 중심의 기존 교종敎宗 불교와 달리 각지 지방 세력과의 관계 속에 발전하여 9산九山을 이루었다. 8세기 이전의 불교를 '국가불교'라 한다면 이제 풀뿌리까지 불교에 젖어든 '불교국가'가 나타난 것이었다.

신라 말기에 원심遠心작용을 일으켰던 선종 불교가 고려 통일과정에서는 구심求心작용에 큰 몫을 맡았다. 고려는 지방 세력의 연대를 통해 이루어진 국가였다. 선종 불교는 그 연대의 매체가 되었고, 통일 후에는 국가 통합성을 확립하는 주축이 되었다. 당연히 국가의 정책적 지원이 선종 불교에 집중되어 곧 교종과 양립하는 위치로 성장했다.

불교가 고려 초기의 사상계를 독점적으로 지배한 것은 아니었다. 고려 태조가 남긴 훈요10조에 불교의 역할을 중시하면서도 사찰의 무분별한 건립과 승려의 정치 관여를 경계한 대목이 있다. 대표적 국가행사인 팔관회八關會에서도 불교의 역할은 보조적인 것이었다. 불교는 정치만이 아니라 사상 분야에서도 각 지방의 다양한 신앙과 풍속을 결합하는 접착제 역할을 맡고 있었던 것이다.

성종(981~997)의 국가체제 정비가 유가적 원리에 비중을 둔 것은 불교를 통한 국가 통합성 구축이 한 고비를 넘긴 상황을 보여준다. 이에 따라 불교의 정치적 역할은 전보다 줄어들었지만 사회·경제·문화 면에서 주도적 위치는 계속되었고, 국가체제가 중요한 고비를 맞을 때마다 그 정치적 역할도 거듭해서 되살아났다.

11세기 전반 거란의 침입에 임해, 그리고 13세기 전반 몽골의 침입에 임해 대규모 장경藏經 사업을 벌인 것이 국난을 맞아 불교가 전면에 나선 두드러진 예다. 장경 사업 자체만 하더라도 국력을 끌어모으는 큰 사업이었거니와, 불교의 사회적 역할을 바꾸는 개혁, 그리고 신앙의 새로운 영역을 여는 쇄신 작업이 그 이면에서 나란히 일어나곤 했다. 11세기 후반 대각국사 의천의 개혁, 12세기 말 지눌과 요세 등이 주창한 신앙결사信仰結社 운동, 13세기 후반 일연이 이끈 선종 중흥운동 등이 그 대표적인 예다.

고려시대 불교 개혁운동은 기존 교단의 중심부가 권력층과 결탁하면서 보수화하는 데 대한 반발로 대중 교화를 중시하는 실천적 신앙운동이 새로 일어나 사회 기반을 장악하는 기본 구조를 보였다.

왕자 출신인 의천은 대 거란 항쟁기에 고조된 신앙 분위기를 몰아 불교계를 국가 중심으로 통합하려 애썼다. 그가 개창한 천태종天台宗은 토착 원효사상과 당대 중국의 신흥 불교사상을 융합한다는 방향을 설정하여 고려 불교계의 통합성을 크게 강화했다. 그러나 왕실 위주였던 그의 개혁은 대중 교화에 큰 비중을 두지 않았기 때문에 교단 내부의 정비에 그쳤고, 그가 죽은 후 불교계는 새로운 분열로 접어들게 된다.

1190년 지눌이 연 수선사와 1198년 요세가 연 백련사를 중심으로 13세기 전반에 일어난 결사운동은 교단 중심부의 보수화와 세속화에 대한 반발이었다. 참여자들은 깊고 넓은 연구를 통해 선종의 세계관을 정밀하게 발전시키는 한편 민간의 정토淨土신앙을 선禪사상과 연결시켜 끌어안음으로써 대중과 지식층의 폭넓은 지지를 받았다.

최씨 정권이 수선사와 백련사를 적극 지원했다는 사실에 중점을 두어 무신정권과 결사운동의 관계를 바라보는 시각도 있다. 그러나 정권의 지원 덕분에 결사가 발전했다기보다 결사운동이 다수 국민의 지지를 받고 있었기 때문에 정권이 이를 활용하려 한 것으로 보아야 할 것이다. 이 시기 결사들의 교리 연구가 극히 높은 경지에 이른 것은 비슷한 시기 유럽의 수도원에서 신학 연구가 발전한 것과 비슷한 현상으로 보인다.

몽골 침입에 저항하는 과정에서 정부의 장경 사업과 교계의 결사운동이 호응하여 최고의 꽃을 피운 고려 불교는 1259년 몽골에 항복한 후 국가 전체가 몽골의 영향 아래 놓이면서 위기를 맞았다. 이 위기에 대응하는 불교계의 재정비에서 중심 역할을 맡은 것이 일연이었다.

일연은 선종을 중흥하면서 몽골인이 들여온 라마교에 맞서 고려 고유의 불교를 지켰다. 그가 『삼국유사』를 편찬한 것도 고려와 고려 불교의 정체성을 지키려는 노력의 일환으로 이해할 수 있다.

몽골 지배기의 고려 불교는 중흥의 노력에도 불구하고 전체적으로 수세에 처해 있었다. 불교의 주류는 왕실 및 권문세가와의 유착관계를 통해 명맥을 유지했다. 따라서 몽골의 영향에 대해서는 주체성을 지키는 공로가 있었지만 사회적으로는 보수적 역할을 맡지 않을 수 없었다. 그 결과 서민들의 신앙생활과 유리되어 지배층의 권력과 재력을 운용하는 수단으로 전락하는 추세를 보였다. 한편 지식층의 지적 수요는 차츰 불교보다 중국에서 새로 들여온 성리학으로 옮겨갔다.

신라 통일기에서 고려 말까지 불교는 국가와 사회를 덮는 지붕과 같은 존재였다. 이 지붕은 불변의 콘크리트 지붕이 아니라 주기적으로 갈아 잇거나 보수해야 하는 초가지붕이나 기와지붕 같은 것이었다. 700여 년의 긴 세월 동안 신라와 고려 사회에는 많은 변화가 일어났다. 불교는 그때마다 변화에 나름대로 적응하고 대처함으로써 지배이념으로서의 역할을 지켜냈다.

고려 말년 불교의 극심한 보수반동화는 조선조의 억불정책을 불러왔고, 그 결과 불교는 전성기의 장엄한 모습을 잃고 말았다. 그러나 아직도 그 자취는 물질적으로나 정신적으로나 역력하게 우리 사회에 남아 있다. 불교가 한민족을 규정하는 하나의 중요한 문화적 지표로 인식되는 것은 민족 형성기의 지배이념으로 오랫동안 작용했기 때문이다.

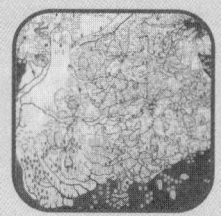

4

13세기에 몽골 제국이 들어선 후 반도국가는
중국으로부터 지속적이고 전면적인 압력을 받게 되었다.
중국과의 관계가 대외관계의 거의 전부를 차지하는 상황이 이후 600년간 계속된다.
우리가 통상 파악하는 '전통시대'는 이 관계를 배경으로 펼쳐졌다.
원나라의 지배 아래 고려는 급속한 변화를 겪으며
중국의 문물을 거의 시차 없이 받아들이게 되었다.
그러나 원나라에 대한 예속관계로 인해
이 변화를 수용할 안정된 정치체제를 만들지 못했다.
그래서 원나라 지배가 약화되자 극심한 혼란에 빠지게 되었다.
국가구조의 개편 속에 고려에서 조선으로의 왕조교체가 이뤄졌다.
조선은 모든 농토와 농민을 직접 장악하는 중앙집권적 농업국가로 세워졌다.
지배이념인 성리학을 위시해 중국문명을 전면적으로 수용하면서도
고유문화를 이에 융화시키는 '화이부동' 체제가 세종에 의해 확립되었다.

몽골 지배의 두 얼굴

918년 건국으로부터 1259년 몽골에 항복할 때까지 고려는 중국 국가들에 대해 상당히 자주적인 자세를 지켜왔다. 그 대부분의 기간 중 송, 요(거란), 금(여진) 등에게 조공을 바치고 책봉을 받는 종속적 관계를 맺은 것은 사실이다. 그러나 그 종속관계는 형과 아우의 관계처럼 상대적인 것이었지, 어버이와 자식의 관계처럼 절대적인 것이 아니었다.

993년 서희의 담판 이후 고려의 조공 대상은 송나라에서 요나라로 바뀌었고, 후에 다시 금나라로 바뀌었다. 그러나 송나라와의 문화적 관계는 곡절 속에서도 계속되어 정치적 종속관계인 거란이나 여진보다 오히려 송나라의 정통 중국문명에 더 동질감을 느끼는 상황이었다. 그래서 1010년대에 거란과 여러 차례 전쟁을 치르기도 했고, 1030년대에 천리장성 축조 사업을 벌이기도 했다.

1259년 이후 고려의 몽골에 대한 종속관계는 그 이전 중국과의 관계와 차원이 다른 것이었다. 상당 기간에 걸쳐 몽골군이 고려에 주둔했고, 고려 국토의 일부가 몽골의 직할통치로 떨어져나갔으며, 몽골 관리들이 여러 가지 형태로 고려 땅에 주재했다.

심지어 고려를 원나라에 합방하느냐 하는 문제까지 몽골 조정의 결정에 달려 있었다. 고려는 몽골의 '속국'이었다. 100여 년간 계속된 이 종속관계를 '몽골 간섭'이라고 부르는 것은 억지로 자존심을 살리려는 안간힘이다. 이 시기는 '몽골 지배'의 시대였다.

고려에 대한 몽골 지배는 철저한 것이었다. 고려 세자는 소년기를 몽골 조정에서 지내고 몽골 공주와 결혼했다. 세자가 귀국해 즉위하면 몽골 조정에서 그를 수행하던 신하들이 따라와 조정에서 권력을 장악했다. 이 시기 고려 왕들의 시호에 '충'忠자를 붙인 것은 빈이름이 아니었다. 자신을 고려의 왕보다 원나라 신하로 인식한 왕들도 있었다.

몽골 지배기는 반도국가가 독립성을 잃은 시기였다. 그래서 한국인들에게는 이 시기를 하나의 '암흑시대'로 보고 부정적으로만 인식하는 경향이 있다. 그러나 『채근담』에 "더러운 땅일수록 키워내는 것이 많다"土之穢者多生物고 하지 않았는가? 한민족에게 괴로운 시대였지만, 또 한 큰 변화를 겪어내며 튼튼한 민족 정체성을 키워낸 시기이기도 하다.

몽골의 힘은 1206년 칭기즈칸의 즉위를 계기로 밖으로 넘쳐나기 시작했다. 1211년 금나라 공격을 시작해 1215년 수도 연경(燕京, 옌징)을 탈취했다가 서방 정복에 치중하는 동안 소강상태를 유지했으나 결국 1234년 금나라를 멸망시키고 북중국 통치를 시작했다. 그후 고려와 송나라에 대한 공격을 계속해 1259년 고려를 항복시키고 1276년 송나라를 멸망시켜 동아시아 천하의 주인이 되었다.

원나라는 그 이전에 중국을 통치했던 어느 왕조와도 다른 특이한 성격의 제국이었다. 가장 큰 특이성은 천하체제를 바라보는 시각에 있었다. 전통적 중화제국이 안에서 바라본 천하체제는 폐쇄적인 것이었다. 천하가 곧 우주였고, 모든 질서는 중국에 근원을 둔 것이었다. 그런데 이슬람 세계를 석권하고 기독교 세계와 충돌해본 몽골인의 밖에서 보는 눈에는 중국 중심의 천하는 세계의 한 부분일 뿐이었다.

원나라는 중국의 천하체제를 확장·발전시켰다. 그 천하체제에는 전과 같은 화이華夷간의 울타리가 없었다. 중국문명의 전통이 절대적 권위를 가진 것도 아니었다. 몽골인은 중국문명을 받아들이면서도 자기네 정체성을 이와 병립시키는 장치를 만들어냈다. 1269년 제정된 파스파 문자는 그 이전에 만들어진 위구르, 거란, 여진 등의 문자에 비해 한자와의 호환성을 늘린 것이었고, 그런 면에서 우리 한글의 모범이 된 문자였다.

원나라의 천하는 과거 어느 때보다도 열려 있었다. 이 개방성을 단적으로 보여주는 것이 색목인色目人의 존재였다. 방대한 천하를 통치하기에 절대 인구가 부족한 몽골 지배층이 서방의 이슬람인을 대거 끌어들여 중간지배층으로 삼은 것이었다.

외부로부터 중간지배층을 끌어들이는 방침은 고려인에게도 적용되었다. 많은 고려인이 몽골 통치자의 우대를 받으며 인접 여진 지역으로 이주했고, 멀리 운남 지역에서까지 고려인 관리가 임용된 사례가 있다. 고려인의 활동 범위는 몽골 지배 아래 크게 확장되었다.

___ 쿠빌라이 칸 그가 세운 특이한 제국은 한민족 성장과정에 결정적 영향을 끼쳤다.

1231년부터 1259년까지 몽골의 고려 정벌이 계속되는 동안 중국 통치자로서 몽골인의 자세는 큰 변화를 겪었다. 단적으로 말해서 본지파本地派 정책이 한지파漢地派 정책으로 바뀐 것이었다. 본지파는 몽골 제국 초기의 억압적 정복정책을 계속하자는 입장이었고, 한지파는 중국의 합리적 통치 원리를 받아들이자는 입장이었다.

1231년의 첫 고려 침공 때 몽골 조정은 본지파가 장악하고 있었다. 다루가치를 대거 배치해 고려의 내정을 장악하려 하는 등 고려에서 받아들일 수 없는 조건을 요구했기 때문에 고려는 강화로 왕도를 옮기고 항전에 들어간 것이었다.

1250년대 들어 몽골 조정에서 한지파의 입장이 강화된 끝에 1260년 쿠빌라이 칸 즉위로 한지파 정책이 굳어졌다. 1259년 몽케 칸이 죽은 후 쿠빌라이 즉위까지 1년간은 이 정책대결이 첨예하게 진행된 시기였다. 때마침 고려의 항복이 즉위를 앞둔 쿠빌라이의 한지파 입장을 뒷받침해주었기 때문에 쿠빌라이는 기뻐하며 이렇게 말했다고 한다. "고려高麗는 만리萬里의 나라로서 당唐 태종太宗이 친정親征하고도 굴복시키지 못했는데, 이제 그 세자世子가 내귀來歸하였으니, 이는 하늘의 뜻이로다."

고려의 항복 조건에는 고려의 풍속을 바꾸지 않을 것, 몽골군이 모두 철수할 것, 다루가치를 두지 않을 것 등 고려 측 요구조건이 반영되었다. 한지파 정책이 적용되었고, 또 요긴한 시점에서 고려의 항복이 반가웠기 때문에 이런 관대한 조건이 가능했던 것이다.

고려에 대한 몽골 지배는 19세기 이전에 반도국가가 겪은 가장 엄혹한 외부 지배였다. 그러나 당시 사람들은 이것을 원나라 천하체제 속에서 가장 관대한 것으로 인식하고 있었다. 1309년의 고려 측 기록에도 "지금 천하天下에서 자기 백성百姓과 사직社稷을 가지고 왕위王位를 누리는 나라는 오직 고려高麗뿐"(『고려사』 권 33)이라고 하였다.

오늘날까지 중국의 지방 구획으로 쓰이고 있는 성省은 원나라 때의 행성行省, 즉 행중서성行中書省에서 유래한 것이다. 중서성은 행정을 관장하는 중앙기구였다. 원나라는 전국을 10개의 구역으로 나누고 중서성이 직접 관할하는 직예直隸 이외의 각 구역 행정기구로 행중서성, 즉 중서성 출장소를 설치했다. 명나라와 청나라에서도 이 이름을 따라 썼기 때문에 중국인에게 가장 익숙한 지방 구획방법이 된 것이다.

1283년 고려에 정동행성征東行省이 설치되어 상당 기간 존속했는데, 이것은 9개의 정규 행성과 다른 성격의 기구였다. 정규 행성이 지방 행정을 위한 상설기구였던 것과 달리, 정동행성은 일본 정벌 등 '정동' 征東 사업을 위한 임시기구였다.

그러나 정동행성도 실제로는 고려 지배를 위한 기능을 수행했다. 원래 1259년의 강화 조건에서는 원나라 관리나 군대가 고려에 주재하지 않게 되어 있었다. 그런데 원나라보다 고려 쪽에서 오히려 원나라 관리와 군대의 주재를 바라는 상황이 펼쳐졌다. 1269년 원종이 반란으로 폐위되었다가 원나라의 도움으로 왕위에 복귀한 것이 단적인 예다.

원나라에서도 효과적인 고려 통제방법이 필요했기 때문에 일본 정벌을 빌미로 정동행성을 만들었다. 그러나 고려의 통치는 고려 조정에 맡겨져 있었으며, 정동행성 수장인 승상丞相을 고려 왕이 겸임하고 관직 대부분에 대한 임명권을 가졌기 때문에, 몽골 조정의 확고한 통제 아래 있던 다른 행성들과는 전연 성격이 달랐다. 20세기 후반 남한의 한미연합사령부 비슷한 것으로 생각하면 될 것이다.

1312년과 1323년 고려 내 일부 세력의 입성立省 운동은 정동행성 같은 제한된 기능의 임시기구가 아니라 정규적 상설기구인 열번째 행성으로 삼한三韓행중서성을 고려에 두자는, 번국蕃國의 위치에 있던 고려를 원나라 영토에 완전히 편입시키자는 것이었다. 이 청원은 원나라 조정에서 기각되었다.

몽골 지배기는 한민족의 반도국가가 독립성을 잃은 시기였다. 그러나 20세기 전반부처럼 철저한 예속상태는 아니었다. 그보다는 20세기 후반의 종속상태에 가까운 것이었다. 이 종속상태는 한민족의 정체성에 위협을 가하기도 했지만, 또 한편으로는 문명수준을 높여 적응력이 더 높은 정체성을 빚어내는 기회가 되기도 했다.

20세기 후반을 통해 미국에 대한 종속상태가 한민족에게 어떤 피해를 입혔는지는 아직도 명확하게 밝혀져 있지 않고, 그에 대한 태도는 정치적 입장에 따라 큰 편차를 보이고 있다. 그러나 아무리 이 종속상태를 비판적으로 보는 사람이라도, 그 기간 중 한민족이 인권 확립과 산업발전이라는 중요한 성취를 이룩한 사실은 인정할 것이다. 보다 높은 문명 단계의 열쇠인 이 두 가지 성취가 종속상태 덕분에 더 쉽게 이뤄진 면도 있다.

원나라의 고려에 대한 정책은 당연히 원나라의 이익을 위해 정해졌다. 그러나 고려 지배층이 내부 모순을 고착시키려 안간힘을 쓴 데 반해 원나라가 건실한 방향의 개혁을 요구해 갈등을 빚은 일도 있었다. 이런 압력은 원나라 조정이 고려 지배층보다 더 넓은 시각을 가졌기 때문에 가능한 것이었고, 고려 사회의 발전에 도움을 주기도 했다.

대표적인 예 하나가 노비제 문제였다. 당시 고려의 노비제는 '일천즉천'—賤則賤, 즉 부모 한쪽이 노비면 자식도 노비가 되는 제도였다. 노비의 인구 비율을 늘리는 이 제도는 당장은 지배계층에게 이득이지만 장기적으로 사회구조를 불안하게 만드는 것이었다. 고려에 파견된 원나라 관리들은 부모 중 한쪽이 양인이면 양인 신분으로 하는(일량즉량—良則良) 개혁을 요구했다. 고려 지배층은 이 개혁을 거부하며 이를 추진하던 원나라 관리들의 소환을 획책하기까지 했다.

이러한 저항을 자주성의 발현이라 하여 칭송할 것인가? 노비제 개혁을 거부한 사람들이 다른 사안에 대해서도 모두 한결같이 자주성을 보였을 것 같지는 않다. 아무튼 이런 자세 때문에 고려의 사회경제구조는 악화일로의 길을 걸었고, 원나라의 통제가 사라지자 구조적 문제로 인해 왕조가 무너지기에 이른다. '한국적 민주주의'라는 이름으로 인권을 외면한 것과 같은 수준의 자주성이었다.

원나라가 고려 국가의 소멸을 원하지 않은 것은 고려 내부에서 제기된 입성 청원을 기각한 사실에서 알아볼 수 있다. 그러나 원나라가 구축하는 천하체제에 고려를 적응시킬 필요가 있었기 때문에 고려의 법률과 제도를 보편적 기준에 맞추도록 계속해서 압력을 가했다. 이 압력에는 고려의 국가 정체성을 위협하는 측면도 있었지만, 또한 고려의 문명수준을 높이는 효과도 있었다.

고려와 원나라 사이의 접촉은 반도국가의 역사상 유례없이 넓고 깊은 것이었다. 그렇기 때문에 굳이 고려를 표적으로 한 정책이 아니더라도 원나라가 만들어놓은 환경으로 인해 고려가 저절로 겪은 변화가 많이 있었다.

1232년에서 1369년 사이에 고려는 몽골 조정에 479차례의 사절을 보냈다. 가장 큰 행차였던 1296년 충렬왕의 원나라 방문 때는 수행한 신하가 243명, 시종이 590명이었다. 충선왕은 재위기간(1308~1313)을 포함해 생의 대부분을 원나라에서 지냈고, 끝내는 고려에 돌아오기 싫어서 왕위를 아들에게 넘겨버렸다. 충선왕이 원나라 황도의 저택에 만든 만권당萬卷堂은 당시 천하의 학술문화센터 역할을 했다.

고려 세자가 원나라 조정에 시위侍衛하는 것이 상례가 되었고, 많은 귀족 자제들이 세자를 수행했다. 몽골 공주를 고려 세자에게 시집보내 고려의 정비正妃로 만드는 것도 상례가 되었다. 고려로 오는 몽골 공주도 많은 수행원을 대동했다.

정동행성도 몽골인과 중국인이 고려에 왕래하는 통로가 되었고 원나라 황제의 사절도 200여 차례나 고려를 찾아왔다. 상당 기간 원나라 요양遼陽행성의 관할을 받다가 1290년과 1294년 고려에 반환된 평안도 지역의 동녕부東寧府와 제주도의 탐라총관부耽羅摠管府 또한 접촉의 큰 통로가 되었다.

원나라와의 깊고 넓은 접촉을 통해 고려가 겪은 정신적 변화를 두 측면에서 볼 수 있다. 그 하나는 중국문명 학습에 시차가 사라진 것이다. 10세기 이후 중국의 인쇄술 발달로 중국문명의 학습이 원활해졌는데, 이제 고려의 인쇄술 자체가 첨단 수준으로 발전하여 문헌 보급이 더욱 활발해졌다. 그리고 상당한 규모의 왕실과 귀족층 인원이 원나라 황도에 상주하면서 중국의 문화 발전에 직접 참여하게 되었다.

또 하나의 변화는 중국문명과 고유전통 사이의 관계를 전보다 넓은 시각에서 바라보게 된 것이다. 여기에는 몽골 전통과 중국문명을 병립시킨 원나라 문화정책이 중요한 참고가 되었다. 원나라 멸망 후 전통적 중국왕조라 할 수 있는 명나라와 상대하게 되었을 때 조선의 외교정책, 그리고 세종의 문화정책은 이 시각에 바탕을 둔 것이었다.

역사에게 외면당한 영웅 공민왕

원나라의 쇠퇴에 황위 계승 분쟁이 큰 몫을 했다는 지적이 많다. 계승 문제는 원나라의 아킬레스건과도 같은 약점이었다. 몽골의 전통적 계승방법과 중국식 계승방법의 차이가 이 문제를 어렵게 만들었기 때문이다.

원나라 개창자인 세조 쿠빌라이 칸 자신부터 이 문제에 시달렸다. 형인 몽케 칸(헌종)이 죽은 뒤 쿠빌라이는 부족장 연석회의를 거치는 전통을 무시하고 스스로 칸 자리에 올랐다. 이에 반발해 그 동생 아리크 부카와 조카 하이두가 반란을 일으켰다.

세조(1260~1294)와 그 손자 성종(1294~1307) 때까지는 계승 문제가 다시 심각하게 제기되지 않았다. 원나라의 전성기였다. 그러나 1307년에서 1332년까지 25년 동안 황제가 여덟 번이나 바뀌었고, 바뀔 때마다 정변이나 내전을 겪었다. 이 기간 중 원나라 정치는 혼란에 빠지고 국세가 위축되었다. 순제(1332~1370) 즉위 후에도 정치 혼란은 계속되었고, 1350년경부터 남부지방이 반란에 휩싸여 조정의 통제를 벗어나는 상황이 시작되었다.

1351년 22세의 공민왕이 10년간의 원나라 체류를 마치고 귀국해 고려 국왕으로 즉위할 때 원나라 체제의 한계는 이미 분명히 드러나고 있었다. 그러나 100년 가까이 이어져온 몽골의 천하 지배의 종말이 분명해진 시점은 결코 아니었다. 공민왕이 즉위 직후부터 몽골을 등지는 정책을 취한 것은 그 시점의 상황에서 놀라운 일이었다.

1344년 공민왕보다 열 살 위인 형 충혜왕이 실정과 횡포를 이유로 원나라에 끌려가 귀양길에 죽을 때 원나라에 있던 공민왕의 나이는 15세였다. 충혜왕의 맏아들 충목왕이 8세의 나이로 왕위를 이었으나 4년 만에 죽었고, 그 동갑 이복동생 충정왕이 뒤를 이었으나 3년 만에 축출되고 공민왕이 즉위하게 된 것이었다.

고려 왕위 결정권은 원나라의 고려 지배를 위한 핵심 기제였다. 1269년 반란으로 밀려났던 원종이 원나라의 힘으로 복위되고 1274년 충렬왕이 원 세조의 사위가 된 이후 역대 고려 왕들은 원 황실의 외손이자 사위였다. 충선왕과 충숙왕은 원나라에서 살기 위해 왕위를 내놓기까지 하여 고려 왕위 결정에 원나라가 개입하는 것을 자연스러운 일로 만들어놓았다.

그러나 1344년에서 1351년 사이 7년 동안 충혜왕 3부자가 줄줄이 왕위에서 쫓겨나고 죽음을 맞은 것은 전에 없던 일이었다(충정왕은 퇴위 이듬해에 독살당했다). 앞서 고려 왕위 결정에 원나라가 개입할 때는 어느 정도 합리적인 이유와 기준이 있었는데, 이번에는 달랐다. 마치 원나라 핵심부의 누군가가 고려 왕실을 박살내려고 마음먹고 나선 것 같았다. 그것이 기奇황후 세력이 아니었을지?

1333년 원나라 궁녀로 들어간 기씨는 순제의 총애를 받아 황자를 낳고 1340년 제2황후에 책봉되었다. 충혜왕이 곡절 끝에 심양왕 고暠를 물리치고 왕위에 오를 무렵의 일이었다. 4년 후 충혜왕의 실정을 원나라 조정에 고발하는 데 앞장선 사람의 하나가 기황후의 오빠 기철奇轍이었다. 파격적 권력을 누리던 기철 일당이 고려 지배권을 탐내 원나라의 영향력을 농락하였으리라는 것은 기록 근거가 없더라도 충분히 합리적인 추측이다.

열두 살의 나이로 공민왕이 원나라에 숙위宿衛하러 간 것이 1341년, 공민왕은 그로부터 10년간 기황후 일파가 위세를 떨치는 가운데 그곳에 체류하다가 귀국하여 즉위했다. 원나라와의 관계가 더 이상 고려에게 이로울 것이 없다는 인식이 있었을 것이다. 다른 무엇보다 1356년 기철의 처형은 원나라 황실에 대한 정면 항거였다. 기황후가 1365년 정후正后로 승격된 사실로 보아도 원 황실에서 그 위치가 흔들리지 않고 있을 때였다.

공민왕의 치세(1351~1374)는 1392년 조선이 고려를 대신한 역성易姓혁명의 배경이 되는 시기였다. 조선 초의 기록자와 편찬자들은 조선 건국의 정당성을 주장하기 위해 공민왕에 관한 많은 사실을 날조하고 왜곡했다. 신돈과의 관계, 치욕적인 죽음 등 한눈에 드러날 정도로 날조가 심한 곳은 말할 것도 없고, 일반 정책에 관해서도 고려 자체에 중흥

능력이 없었던 것처럼 보이게 하려는 곡필이 작용한 것으로 보인다. 따라서 공민왕의 행적을 바라보는 데는 추측이 많이 필요하다.

즉위 당시 공민왕의 첫째 목표는 원나라로부터의 독립이었다. 쉽지 않은 일이었다. 쇠퇴하고 있기는 해도 원나라는 아직까지 천하를 다스리는 제국이었다. 그리고 100년 가까이 원나라 지배를 받아오는 동안 고려의 권력구조 자체가 원나라와의 관계를 중심으로 형성되어 있었다.

그러나 공민왕에게는 절박한 문제가 있었다. 즉위 전 10년간 원나라에서 지내는 동안 공민왕은 왕위에 있던 자기 형과 두 조카가 황실을 낀 기씨 일당에게 어떤 핍박을 당하는지 보아왔다. 가만히 있다가는 자신 역시 형과 조카들의 뒤를 이어 기씨 집권을 위한 하나의 징검다리가 되고 말리라는 것을 그는 내다보았다.

마침 원나라 남부 양자강 유역에서 반란이 우후죽순처럼 터져나오고 있었다. 1347년부터 지역을 할거하는 세력이 나타나기 시작했고 1351년에 홍건적이 나타났으며, 1355년에는 황제를 칭하는 자까지 나왔다.

원나라의 위세가 고비를 넘겼다고 판단한 공민왕은 1356년 행동에 나섰다. 기철 일당을 처단하고 연호와 관제 등 원나라가 정해준 제도들을 철폐했다. 그리고 쌍성총관부를 공격해 탈취했다. 고려가 원나라에 대한 반란 세력의 하나가 된 것이었다.

쌍성총관부를 '수복'한 것이라고 한국 사서에서 흔히 말하지만 이것은 '탈취'였다. 쌍성총관부 관할지역의 대부분은 고려가 통치해본 적이 없던 곳이었다.

지금의 함경도 땅은 원래 여진 지역이었고, 1107년 윤관이 9성을 경영하였으나 바로 이듬해 철수했다. 금나라 멸망(1234) 후 1258년 쌍성총관부가 설치되기 전까지 고려가 일시 손을 뻗쳤을지 모르나 확실한 기록이 없다. 몽골 지배 아래 이 지역의 고려인 이주민이 늘어나 있던 것을 발판으로 원나라가 쇠퇴하는 틈을 타 고려가 획득한 것이었다.

공민왕의 반원反元정책은 당연히 원나라의 반발을 불러일으켰다. 가장 격렬한 반발은 1363년 공민왕을 폐하고 그 아저씨뻘 되는 덕흥군을 대신 세운다 하여 군대를 붙여 보낸 것이었다. '최유崔濡의 반란'이라고도 불리는 이 침공을 고려가 막아낸 뒤로 원나라는 공민왕을 응징할 효과적인 방도를 더 찾지 못했다.

원나라의 반발을 잠재운 후 공민왕은 내부개혁에 착수했다. 당시 고려 국가는 부와 권력이 소수 귀족층에게 집중되어 있는 구조적 문제를 안고 있었다.

이 집중 현상에는 국가를 불안하게 만드는 세 가지 문제가 따랐다. 첫째, 백성이 대지주의 착취에 노출되어 있어서 사회가 불안정했다. 둘째, 국가의 조세 수취가 원활하지 못했다. 그리고 셋째, 왕권에 대항할 만한 힘을 가진 실력자들이 존재했다.

공민왕이 1366년 전민변정도감田民辨正都監을 설치한 것은 이 집중 현상을 해소하기 위한 조치였다. 권력자들이 부당하게 취득한 토지와 노비를 원상으로 되돌려놓는 것이 이 기구의 역할이었고, 그 작업에 앞장선 것이 신돈이었다.

전민변정도감과 비슷한 기구는 그전에도 여러 번 설치, 운용된 적이 있었다. 그러나 대개 왕이 새로 즉위할 때마다 새 집권자들이 옛 권

___ **공민왕릉**　　조선의 건국은 공민왕 개혁의 연장선 위에 있는 것이었다.

력자들을 거세하기 위해 정략적으로 운용하다가 도로 없애기를 거듭했다. 오직 1301년 정동행성의 원나라 관리들이 주도하여 노비제의 근본적 개혁을 시도하였으나 고려 귀족층의 반발로 무산된 일이 있을 뿐이었다.

공민왕은 기존 권력층에 연줄이 없는 한미한 출신의 신돈을 앞장세워 전민변정 사업을 강력하게 추진했고, 5년 후 신돈이 역모 혐의로 처형당할 때까지 큰 성과를 거뒀다. 이 사업의 방향은 조선 건국 세력에 의해 계승되었으므로 고려 말기를 부정적으로만 보려 한 조선 초기 기록자들도 이를 평가하지 않을 수 없었다.

고려 중흥의 깃발을 내걸고 적지 않은 성과를 거둔 공민왕의 개혁이 1371년 좌초하고 만 원인이 무엇이었을까? 왕비의 죽음에 상심했기 때문이라느니, 신돈과의 관계가 파탄을 일으켰다느니 하는 비합리적인 설명이 횡행해온 것은 합리적인 설명이 따로 없기 때문이었다. 그리고 그 중흥 노력의 가치를 깎아내리려는 조선 초 기록자들의 경향이 불합리한 설명을 부추기기도 했다.

외적 여건을 보면 공민왕의 정책이 잘 풀려나갈 상황이 되어가고 있었다. 주원장朱元璋이 경쟁자들을 물리치고 1368년 명나라를 열 무렵에는 원나라가 이미 회복의 기미를 잃어버리고 있었다. 고려 국내의 개혁 저항 세력이 등을 댈 언덕이 무너지고 있었던 것이다. 그리고 공민왕은 명나라와 협조관계를 잘 풀어가고 있었다.

공민왕의 실패 원인은 국내에서 찾아야 할 것이다. 신돈을 죽인 이듬해에 명문가 자제들을 모아 만든 친위대인 자제위子弟衛가 눈길을 끈다. 왕을 시해했다고 전해지는 홍륜이 이 자제위 소속이었다.

신돈의 죽음은 개혁정책에 대한 누적된 저항이 어떤 식으로든 작용한 결과로 보인다. 신돈 개인의 과도한 야심이나 공민왕의 정신착란으로 설명하는 것보다는 합리적인 시각일 것이다.

신돈의 죽음으로 나타난 수세를 만회하기 위해 친위 세력을 새로 만들 목적으로 설치한 것이 자제위 아니었을까? 기득권층의 자제를 모아 개혁을 위한 친위대를 만든다는 것이 무리한 방침 아니었을까? 그 방침의 무리함이 왕 자신의 죽음으로 이어진 것이 아니었을까? 남는 것은 물음표뿐이다. 원나라에 대한 오랜 종속상태 속에서 통치체제가 퇴화한 나머지 새로운 상황에 대한 적응력을 잃어버린 것으로 이해하고 넘어갈 수밖에 없다.

새 술은 새 부대에,
조선의 건국

조선 건국(1392)의 지향성은 그 전해의 과전법 시행에서 우선 찾아볼 수 있다. 고려왕조 사회경제체제의 누적된 모순을 정리하는 개혁 사업은 1360년대에 공민왕이 전민변정도감을 통해 시작했으나, 너무 오래 누적된 모순이라 기존 왕조체제를 그대로 두고는 감당할 수 없는 지경에 이르러 있었다.

고려는 농업국가였고, 그 사회경제체제는 토지소유제도에 기반을 두고 있었다. 그런데 고려시대 내내 계속된 권력투쟁이 토지소유의 과도한 집중 현상을 불러왔다. 그 결과 지주층이 정치권력까지 차지하는 한편 대다수 백성의 생활 기반이 약화되고 국가는 조세 수취에 어려움을 겪는 상태에 이르게 되었다.

이 문제는 공민왕보다 훨씬 이전부터 위정자들의 의식에 떠올라 있던 것이었다. 무신정권이 끝나고 원나라와의 관계가 안정을 취한 1260

년대 이후 고려에서는 새 왕이 즉위하거나 중대한 정치적 변화가 있을 때마다 개혁정치가 제기되었고, 개혁정치의 목표는 언제나 토지와 노비 소유의 집중을 완화하는 데 있었다.

그러나 공민왕 이전의 개혁정책은 새 왕의 즉위 초기에만 한 차례 바람처럼 지나가는 일과성 개혁에 그쳤다. 개혁정책이 정쟁의 도구로 쓰였기 때문에 개혁의 주체가 바로 개혁의 대상이 되는 악순환이 거듭된 것이었다.

원나라 조정에서 숙위하다가 돌아와 즉위하는 새 왕에게는 국내 정치세력과의 유대관계가 적었다. 그래서 숙위 시절 시종하던 젊은 관리들을 중심으로 친위 세력을 구축해 개혁을 명분으로 조정의 구세력을 압박했다. 그러다가 얼마 후 친위 세력 자체가 대지주의 위치로 옮겨가 안정된 자리를 잡으면 개혁의 구호는 잊히고 마는 것이었다.

다람쥐 쳇바퀴 같은 피상적 개혁이 오랫동안 반복될 수 있었던 근본적 원인은 고려가 원나라에 국가안보를 맡겨놓은 상황에 있었다. 정치·재정·군사의 안보를 모두 원나라에 의존하고 있던 고려 왕실과 조정에게는 원나라 조정의 신임을 지키는 것이 바로 안보였다. 그 신임을 흔들 위험이 있는 근본적 개혁에는 손댈 수도 없고 손댈 필요도 없었다.

공민왕대에 들어와 원나라를 등지게 되면서 본격적 개혁의 여건이 성숙되었다. 원나라에 의지하지 않으면서 국가를 운영해나가려면 국내의 구조적 문제들을 해소하거나 완화할 필요가 있었기 때문에 실질적 개혁의 필요성이 부각되었다. 한편으로는 원나라와 밀착된 정치세력이 약화되었기 때문에 개혁에 대한 저항도 줄어들었다.

공민왕이 한미한 출신의 승려 신돈을 개혁에 앞장세운 것은 기득권층이 개혁 대상이었던 당시 상황을 단적으로 보여주는 일이다. 원나라 황후의 일족을 처단하고 쌍성총관부를 탈취할 정도로 강렬한 공민왕의 기세 앞에 권문세가 중심의 기득권층은 한동안 숨을 죽였다. 그러나 결국 신돈이 제거되고 이어 왕 자신이 추문과 혼란 속에 세상을 떠나자 이인임을 대표로 하는 수구세력이 집권하여 개혁을 중단하고 원나라와의 관계를 회복하는 등 과거로 돌아가는 추세가 나타났다.

하지만 20여 년째 뚜렷한 쇠퇴를 계속하고 있던 원나라에는 더 이상 고려의 안보를 책임져줄 능력이 없었다. 개혁 중단과 함께 정치 자체가 실종되고 홍건적과 왜구가 번갈아가며 국운을 위협하는 상황 속에서 무장들의 정치적 권위가 극히 높아졌다. 가장 큰 명성을 얻은 무장은 명문세가 출신의 최영이었고, 쌍성총관부 출신의 이성계가 그에 버금가는 명성을 쌓고 있었다.

공민왕이 추진한 또 하나의 사업은 성균관을 정비·확충하여 유학을 바탕으로 하는 관료집단을 양성한 것이었다. 여기서 배출된 권근, 이숭인, 정몽주, 정도전, 조준 등 신진관료들은 공민왕이 죽은 후 반동적인 정치 분위기 속에서 유배를 가거나 관직에서 축출되었다.

이들 중 정도전 같은 사람은 9년간의 유배와 유랑생활 끝에 1383년 동북면 도지휘사로 있던 이성계를 찾아가 의탁하기도 했다. 개혁의 시대를 열어갈 인물로 이성계를 지목한 것이다. 이렇게 만들어진 변방 무장과 정예 문신집단과의 접점이 조선 건국의 출발점이었다고 볼 수도 있다.

___ **태조 이성계** 급진 개혁파가 이성계를 선택한 것은 그가 고려왕조에 얽매이지 않은 변방 호족 출신이었기 때문이다.

공민왕 사후 14년 만인 1388년 드디어 변화를 위한 돌파구가 나타났다. 장기간 독재를 행하던 이인임 세력이 무너진 것이었다. 당장 정권을 이어받은 것은 정치노선에 큰 차이가 없던 최영이었다. 그러나 보수파 진영에 일단 균열이 나타나자 이것이 몇 달 후 위화도 회군이라는 획기적 사태로 이어졌다.

이인임에서 최영으로의 정권 이동은 구조적 모순이 한계점에 이른 상태에서 이뤄진 수평적 권력이동이었다. 최영은 이인임의 반명反明정책을 이어받아 요동 정벌군을 일으켰다. 요동 정벌은 대외적 긴장을 통해 내부 모순을 미봉하려던 술책으로 보인다. 당시 이미 천하를 석권하고 있던 명나라와 군사적 대결을 벌인다는 것은 정상적인 정책이라고 볼 수 없다.

이성계 등 정벌군 지휘관들이 이에 반발해 정변을 일으킨 것이 위화도 회군이었고, 고려의 국가구조를 뒤바꾸는 거대한 변화가 이로부터 비롯되었다. 회군 주동자들은 두 가지 면에서 현실의 필요를 직시하고 있었다. 밖으로는 명나라와 안정된 관계를 취할 필요가 있다는 것, 안으로는 사회경제구조의 근본적 변화가 필요하다는 것이었다.

이인임과 최영의 연이은 실각으로 수구 관료층이 힘을 잃자 개혁파 신진관료들이 회군파 무장들의 지원 아래 개혁정책을 새로운 차원에서 가동하게 되었다. 그 결과 1391년의 과전법 실시로 맺어지는 사전私田 혁파 작업이 진행되었다.

사전이란 조세를 거두는 권한, 즉 수조권收租權을 국가가 개인에게 맡기는 농지였다. 그런데 수조권을 맡길 이유가 사라져도 국가에 제대로 반납되지 않는 경향이 있어서 국가가 직접 조세를 거둘 농지가 계속 줄어들었다. 그리고 사전에 대한 개인의 지배력이 날이 갈수록 강화되어 소유권처럼 변질됨에 따라 경작하는 농민들은 소작인이나 농노 수준의 신분으로 떨어져 심한 착취를 당하게 되었다.

공민왕 때까지의 전민변정 정책은 권력자들이 정당한 이유 없이 장악하고 있던 사전을 공전公田으로 되돌리고 세력가들이 부당한 방법으로 보유하고 있던 노비를 풀어주는 것이었다. 이것만 해도 기득권층에게는 엄청난 희생과 양보를 요구하는 것이었고, 거국적인 저항과 반발을 불러일으켰다.

그런데 위화도 회군 뒤 추진된 과전법은 이와도 차원이 다른 근본적 개혁이었다. 기존의 전민변정이 철저히 시행될 경우 사전을 절반으로 줄이는 것이라면 과전법은 사전을 없애버리자는 것이었다. 전민변정이 자본주의를 보다 합리적으로 운용하자는 정도의 정책이라면 과전법은 아예 공산주의로 가자는 차원이었다.

개혁에 대한 수구파의 저항이 가라앉자 개혁파 안에서 온건파와 급진파 사이의 갈등이 나타났다. 고려왕조를 지키자는 근왕파와 왕조를 바꾸자는 혁명파 사이의 대립은 이 정책대결의 또 다른 표현이기도 했다.

위화도 회군 직후 우왕을 폐하면서 아들 창왕을 세운 것은 온건파와 급진파 사이의 타협이었다. 그러나 이듬해 창왕을 폐한 것은 근본적 혁명을 지향하는 급진파의 승리였다. 우왕과 창왕을 신돈의 자손으로 몰아붙인 것도 창왕을 폐할 때 비로소 나온 얘기였다. 그런 치욕적인 딱지를 왕실에 붙인 것은 왕조 자체를 폐할 태세가 되어 있기 때문이었다. 왕위에서 멀어진 지 200년 가까이 되는 왕실 지파에서 공양왕을 찾아다 앉힌 것은 왕조 철폐를 위한 수순일 뿐이었다.

고려의 충신으로 최영과 정몽주의 이름이 나란히 전해지지만 본인들이 들으면 둘 다 펄쩍 뛸 얘기다. 최영은 있는 그대로의 고려를 지키려 했다. 우왕, 그리고 창왕까지 내모는 데 동조한 정몽주는 최영이 보기에 역적이었다. 정몽주는 우왕, 창왕을 몰아내면서라도 적극적 개혁을 통해 고려를 지켜낼 만한 나라로 만들고자 했다. 그가 보기에는 권력에 도취되어 국가의 장래를 가로막은 최영이 난신亂臣이었다.

개혁의 동지였던 정몽주와 이방원의 행보가 엇갈리면서 안타까운 마음을 담아 남긴 시조들이 오히려 후세 사람의 심금을 더 울린다. 아무리 개혁에 신명을 바치더라도 한 조각 단심丹心마저 내던져버리면 어느 지경에 이를지, 결국 나름대로의 혁명을 위해 더 많은 동지들과 자기 형제들까지 죽이고, 은혜로 맺어진 처갓집까지 도륙 내기에 이르는 이방원의 비극은 정몽주를 암살하면서 이미 정해진 것이었다.

고려의 신하였던 이성계가 고려왕조를 폐한 것을 불충不忠이라 할 것인가? 한 개인이나 집단의 야심으로 설명할 수 없는 시대상황을 돌아보지 않을 수 없다.

　개혁의 때를 놓친 고려는 공민왕과 신돈의 과감한 시도로도 어찌지 못할 만큼 모순이 깊어져 있었다. 수구파의 저항도 어떤 점진적 개혁마저 좌초시킬 만큼 굳세어서 일도양단의 혁명적 변화를 피할 수 없는 상황이었다.

　중국은 11~12세기 농업혁명을 통해 생산력의 비약적 발전을 이루었다. 원 제국의 넓은 판도 안에서 일어난 활발한 문물교류 덕분에 남송 농업혁명의 성과도 고려에 전해질 수 있었다. 14세기 중엽의 고려 농업은 100여 년 전과 크게 달라져 있었다.

　그런데도 전시과田柴科 복원 시도조차 좌절될 정도로 국가는 변화에 대응할 태세가 되어 있지 않았다. 그래서 더욱 근본적인 개혁과 함께 왕조교체가 추진된 것이었다.

　이성계는 그 당대에 이르러서야 고려에 편입된 변방 호족 출신이었기 때문에 고려왕조에 덜 얽매인 입장이었고, 그 때문에 과거 청산의 필요를 느낀 급진개혁파의 선택을 받은 것이었다. 중소지주층을 기반으로 새로운 국가구조를 만들어내기에 이른 고려 말의 혁명에는 기존 왕조의 틀조차도 방해가 되었기 때문이다.

욕이 될 수 없는 말,
'사대'事大

『삼국사기』 '고구려본기'에는 대무신왕 15년(32) 한나라에 사신을 보내 조공을 바치니 광무제가 고구려의 왕호를 회복시켜주었다는 기사가 있다. 이것은 일회적 입조入朝로 볼 것이며, 조공, 회사回賜, 봉전封典, 연호와 역법의 도입 등 형식을 제대로 갖춘 조공-책봉 관계는 아니었다.

고구려가 동천왕 17년(243) 북중국의 전연前燕에 칭신稱臣했다는 것이 한반도의 국가가 중국 국가와 정규적 조공-책봉 관계를 맺은 시초였다. 그후로는 3국이 중국 남북조의 여러 나라들과 조공-책봉 관계를 맺었다. 신라는 통일 전부터 당나라와 조공-책봉 관계를 맺었고, 고려는 송·요·금에 이어 원나라와 조공-책봉 관계를 가지다가 말년에는 명나라에 조공을 보냈다.

조선이 명나라와 조공-책봉 관계를 맺기 오래전부터 반도국가는 중국 국가와 오랫동안 조공-책봉 관계의 경험을 가지고 있었다. 그러나 조선이 명나라와 맺은 관계에는 종래 중국과의 관계에 비해 특이한 점이 있었다. 강압에 의해서가 아니라 자발적으로 명나라를 받드는 '사대'의 의미가 확고하게 자리 잡은 것이었다.

삼국시대부터 고려 중기까지 반도의 국가들이 중국 국가에 조공을 보낸 것은 순전히 이익을 얻기 위해서였다. 관계를 맺었다가도 이롭지 않다고 판단되면 끊어버리고, 중국이 분열되어 있을 때는 더 이로운 상대를 찾아 관계를 바꾸기도 했다. 조공 대상은 내 득실에 영향을 줄 힘을 가진 존재일 뿐, 나와 운명을 공유하지 않는 남이었다.

고려가 조공 대상국을 송나라에서 요나라, 금나라로 바꾼 것도 이처럼 득실에 따른 것이었다. 1259년 원나라에 첫 조공을 보낼 때까지도 그런 자세가 남아 있었을지 모른다. 그러나 그 10년 후 반란으로 퇴위된 왕이 원나라의 힘으로 복위되면서 고려는 원나라에 대해 전례 없이 확고한 종속상태에 들어서게 된다. 그후 고려 왕실과 원나라 황실의 혼인관계가 쌓여가면서, 그리고 두 나라의 교류가 넓고 깊어지면서 운명을 공유하는 관계가 된다.

1368년 건국한 명나라는 원나라로부터 천하를 넘겨받으면서 고려에게 원나라에 대하던 것과 같은 종속관계를 요구했다. 무리한 요구였다. 오랜 기간에 걸쳐 왕실의 혈통부터 생활습속에 이르기까지 원나라와 쌓아온 밀착관계가 명나라와의 사이에는 없었다. 그리고 몇 년 전까지만 해도 명나라는 고려와 마찬가지로 원나라에 대한 반란 세력의 하나일 뿐이었다. 그런데 이제부터 원나라가 누리던 모든 권리를 자기네가 누리겠다는 것이었다.

명나라의 무리한 요구가 공민왕의 입장을 난처하게 만든 면도 있었을 것이다. 1374년 공민왕이 죽은 직후 이인임이 명나라 사신을 죽인 데서 그 갈등을 알아볼 수 있다. 그로부터 10여 년 후 고려왕조의 종말을 불러온 요동 정벌도 명나라와의 불편한 관계에서 비롯된 것이었다.

1388년 위화도 회군에서 1392년 조선 태조 즉위로 이어지는 기간은 명나라 조정에 살벌한 긴장이 흐르던 시기였다. 1390년 호유용胡惟庸의 옥獄과 1393년 남옥藍玉의 옥은 건국 공신집단을 섬멸하다시피 한 명 태조의 친위쿠데타였다. 대충 세워놓은 천하 지배를 절대권력으로 굳히는 과정이었다. 그런 상황인 만큼 이웃 고려에 대해서도 명나라 천하체제의 수용 요구가 대단히 고압적이었을 것임을 짐작할 수 있다.

남경(南京, 난징)에 수도를 둔 명나라가 관리하기도 어려울 만큼 까마득히 먼 곳인 쌍성총관부 자리에 철령위鐵嶺衛를 만들어 직접 통치하려 한 발상은 비현실적인 것이었다. 원나라와 오랫동안 밀착관계였으면서 1374년 이래 어정쩡하게 눈치만 보고 있는 고려를 그대로 둘 수 없다는 판단에서 압박을 가한 것이라고 볼 수 있다.

결국 고려의 반발이 위화도 회군으로 끝나고 우왕이 폐위되자 명나라는 철령위 정책을 백지로 돌렸다. 몽골 지배 이전의 신종(1197~1204)의 자손으로서 원 황실과 혈연관계가 없는 인물을 회군파가 공양왕으로 세운 데도 명나라를 안심시키려는 뜻이 있었을 것이다.

민족정기를 소중하게 생각하는 사람들은 대륙을 정벌하려던 최영의 기개가 꺾인 것을 아쉬워한다. 그러나 당시의 상황에서 무리한 시도였다는 점은 이해해야겠다.

1356년 쌍성총관부를 공격할 당시 고려는 벌떼처럼 일어나고 있던 반란 세력의 하나로서 누구에게도 고개 숙일 필요가 없었다. 명나라 건국 직후 1369~1371년 사이에 고려가 요동의 동녕위東寧衛를 공격할 때만 해도 두 나라는 협력관계였다. 그러나 천하를 석권해놓은 명나라가 1388년 철령위 문제를 일으킨 것은 고려 정벌의 빌미를 잡기 위한 것이었는데, 4만의 군사로 이에 맞서겠다는 것은 비현실적인 도전이었다.

위화도 회군으로 정권을 잡은 개혁파에게 명나라와의 관계를 안정시키는 것은 내정개혁 못지않게 절박한 과제였다. 내정개혁이 급진적인 과전법을 향하게 된 데도, 왕조가 고려에서 조선으로 바뀌게 된 데도 명나라의 압박이 작용했다.

주변국 중 가장 문명수준이 높은 고려와의 관계를 만족스럽게 만들어놓는 것은 명나라에게도 중요한 일이었다. 앞서 원나라도 그랬고 후에 청나라도 그럴 것처럼 중국 천하를 차지하는 왕조에게는 동방의 반도국가를 굴복시켜놓는 것이 요긴한 일이었다.

어떠한 관계가 명나라를 만족시키면서 고려도 견뎌낼 수 있는 것이었을까? 원나라와의 관계를 그대로 복제해서 명나라로 옮긴다는 것은 불가능한 일이었다. 어떠한 관계를 빚어내느냐 하는 새로운 과제가 고려에게 숙제로 주어졌다.

조선 건국자들은 이 숙제에 대한 답으로 '사대'의 이념을 내놓았다. 이 세상은 큰 자와 작은 자들이 어울려 이뤄진 곳인데, 그 안에서 각자의 분수에 맞게 행동함으로써 조화로운 질서를 지킨다는 이념이다. 힘에 눌려 억지로 무릎을 꿇는 것이 아니라 천하 질서에 능동적으로 공헌한다는 명분으로 약자는 자존심을 지킬 수 있고, 강자는 약자의 태도가 일시적 득실에 따라 바뀌지 않으리라고 신뢰할 수 있는 길이었다.

'사대'事大는 '자소'(字小, 또는 事小)와 어울려 중국 고대, 적어도 춘추시대부터 천하 질서의 원리로 제시되어온 것이다. 『춘추좌씨전』春秋左氏傳 소공昭公 30년 조에 "예禮라 함은 작은 것이 큰 것을 섬기고 큰 것이 작은 것을 아낌을 이르는 것"禮者小事大大字小之謂이라 하였고, 『맹자』 양혜왕편梁惠王篇에는 "인仁이란 큰 것이 작은 것을 섬길 줄 아는 것이고 (……) 지智란 작은 것이 큰 것을 섬길 줄 아는 것이며 (……) 큰 것이 작은 것을 섬김은 하늘을 기쁘게 하는 일이고, 작은 것이 큰 것을 섬김은 하늘을 두려워하는 일이니, 하늘을 기쁘게 하면 천하를 지킬 것이요, 하늘을 두려워하면 나라를 지킬 것이라"고 하였다.

어느 시대, 어느 상황에서도 국가를 경영하는 데는 외부와의 관계를 도외시할 수 없다. 사대와 자소의 원리는 동아시아에서 국제관계의 안정을 지키는 데 오랫동안 큰 역할을 해왔다.

천하의 주인을 자처하는 천자의 입장에서 보더라도 천하의 모든 세력을 끊임없이 힘으로 억누른다는 것은 오랫동안 계속하기 힘든 일이다. 제국 내에 있는 좁은 범위의 신민臣民에게는 충忠의 이념을 적용하고, 제국 밖의 주변국이나 오랑캐에게는 작은 존재로서 주체성을 인정해주는 타협책이 현실적으로 유용했던 것이다. 주변국으로서도 중국과의 정면대결을 피하면서 국제질서 속에 안정된 자리를 잡는 길이었다.

오랫동안 원나라의 영향을 강하게 받아온 고려가 체질을 전혀 바꾸지 않은 채 당장의 힘에 눌려 복속하는 시늉만 하는 것은 명나라에게 만

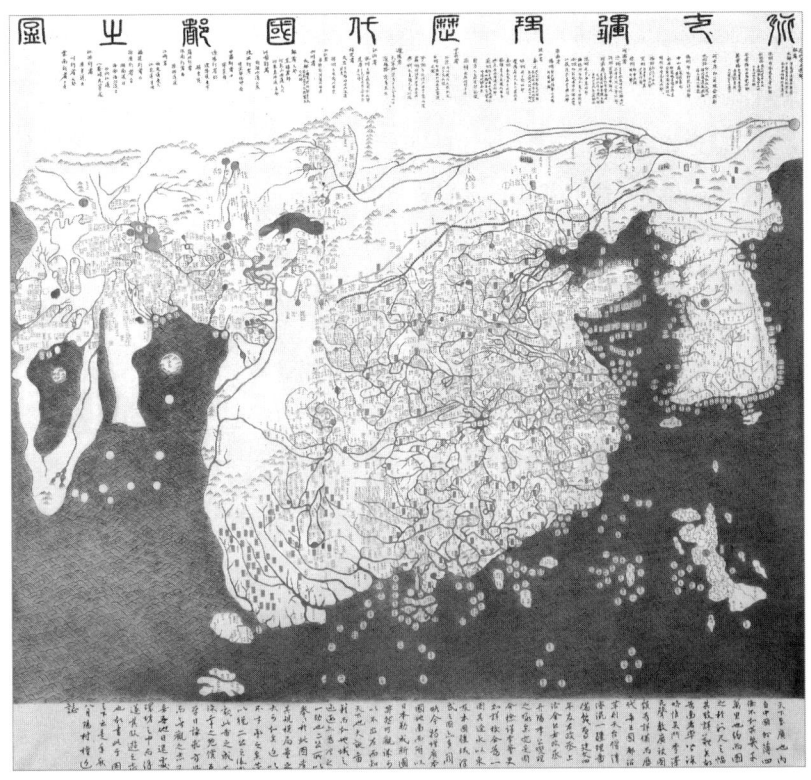

___ 혼일강리역대국도지도(1402) 조선 초기의 세계 인식을 보여준다.

족스러운 일이 아니었다. 고려 정도의 크기와 문명수준을 가진 나라와 동상이몽의 관계에 머물러 있어서는 천하의 진정한 주인이라 할 수 없는 일이었다. 고려가 조선으로 왕조를 바꾸면서 성리학에 입각한 국가체제를 정비하고 사대의 이념을 자진해서 받아들이자 명나라는 비로소 안심할 수 있었다.

명나라에 대한 사대관계를 통해 조선은 동아시아 천하체제 속에서 독립국의 위치를 보장받을 수 있었다. 임진왜란 때 외에 명나라 군대가 조선에 주둔한 일이 없었다는 사실만 보더라도 이 사대관계는 지금 남한의 미국에 대한 종속관계보다 독립성이 강한 것이었다. 이 사대관계 덕분에 조선은 고려 말부터 창궐해온 왜구 문제에도 여유 있게 대처할 수 있었고, 여진에 대해서도 우월한 위치를 보장받을 수 있었다.

'사대'에 관한 이런 설명에 혼란을 느끼는 독자들이 있을 것이다. 사대주의란 주체성을 버리는 나쁜 것인데, 이것을 미화하는 것이 아닌가 하고. '권위'와 '권위주의', '인종'과 '인종주의' 사이의 관계를 생각해 보시기 바란다. 무슨 말이든 뒤에 '주의'를 붙이면 그 한 가지에만 매달려 다른 모든 것을 무시하는 불건전한 태도라는 인상을 주는 말이 되기 쉽다.

'사대주의'란 19세기 말 조선에 대한 영향력을 키우고 있던 일본인들이 만든 말이었다. 그들은 사대주의가 대륙 사람이나 섬 사람 아닌 반도 사람들에게 잘 나타나는 것이라고 설명하여 조선에게 특허권까지 줬다. 조선의 독립성을 부정하고, 또한 조선 진출에 방해가 되는 청나라와의 관계까지 폄하하는 일석이조의 관념이었다.

일본 침략자들이 침략을 쉽게 하기 위해 만들어낸 이 관념이 오랫동안 한국인들에게 매우 잘 먹혀든 데는 까닭이 있었다. 19세기를 통해 동아시아 천하체제를 붕괴시킨 서양인들은 만국공법萬國公法 체제를 요구했다. 이 체제는 국가주권의 명목상 평등을 바탕으로 하는 것이어서 국가들 사이에 크고 작은 서열을 인정하지 않는다. 서양인이 제시하는 원리라면 무조건 경의를 품고 대하던 개화開化의 시대에 만국공법에 저촉된다는 사실만으로 '사대' 자체까지 의혹의 대상이 되었던 것이다.

만국공법 원리가 세계 평화와 질서를 위해 정말로 도움이 되어왔는가? 현실 속에는 큰 나라와 작은 나라가 있고 강한 나라와 약한 나라가 있다. 현실을 무시하고 허구의 평등성을 전제로 하는 만국공법 체제는 작고 약한 나라를 보호할 필요를 부정하는 약육강식의 정글이었다. '사대'도 없고 '자소'도 없는 세계였다.

새 왕조의 밑거름이 된
용의 눈물

　조선 건국은 성리학을 이념으로 이루어졌다. 정도전을 위시한 당대의 대표적 성리학자들이 단순한 이데올로그의 역할에 그치지 않고 건국 사업의 주동자로 활약했다. 어찌 보면 이성계는 고려 중앙부에 정치적 근거가 없는 인물이라는 조건 때문에 개혁파 관료들에게 발탁된 '간판마담'이었다.
　태조의 여덟 아들 중 막내 방석을 세자로 정한 것도 이런 상황에 부합하는 일이었다. 태조 즉위 전에 죽은 한씨 소생보다 살아서 왕비 신분이 된 강씨 소생을 왕실 적통으로 보는 것도 성리학적 명분에 맞는 일이었고, 나이 어린 세자에게 이상적 군주가 되기 위한 교육을 장기간에 걸쳐 베풀 수 있다면 '왕은 군림하고 통치는 신료들이 행한다'는 성리학적 정치 원리에도 합당한 길이었다. 방석의 세자 책봉을 권한 정도전 등 개혁파 관료들은 태조의 간판마담 역할을 그 후계자도 이어주기 바란 것이었다.

 두 차례 왕자의 난(1398, 1400)을 일으켜 이 구상을 뒤엎고 스스로 왕위에 오른 이방원 역시 유교국가 건설이라는 대명제에는 이의가 없었다. 이방원은 신흥 무장 이성계의 아들 중 유일하게 학문을 익혀 정통 문관으로 자리 잡은 인물로, 개혁파 관료들이 이성계를 중심으로 뭉치는 데 연결고리 역할을 맡았다.

 정도전은 창업의 과정이 태조의 손으로 마무리되고 그 후계자는 수성의 단계로 접어들기를 바랐다. 길을 잘 다듬어나가기만 하면 더 이상 아까운 피를 흘리지 않고도 새 왕조가 안정을 취할 수 있을 것으로 그는 내다보았다. 이방원은 이런 전망을 순진한 것으로 보았다. 태조의 즉위는 건국 과업의 초기 단계일 뿐이며, 새 왕조의 안정을 위해서는 더 많은 구조조정이 필요하다고 내다본 것이다.

1396년 초 명나라와의 사이에 조선에서 보낸 외교문서인 표전表箋의 내용 문제로 긴장이 일어나자 이를 계기로 정책 갈등이 조선 조정에 빚어졌다. 정권을 장악하고 있던 정도전 일파는 명나라와의 대결을 불사한다는 태세로 군사력 확충과 병권 강화에 나섰다. 요동 정벌 논의까지 떠돌았다.

 요동은 몽골 지배기에 많은 고려인이 이주했기 때문에 원나라에서 고려 왕족으로 심양왕을 두어 관리하던 지역이었다. 1370년을 전후해 공민왕도 군대를 보내 공격한 일이 있었고, 1388년에는 최영 정권이 정벌군을 동원했다가 위화도 회군을 맞기도 했다. 쌍성총관부 지역 다음으로 고려가 탐낼 만한 곳임에 틀림없었다.

그런데 정도전 일파가 1396~1397년에 정말로 요동 정벌에 뜻을 두고 있었을까? 위화도 회군으로부터 10년도 안 된 시점이었다. 후에 영락제永樂帝로 즉위할 주체朱棣가 연왕燕王으로 요동의 바로 뒤에 버티고 있었다. 명나라 체제는 10년 전보다도 더 굳어져 있었다.

정도전 일파가 명나라에 대한 사대관계를 뒤집어엎을 상황은 아니었다. 다만 그 관계의 균형을 맞추고 싶었을 것이다. 외교문서에 마음에 안 드는 내용이 있다 하여 이웃 나라 대신을 오라 가라 하는 극도로 무례한 요구는 해오지 못하게 할 실력을 갖추고 싶었을 것이다. 그리고 명나라와의 사이에 적절한 수준의 긴장관계를 유지한다면 국력 집중을 위해 중앙집권을 강화하는 분위기도 이끌어낼 수 있을 것이었다.

이런 정책 방향은 당연히 왕자들의 사병私兵을 없애는 조치로 이어졌다. 병권의 집중은 중앙집권의 첫째 요건이었다. 이방원이 세자와 정도전 일파를 숙청한 1398년의 제1차 왕자의 난은 이 조치에 대한 반발이었다. 이방원 일파에서는 이 정변이 정도전 일파의 음모를 분쇄하기 위한 것이었다고 주장했지만, 정도전 측의 음모가 정말로 있었다면 정변 당시 그가 경보도 닿지 않는 장소에서 술잔을 기울이고 있었던 사실을 설명할 길이 없다.

이방원은 2년 후 또 한 차례의 정변을 거쳐 스스로 왕위에 올랐다. 권력을 장악해가는 과정에서 그는 온갖 권모술수를 부리고 억울한 피를 뿌렸다.

그러나 이것이 단순한 권력욕 때문이 아니었다는 사실은 가까운 측근일수록 더욱 가혹하게 처리한 그의 자세에서 알아볼 수 있다. 그는 폭군이었는지 몰라도 필부匹夫는 아니었다. 원나라 말기의 혼란 위에 명나라 천하의 질서를 세우기 위해 미치광이 같은 옥사獄事를 거듭 일으켰던 명 태조 홍무제의 행적이 그의 모델이었을 것이다.

태종도 정도전과 마찬가지로 인仁과 예禮에 입각한 유교정치를 통해 왕조가 안정되기를 바랐다. 그러나 현실정치 감각이 뛰어난 그는 이상적 유교국가가 탁상공론만으로 이뤄지지 않는다는 사실을 투철하게 인식하고 있었다. 멋진 지붕을 얹기 위해 튼튼한 기둥과 주춧돌이 필요한 것처럼, 경전에 그려진 도덕정치를 구현하기 위해서는 지저분한 현실조건도 모두 맞춰져 있어야 했다.

그는 왕이 되었지만, 자신의 역할은 '진짜 임금'이 들어설 자리를 만드는 것뿐이라고 생각했다. 정도전 역시 나이 어린 방석을 훌륭한 임금으로 키워낼 킹메이커 역할을 자임했다. 그러나 임금이 신하의 가르침에 과도하게 의지하며 자라나서는 정치의 원천이자 중심 노릇을 하는 진정한 임금이 될 수 없다고 태종은 생각했다.

왕 스스로 만기萬機를 살피면서 누구에게도 지나친 영향을 받지 않는 것이 바람직한 임금의 조건이라고 태종은 생각했고, 그런 조건을 후계자에게 만들어주기 위해 전력을 기울였다. 셋째 아들에게 왕위를 물려준 뒤 제일 먼저 한 일 가운데 하나가 새 왕의 장인 심온沈溫을 죄를 씌워 죽인 것이었다. 자기 처남 4형제를 이미 죄주어 죽인 태종이었으니, 세종은 외가도 없고 처가도 없는 신세가 되었다. 외가도 없고 처가도 없는 것, 이것이 태종이 보기에 바람직한 임금의 조건 중 가장 중요한 것이었던 모양이다.

___ **태종과 원경왕후의 헌릉**   수차례에 걸친 태종의 정변은 군주전제 체제를 세우기 위한 것이었다.

세종은 이처럼 이상적 군주가 되라는 커다란 여망을 등에 업고 1418년 즉위했다. 원래 장남인 양녕대군을 세자로 세웠던 태종이 셋째 충녕대군 도禍로 세자를 바꾸고는 두 달 만에 서둘러 왕위를 넘겨주었다. 그리고 4년 동안 상왕上王의 위치에서 세종을 도와주다가 세상을 떠났다.

세종에게 주어진 최대의 과제는 유교국가 완성이었다. 조선 건국에 앞장선 성리학자들이 이미 유교국가의 뼈대는 만들어놓았다. 여기에 살을 붙이고 숨을 불어넣어 국가제도 정비에서 지방관의 행정, 명나라와의 관계에서 농업 진흥에 이르기까지 유교 원리가 빈틈없이 적용되는 나라를 만드는 것이 세종의 할 일이었다.

성리학 학습과 연구는 고려 말기에 널리 확산되어 있었다. 특히 성균관을 중건한 공민왕 때 큰 발전을 보았다. 유교국가 건설을 위한 인적 자원은 넉넉히 축적된 상황이었다. 이 자원을 어떻게 조직해서 효과적으로 가동하느냐 하는 것이 당시의 구체적 과제였다. 건국과 함께 정비된 과거제가 인력개발의 일차 기능을 담당하고 있었고, 세종은 인력개발과 활용을 더욱 심화하고 확장하기 위해 집현전을 만들었다.

집현전은 세종 2년(1420)에 만들어져 세종 사후 6년째인 세조 2년(1456)에 없어졌으니 '세종의 제도'였다고 할 수 있다. 집현전의 기능을 가장 많이 이어받은 기관인 홍문관이 성종 9년(1478)에 만들어졌지만, 그 기능과 성격에는 집현전과 상당한 차이가 있었다.

집현전은 오늘날의 '산학 협동'과 비슷한 원리의 '정학政學 협동' 제도였다. 최고의 자질을 지닌 관료들이 일상적 행정업무에서 벗어나 국가발전 기본 과제에 매달리게 함으로써 국가 기능을 키우는 한편 학문의 실용성을 이끌어내는 것이었다. 또한 충성심과 능력이 뛰어난 정예집단을 관료층 안에 육성함으로써 관료집단을 입체화하는 효과도 있었다.

13세기에서 14세기에 걸쳐 한반도 안팎에서는 많은 변화가 일어났다. 그런데 몽골 항쟁기에서 몽골 지배기에 걸친 한 세기 반의 기간에는 황급한 전란이나 주권 상실로 인해 국가가 제반 변화에 제대로 대처하지 못했다. 14세기 중엽 공민왕 때부터 능동적 대응책을 모색하기 시작한 것이 세종 때에 와서 본격적 대응체제가 구축된 것이었다. 두 세기 동안 누적된 변화의 수요에 부응하는 것이 세종에게 주어진 실질적 과제였다.

200년 동안 국내에서는 농업기술이 크게 발전했다. 발전의 가장 큰 성과는 농지 개간이 늘어난 것이었다. 1389년 전제개혁을 위한 조준의 상소에서는 전국의 농지가 50만 결結이라고 했다. 수십 년 후 세종 때는 전국 농지가 170만 결로 집계되었다. 물론 그 사이에 그만큼 다 늘어난 것은 아니었다. 고려 말기에는 정부가 전국 농지를 제대로 파악하지 못하고 있었고, 조준이 말한 50만 결은 아마 고려 중기 이래의 집계였을 것이다.

고려왕조는 파악된 전국 농지 중에서도 절반 이상을 사전私田으로 운영했다. 고려 국초에는 왕조 자체가 지방 세력들의 연합 성격이었기 때문에 농지 파악이 일원화되지 않은 것이었고, 후에는 권력을 쥔 귀족층이 그와 같은 상황을 지속시켰다. 권력가들이 개간을 통해 확장한 농지는 중앙정부에서 집계조차 되지 않았고, 그런 농지로 유입된 농민 또한 국가의 조세와 요역徭役 대상에서 빠져 있었다.

말기의 고려는 국부를 장악은커녕 파악도 하지 못하고 있던 장애국가였다. 일부 귀족층이 산천을 경계로 하는 어마어마한 토지를 차지하고 있는 반면 국가는 재정 파탄에 이르러 있었다. 대다수 백성도 국가의 보호를 제대로 받지 못하는 상황이었다. 이 상황을 바로잡기 위한 전제개혁이 조선 건국 사업의 큰 줄기였고, 세종 때 와서 이 개혁이 한 차례 완성을 보았다.

세종 26년(1444) 공법貢法이 시행되었다. 해마다 농사의 흉풍을 9등급으로 나누고 농지의 비옥도를 6등급으로 나누어 조세를 공평하게 하는 제도였다.

고려시대에 조세 책정 권한을 사전 소유자들에게 맡겨 자의적 운용의 폐단이 있었던 답험손실법踏驗損失法과 달리 공법은 국가가 조세 책정의 책임을 맡는 것이었다. 1441년 발명된 측우기도 공법 시행을 위한 준비의 일환이었다. 측우기 발명의 자랑은 그 기술이 빼어난 데 있는 것이 아니라 그런 관측기기를 필요하게 한 훌륭한 제도에 있는 것이다.

그 이듬해에는 국용전제國用田制가 시행되었다. 전제개혁의 목적인 사전 혁파 과업을 완성한 조치였다.

정부와 민간의 기관에 사전을 지급해 거기서 거두는 조세로 운영비를 대도록 한 고려 전제와 달리 조선은 사전을 최소한으로 줄이고 거의 모든 농지를 공전으로 파악하여 국가가 일률적으로 조세를 거둔 다음 일체의 비용을 국고에서 지출하도록 한 것이었다. 재정의 중앙집권화라는 의미가 있는 제도였다.

세종은 공법 시행과 함께 표준 조세율을 종래 10분의 1에서 20분의 1로 낮췄다. 세원을 합리적으로 파악함에 따라 조세율을 낮춰도 국가재정을 충분히 확보할 수 있게 된 것이다. 세종의 온갖 문화적 업적을 가능하게 한 기반 조건은 건국과정부터 이어져온 전제개혁의 성과에 있었다.

전제개혁의 완성이 새 국가의 내실을 다지는 사업이었다면 밖으로는 중국과의 관계를 설정하는 과제가 있었다. 세종 즉위 당시 명나라는 영락제의 치세가 마무리될 무렵으로, 새로운 중화제국의 틀이 자리 잡고 있었다. 고려가 송·요·금·원 어느 나라를 대하던 자세도 조선이 명나라를 대하는 데 바람직한 모델이 되지 못했다. 새로운 자세를 모색할 필요가 있었고, 그 과정에서 명나라와의 사이에 상당한 갈등이 빚어지기도 했다.

오늘날 '한자문명권'을 이야기할 때 중국 외에 한국과 일본, 그리고 베트남이 그 범위에 들어간다. 세 나라는 중국문명을 깊이 받아들이면서도 독립된 위상을 지켜온 나라들인데, 반대로 지금 중국 땅이 되어 있는 서부와 북부의 광대한 지역은 한자문명을 받아들이지 않고 있다가 근세에 와서 중국에 편입된 곳이다. 동화를 열심히 한 나라들이 독립국으로 남아 있는 반면 거부한 지역들이 끌려들어가 있는, 일견 모순된 상황을 어떻게 이해할 것인가?

유교적 질서의 기본 원리인 '화이부동' 和而不同을 생각할 수 있다. 중화제국의 입장에서 볼 때, 형식적으로는 똑같이 조공-책봉 관계를 맺은 외이라 하더라도 문명 참여 수준에 따라 관계의 실질적 의미에 차이가 있다.

중국문명에 동화되지 않는 외이는 편의상 조공관계를 맺고 있다 하더라도 궁극적으로 정복의 대상이다. 반면 동화 수준이 높은 외이는 안정된 관계를 자발적으로 추구하기 때문에 중화제국에게 위협으로 인식되지 않는다. 오히려 중국문명의 스펙트럼을 넓혀주는 공로를 인정할 수 있다.

한국은 일본이나 베트남보다도 중국의 중심부에서 훨씬 더 가까운 위치에 있다. 물리학에서 중력, 자력 등의 힘에 적용되는 '제곱 반비례 법칙' inverse square law은 국제관계에도 비슷하게 적용된다. 거리가 절반이 되면 힘은 네 배가 되고, 거리가 3분의 1이 되면 힘은 아홉 배가 되는 것이다. 중국에서 가장 가까운 위치에서 한국이 독립을 지켜온 것은 화이부동의 문화노선을 견지해온 덕분이며, 이 노선을 안정시킨 것이 세종의 업적이다.

문화정책처럼 추상적인 영역은 외부의 압력이 있을 때 수용이냐 거부냐 하는 흑백론의 함정에 빠지기 쉽다. 흑백은 눈에 분명히 보이는 것이기 때문이다. 그러나 극단적 수용은 정체성을 마멸시키기 쉽고, 극단적 거부는 긴 압력 아래 무너지지 않을 수 없기 때문에 둘 다 파멸에 이르는 길이다.

흑백론을 벗어나는 세종의 비결은 실용주의에 있었다. 음악, 역법, 학술 등 공식적 분야에서는 중국 문물을 도입하되, 마지못해 들여오는 정도가 아니라 독자적 운용이 가능할 만큼 완성도를 높였다. 한편 백성의 산업과 생활에 관계되는 실용적 분야에서는 『농사직설』農事直說, 『향약집성방』鄕藥集成方 등의 편찬 사업에서 볼 수 있는 것처럼 독자적 영역 확보에 힘을 기울였다. 중화문명의 관점에서 보자면 이론에 충실하면서 현실 적응력이 높은 하나의 변형을 만들어낸 것이었다.

한글 창제 역시 화이부동의 원리로 이해할 수 있다. 『훈민정음』訓民正音(1446)을 만든 주목적은 조선의 말과 중국의 글을 효과적으로 연결하는 데 있었다. 『동국정운』東國正韻(1448)과 짝을 이뤄 한자 발음의 표준화를 통해 중화문명의 소화를 원활히 하자는 것이었다. 20세기 한국 문화의 뼈대로 자라난 한글의 뿌리는 세종의 문화정책에 있지만, 세종의 뜻이 한글전용에만 있었던 것은 아니다. 같은 뿌리가 키워내는 줄기, 잎사귀, 꽃, 열매 중 하나가 지금의 한글문화라고 생각하면 될 것이다.

반도국가는 이미 고려시대부터 높은 문화수준을 확보하고 있어서 여러 북방민족에게 군사적으로 유린당하고도 독립성을 유지했을 뿐 아니라 문화적 압력을 통해 북쪽으로 영역을 확장하기까지 했다. 그 위에 세계주의 성향의 원나라 지배를 받는 동안 활발한 교류를 통해 중화문명의 핵심적 내용을 별 시차 없이 중국과 공유하게 되었다.

원나라보다 보수적 성향의 명나라가 중국에 자리 잡은 시점에 건국한 조선이 당면한 과제는 문화적 보편성과 개별성을 조화시키는 것이었다. 세종은 도입된 고등문명을 토착화하는 실용주의 노선으로 이 과제를 수행했다.

과거제 위에 세워진 유교국가

조선 개국 후 제일 먼저 벌인 사업의 하나가 과거제 정비였다. 이성계는 즉위하면서 과거 실시를 선포했고, 이듬해 조선조의 첫 과거가 시행되었다.

과거는 고려 초(958)부터 시행된 제도였지만, 관직 등용의 통로로서 과거의 비중은 고려시대 내내 음서蔭敍보다 크게 떨어졌다. 음서는 고관의 자손을 시험 없이 등용하는 제도였다. 조선시대에는 과거가 절대적 비중을 차지하게 된다.

고려시대에 비해 조선시대에 과거의 비중이 커진 이유를 두 가지로 생각할 수 있다. 첫째, 고려 정치사의 주역이던 귀족 내지 권문 세력의 특권이 조선 건국과정에서 부정되었기 때문에 음서의 길이 크게 좁아졌다. 둘째, 성리학을 국가이념으로 채택함에 따라 그 내용을 다루는 문과文科의 권위가 높아졌다.

조선 건국 추진 세력의 주축이 바로 과거 출신 관료들이었다. 과거의 비중이 크지 않던 고려 말기에 과거 출신자들은 관료집단 내에서 특이한 정체성을 가진 소집단이었다. 그들은 문벌보다 실력으로 관직에 진출했고, 뛰어난 유가 교양을 지니고 있었다. 그 정예분자 대다수는 토지의 과도한 집중을 해소하는 이성계 중심의 개혁을 지지했다. 그중 일부가 막판에 왕조교체를 반대하기도 했지만 그것은 개혁과 별개의 문제였다.

새 왕조의 실세가 된 과거 출신자들은 자기네와 같은 성향의 관료층을 양성, 선발하여 관직을 채우기 위해 과거제 확장을 추진했다. 귀족과 권문의 특권을 봉쇄하기 위해 소수 결격자를 제외한 모든 백성에게 공평한 응시 기회를 주었다. 과거 준비에 노력을 기울일 여력이 없는 빈민층에게는 그림의 떡이었지만, 중소지주층은 물론 웬만한 자영농도 능력과 의지만 있으면 바라볼 수 있는 길이 되었다.

조선 건국 당시에는 이 개방성이 전국의 정치사회 구조를 통째로 뒤집어놓는 효과를 가져왔다. 미야지마 히로시宮嶋博史의 연구결과에 흥미로운 것이 있다(『조선과 중국, 근세 오백년을 가다』, 98쪽). 조선조를 통틀어 문과 급제자 총 1만 4,333명 가운데 본관이 밝혀지지 않은 사람이 451명인데, 그중 절반이 넘는 229명이 국초 100년간의 급제자 1,470명 중에 들어 있었다는 것이다.

15퍼센트 이상의 급제자가 내세울 본관조차 없는 서민이었다는 데서 조선 초기에 전연 새로운 계층이 과거를 통해 매우 활발하게 관료층에 편입하고 있었음을 알 수 있다. 이 비율은 시간이 지남에 따라 점점

떨어져 19세기에는 1퍼센트 미만이 되었다.

떡을 만지자면 떡고물이 묻는 것이 고금의 진리다. 애초에는 똑같이 과거를 통해 관직에 진출했어도 시간이 지나면서 그 가운데 '명문'이라는 이름의 기득권층이 생겨난다. 특히 정변이 있을 때면 '공신'이라는 이름으로 문벌이 양산된다.

태종은 자신의 처가를 위

___ 〈평생도〉平生圖 중 〈소과 응시〉 과거는 사림과 함께 도덕정치를 지탱하는 축이었다.

시하여 국초의 공신 집단을 냉혹하게 억누름으로써 문벌 확대를 억제하려 애썼다. 그러나 시간이 지남에 따라 명문은 차츰 확장되었고, 특히 세조 즉위(1455)에 관련된 공신이 양산되면서 이른바 '훈구'勳舊 세력이 대관大官의 자리를 독과점하는 상황이 벌어졌다.

성종 재위기간(1469~1494)에는 과거를 통해 신진관료층도 많이 축적되어 있었고, 그들의 기반인 지방의 사림도 상당히 성장해 있었다. 성종은 이 인적 자원을 보다 적극적으로 활용하기 위해 언관言官제도를 발전시켰다.

언관이란 공론公論을 거둬들인다는 성리학 이념을 근거로 하급 관료가 기능적 실무에 그치지 않고 국정 전반에 걸쳐 능동적으로 의견을 내놓을 수 있게 한 제도였다. 이로 인해 신진관료와 사림이 조정에서 상당한 힘을 가지게 되었는데, 이것이 훈구 세력과의 충돌로 이어져 성종이 죽은 후 몇 차례 사화士禍가 일어난다.

무오戊午(1498), 갑자甲子(1504), 기묘己卯(1519), 을사乙巳(1545)의 네 차례 사화가 있었다. 그중 사림과 언관이 직접 표적이 된 것은 무오사화와 기묘사화였고, 갑자사화와 을사사화는 권력 상층부 내의 알력에서 빚어진 것이었다. 그러나 이미 역할이 크게 자라나 있던 사림과 언관은 갑자사화와 을사사화에도 널리 연루되어 충격을 받았다.

사화를 겪을 때마다 사림과 언관이 일시 움츠리는 모습을 보이는 동안에도 그 내면의 정치역량은 오히려 성장을 거듭했다. 연산군(1494~1506)이 두 차례 사화를 일으켜 언관과 대신들을 번갈아 탄압했을 때 이로 인해 왕의 도덕적 권위가 오히려 크게 떨어진 것이 그 단적인 예다.

연산군 폐위 후 즉위한 중종(1506~1544)은 떨어진 도덕적 권위를 되살리기 위해 언관을 중심으로 사림을 적극 등용하지 않을 수 없었다. 각 실무부서 보좌관인 낭관郎官들이 언관과 마찬가지로 정책토론에 적극적으로 나서고 인사권에서 대신들의 영향력을 견제하는 '낭관권'을 만들어냈다. 이로써 정치의 마당이 더욱 넓어졌고, 성균관을 중심으로 한 유생들의 발언권도 이 시기에 크게 자라났다.

사림을 기반으로 중종이 추진한 도덕정치를 무너뜨린 것이 기묘사화였다. 이것을 '사화 중의 사화'라 일컫는 것은 '새 정치'를 추구하는 사림의 기세가 절정에 오른 상황에서 '옛 정치'에 발목을 잡힌 극적인 상황이었기 때문이다.

그러나 실상은 발목을 잡혔다기보다 새 정치의 스텝이 제풀에 헝클어진 것으로 볼 수도 있다. 30대의 조광조가 권력 핵심을 장악할 때까지, 새 정치의 지향성은 명확한 반면 진행속도를 조절하는 현실적 장치가 덜 갖춰진 상황이었다. 운전대만 있고 브레이크가 없는 자동차와 같았다고 할 수 있다.

기묘사화 뒤에도 언관·낭관 집단을 중심으로 정치의 마당을 넓히려는 중종의 노력은 계속되었다. 다만 개혁의 궤도 이탈을 막기 위해 국왕 측 통제력을 확보하려는 의도에서 김안로, 윤임 등 외척들이 권신權臣의 위치에서 개입했다.

중종 후기에서 명종(1545~1567) 초기까지 권신정치를 왕권과 재상권의 타협으로 보는 관점이 학계에 많다. 그러나 당시 대신들의 재상권이 확고한 지향성을 가지고 있지 못했던 전후 맥락을 볼 때, 언관 세력의 효과적 통제를 위해 권신들이 왕권을 대신해 나섰던 것으로 보는 해석이 더 그럴싸하다.

성리학을 국가이념으로 삼고 과거제를 통해 향촌 중소지주층을 관료집단에 흡수하는 국가체제는 송나라, 특히 남송(1127~1279)에서 개발되어 명나라에서 전면적으로 채택된 것이었다. 동시대 중국 중심부와 비슷한 사회경제적 조건을 갖춘 건국 당시의 조선은 명나라와 같은 국가체제를 채택했다. 신진관료층의 역할을 키워 이 체제를 활성화하려는 왕조의 노력은 국초 100년간, 성종의 치세까지 꾸준히 계속되었다.

성종 이후 반세기 동안의 간헐적 사화는 성리학적 통치의 주체로서 사림이 자리 잡는 과정의 마지막 진통이었다. 이 과정을 통해 공론의 대표자로서 사림의 권위가 확립되었고, 사림 구성원들은 향촌사회에서 문벌을 형성해 이를 바탕으로 '양반'의 신분을 확보했다.

인재의 평가에서 능력보다 도덕성을 중시하는 풍조가 관료사회에 자리 잡음에 따라 양반의 자격에도 같은 기준이 적용되었다. 16세기 후반부터는 중요한 정치적 절충이 사림 내부의 대결과 타협을 통해 이뤄지게 되며, 당쟁이 그 주된 표현방법이었다.

5

명나라의 천하체제 속에 안정된 자리를 잡은 조선은 200년간 태평세월을 구가했다.
그러나 16세기 말이 되자 새로운 상황이 닥쳤다.
위기는 외부로부터 나타났다.
조선이 깔봐온 오랑캐 여진과 일본이 실력을 키워
명나라 천하체제에 도전하고 나선 것이었다.
명나라가 무너지는 과정에서 조선은 몇 차례 전쟁을 겪었고,
그 과정에서 누적된 내부 모순이 격화되기도 했고 노출되기도 했다.
상공업 발전에 제대로 대응하지 못한 것이 가장 큰 문제였다.
농업사회가 어느 단계에 이르면 산업 다각화의 추세가 일어나게 되어 있다.
조선은 농업국가의 틀에 지나치게 묶여 상공업 발전을 도외시했기 때문에
국가가 경제를 장악하지 못하는 상황에 이르렀다.
지배이념인 성리학이 원리만을 중시하고 현실을 경시하는 경향 때문에
현실 변화를 제대로 수용하지 못한 문제가 있었다.
이에 대한 반성으로 실학의 학풍이 일어났으나
현실정치에 작용할 기회를 많이 가지지 못했다.

북로남왜北虜南倭의 등장

일본은 역사 초기부터 대륙의 선진문물을 한반도를 통해 전수해갔다. 그래서 우리 조상들은 중국을 문명의 나라로 보는 반면 일본을 야만의 나라로 보아왔다. 그러다가 임진왜란을 맞아 국토 대부분을 일사천리로 석권당하는 참패를 겪으면서 충격을 받지 않을 수 없었다. 그리고 그로부터 300년 후에는 중국마저 온 힘을 기울인 전쟁에서 일본에 패배, 동아시아 질서의 근본적 변화를 확인하기에 이른다.

한국과 중국에 비해 미개한 나라였던 일본이 근세에 들어와 강세를 보이게 된 이유를 내부와 외부 양쪽에서 바라볼 수 있다. 내부적으로는 중국문명 섭취가 어느 수준에 이른 시점에서 미개발 상태로 남아 있던 인적·물적 자원을 단기간에 개발하여 경쟁력을 키울 수 있었다. 외부적으로는 16세기 중엽 이후 유럽인의 해상활동 확장에 호응하여 외부 문물을 흡수, 중국 중심 천하체제에서 벗어나는 힘을 가지게 되었다.

변방 세력의 중원 정복은 중국문명권의 확장과정에서 거듭거듭 일어난 현상이다. 중세 이후 요·금·원·청 등 이른바 '정복왕조'는 말할 나위도 없고, 그 이전에 있었던 주나라의 상나라 방벌放伐, 진나라의 천하통일, 그리고 수당 제국의 재통일 등도 모두 변방 세력에 의한 중원 평정으로 이해되는 측면이 있다.

고급문명과 우세한 자원을 가진 중앙부가 열등한 문명수준의 주변부에 제압당한다는 것은 일견 이치에 맞지 않는 현상이다. 예전에는 이것을 중앙부가 문약文弱이나 퇴폐에 빠진 결과로 보는 도덕적 해석이 많았다. 그러나 요즘은 기술적 해석이 더 주목받고 있다.

중앙부와 주변부의 기술 격차가 비교적 줄어든 시점에서 주변부는 미개발 상태로 남아 있던 자원을 급속히 개발하여 효율적으로 동원할 수 있다. 반면 기존 제도와 관습이 강고하게 자리 잡은 중앙부는 절대량에서 우월한 자원을 가지고 있어도 그 용도가 묶여 있는 곳이 많기 때문에 전략적 동원에 한계가 있다는 것이다.

16세기 일본 열도의 인구는 조선의 두 배, 명나라의 7분의 1 정도였다. 10세기에서 17세기 사이에 중국을 정복한 거란, 여진, 몽골 등 북방 민족들에 비하면 월등한 잠재력을 지닌 경제권이었다. 그럼에도 바다로 떨어져 있는 위치 때문에 생산·군사·행정 등 여러 분야의 선진기술 섭취에 뒤져 미개발 상태로 남아 있었다.

13세기 말 몽골·고려 연합군의 정벌이 일본에 큰 변화의 계기가 되었다. 장기간 지속된 긴박한 상황이 일본 사회에 넓고 깊은 자극을 가한 것이었다. 조선술과 항해술을 비롯한 여러 기술 분야에서 비약적 발전이 이뤄지고 경제활동이 널리 촉발되었으며, 정치적으로도 강고한 봉건체제가 형성되었다.

'왜구'倭寇라는 이름은 도둑떼를 연상케 한다. 사실 도둑질도 많이 했다. 그러나 14세기에서 16세기까지 왜구가 하나의 현상으로 나타난 것은 정치 발전이 경제 발전을 따라가지 못하는 상황 때문이었고, 그 기본 기능은 교역이었다.

이 시기에 일본의 은 생산량이 크게 늘어난 것은 은을 화폐로 삼고 있던 명나라의 수요에 부응한 것이었다. 일본인은 이 은을 중국의 선진문물과 바꿔오고 싶었다. 그러나 이것을 명나라가 허락하지 않으므로 해상의 사무역이 번성하게 된 것이었다. 명나라 체제를 벗어난 중국인들도 왜구에 많이 가담했다.

일본인들은 왜구 활동을 통해 외부세계에 대한 지식을 쌓고 명나라 천하체제의 허실을 살필 수 있었다. 소규모 왜구집단들이 한·중 해역을 주름잡을 뿐 아니라 명나라 동남 해안에 위협을 가해 해안 일대 주민을 내륙으로 소개시키게 만들 정도였다면 통일된 정치권력의 영도 아래 정면대결을 벌일 경우 상당한 자신감을 가질 만한 상황이었다. 임진왜란 당시 명나라 조정의 논의를 보면 명나라 측에서도 매우 심각한 위기감을 느끼고 있었음을 알 수 있다. 히데요시의 꿈이 전혀 허황한 것만도 아니었다.

13세기 말 몽골의 침공 이후 또 한 차례 일본의 변화를 가속시킨 외부 자극은 16세기 후반 유럽인들의 진출이었다. 15세기 말부터 시작된 유럽의 대항해시대는 교역 확대에 목적을 둔 것이었다.

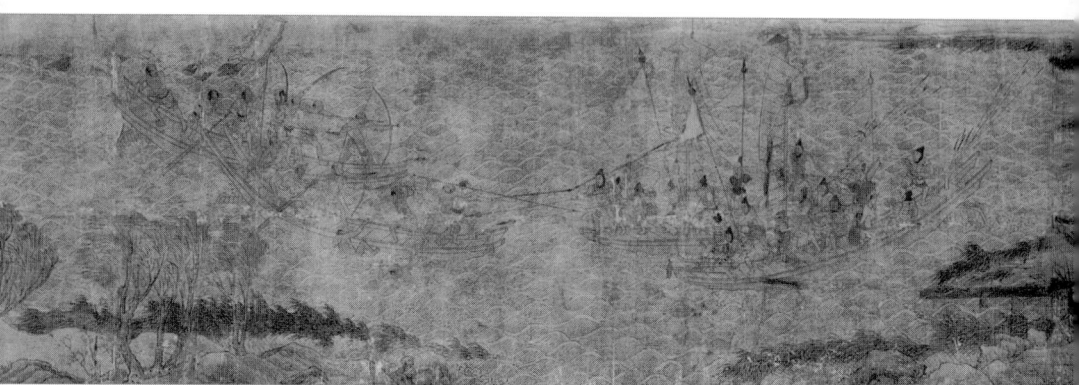
___ 명나라 수군과 왜구의 격전 장면.

　　이 움직임의 최전방에서 지구 반대쪽까지 찾아온 유럽인들은 한 차례 왕복에 3년씩 걸리는 본국과의 교역보다 현지 중개무역에 갈수록 더 많은 비중을 두게 되었다. 그래서 16세기 후반에는 동인도제도부터 중국과 일본, 그리고 멀리 아메리카 식민지까지 이어지는 교역망이 만들어지기에 이른다.

　　16세기 초 유럽인들이 아시아에 진출했을 때 첫째 목표로 삼은 곳은 향료의 산지인 동인도제도였다. 당시 유럽이 아시아에서 수입하는 가장 중요한 상품이 향료였기 때문이다.

　　그후 현지의 중개무역 활동이 늘어나면서 인근의 거대한 경제권인 중국에 유럽의 관심이 쏠렸다. 그러나 명나라가 대외관계에 소극적이었기 때문에 중국을 상대로 한 교역은 빠르게 늘어나지 못하고 있었다. 그런데 더 멀리 있던 일본은 1540년대 초 유럽인의 발길이 닿자마자 맹렬한 기세로 그들을 끌어들였다.

　　당시 정치적으로 분열상태에 있던 일본의 일부 영주들은 유럽 무역선을 자기 영지로 끌어들이기 위해 백성들을 대거 기독교로 개종시키기까지 했다. 선교사들마저 놀란 기적과 같은 성과였다. 이들의 적극적인 태도는 경제적 이익을 위한 것이었고, 그 배경에는 유럽인의 진출이 마침 교역 확대를 바라고 있던 일본 사회의 욕구에 부합하는 것이었다는 사실이 깔려 있었다.

유럽 선박이 마카오와 일본 사이를 정기적으로 오가며 교역활동을 벌이게 되었는데, 이것을 일본에서는 '구로후네'黑船라 불렀다. 이를 통해 총포 등 서양 문물이 일본에 유입되어 충격을 일으켰음이 널리 지적되어왔거니와, 더욱 중요한 것은 전반적 교역 증대였다. 구로후네에 실린 짐 중 유럽 제품은 얼마 되지 않았다. 유럽과의 무역보다 중국과 일본 사이의 중개무역이 구로후네의 일차적 역할이었다.

16세기 중엽 왜구 활동이 크게 일어났다가 1560년대를 지나면서 급격히 가라앉은 것도 교역의 수요를 구로후네가 넘겨받은 까닭으로 보인다. 왜구에 비해 구로후네는 비용이 적게 드는 무역 통로였다. 무역의 증대는 일본 경제를 크게 발전시켰고, 여기에 새로운 군사기술이 더해져 정치권력의 급속한 통일이 이뤄졌다.

일본 통일의 길을 연 오다 노부나가織田信長가 1582년에 죽고 그 휘하의 일개 장수였던 도요토미 히데요시豊臣秀吉가 1590년까지 일본 사상 최대의 권력을 세웠다. 그러나 아직 진정한 통일이라고는 할 수 없었다. 많은 영주들을 회유하거나 협박하여 평정했다고는 할 수 있으나 완전히 지배하는 위치에는 서지 못하고 있었다.

1592년 히데요시가 명나라 정벌을 내세워 임진왜란을 일으킨 일차적 목적은 일본 국내 통치체제를 공고히 하는 데 있었다. 그러나 중국과의 관계를 조정하려는 목적도 또한 있었던 것으로 보인다.

　14세기 이후 일본 경제에서 중국과의 무역이 가지는 중요성은 계속 커져갔다. 특히 16세기 후반에는 유럽인의 활동에 힘입어 이 중요성이 더욱 두드러지게 되었다. 히데요시가 1587년 규슈의 시마즈 영주를 정벌하고 기독교 금지령을 내린 것은 중국 교역의 독점을 깨뜨리기 위해서였다. 국내 평정 후 히데요시에게 대외무역 장악이 중요한 과제였음은 1592년 이후의 공무역을 위한 주인선朱印船 운영에서 알아볼 수 있다.

　중국과 인도를 정복한 다음 천황을 북경에 모셔놓고 자신은 양자강 어귀의 영파(寧波, 닝보)에 자리 잡는 것이 히데요시의 꿈이었다고 한다. 희대의 전략가 히데요시가 중국 정복을 그처럼 식은 죽 먹기로 여겼을 리는 없다. 아마 명나라의 쇠퇴를 간파한 그가 일본을 명나라와 대등한 위치로 끌어올리고 조선, 류큐琉球, 대만 등 중간지역에서 유리한 위치를 확보하는 데 목적을 두었을 것이다. 영파라는 위치를 생각한 것은 그의 해외 정세 파악이 왜구 활동에 바탕을 둔 것이었기 때문으로 보인다.

　결국 임진왜란은 일본의 실패로 끝났다. 그러나 중국 문물 도입이라는 목적은 상당히 이뤄졌다. 무엇보다 조선에서 탈취해온 서적과 활자가 도쿠가와 시대 급속한 학술 발달과 보급을 통해 향후 일본의 진로에 큰 영향을 미치게 된다.

조선의 가까운 이웃 일본과 만주족이 16세기 말 동아시아 지역에서 두드러지게 힘을 키운 두 신흥 세력이었다. 명·조선 중화체제에 일본이 도전했을 때 만주의 누르하치가 2만 병력으로 조선을 지원하겠다고 제안한 것은 흥미로운 대목이다. 명나라와의 관계를 절대적으로 앞세운 조선은 당연히 그 제안을 거절했지만, 그로부터 20여 년 후 명나라와 만주족 사이에서 시달리게 된다.

일본은 명나라 천하체제를 한번 흔들어본 다음 자기 자리로 돌아가 내부정비 단계로 들어갔다. 반면 만주족의 청나라는 중국을 정복하여 지배하기에 이르렀다. 그 결과 만주족과 그 고토는 중국의 일부로 흡수된 반면, 일본은 천하체제의 외곽에 머물러 있다가 19세기 중엽 이후 유럽 제국주의의 침략에 독특한 반응을 보이게 되었다.

16세기 말에서 17세기 초에 걸쳐 한쪽 이웃은 천하체제를 뒤흔들러 나서고 또 한쪽 이웃은 천하체제를 뒤집어놓기에 이르는 동안 조선은 무기력하게 당하기만 했다. 인구와 경제력이 일본에 비해 큰 손색이 없고, 만주족에 비해서는 월등하게 컸던 조선이 이렇게 약한 모습을 보인 것은 무슨 까닭이었을까? 또 그 모두보다 엄청나게 덩치가 큰 명나라가 이들의 도전에 그토록 쉽게 흔들리고 무너진 것은 무슨 까닭이었을까?

일본과 만주족의 도전이 거셌던 것은 그 자체의 역량이 커서라기보다 명나라 체제가 한계에 도달했기 때문이었다. 임진왜란에 동원된 일본 병력은 15만에서 20만 사이였다. 1616년 누르하치가 후금을 세울 때 병력도 그 수준이었다. 중화제국이 제대로 돌아갈 때 같으면 큰 위협으로 느끼지 않을 규모의 도전이었다.

레이 황Ray Huang의 『1587 만력 15년 아무 일도 없었던 해』가 이 시기 명나라의 상황을 여실하게 보여준다. 절대권력 체제가 마비상태에 빠져 있는 모습이다. 명나라는 결국 외부의 적 청나라보다 내부의 적 농민반란군에게 북경이 함락되면서 끝을 맺고 만다. 명나라가 내부 붕괴로 무너지고 그 공백으로 만주족이 끌려 들어온 것이다.

16세기에서 17세기로 넘어오는 시점에서 조선의 국력은 일본보다 못하지 않았고 만주족보다 월등했다. 그러나 문명 선진국인 조선에는 새로 개발할 미개발 자원이 별로 없었고, 따라서 전략적 동원을 위한 여유가 적었다. 그리고 수백 년간 중국문명을 남김없이 들여와 향유하고 있던 조선에게는 정세 변화에 응해 능동적 변화를 일으킬 동기도 없고 계기도 없었다. 조선은 도전의 대상이 된 중국 중심 천하체제의 일부가 되어 있었던 것이다.

따라서 임진왜란의 원인을 조선에서 찾을 여지는 별로 없다. 다만 그 결과를 논할 수 있을 뿐이다. 거의 전 국토가 전화에 시달린 후 조선의 국가체제는 큰 변화 없이 지켜졌지만, 사회경제적 현실에는 엄청난 변화가 일어났다.

가장 큰 변화가 상업활동의 증대였다. 명나라 군대가 조선에 왔을 때 조선의 시장경제와 화폐경제가 미비한 상태여서 군수품 조달에 큰 어려움을 겪었다고 한다. 조선이 건국 이래 토지의 사유조차 극도로 억제하면서 성리학적 질서에 입각한 향촌사회 안정정책을 펴온 결과였다. 전쟁으로 인해 향촌사회의 자급자족도가 낮아진 상황에서 명나라 군대의 장기 주둔 등 새로운 자극들이 겹쳐져 상업활동 증가를 촉진했다.

임진왜란 전까지 조선 사회에는 기술 발달과 인구 증가 등 상업 발전을 위한 조건들이 축적되어왔다. 이런 조건들을 억누르며 200년간 도덕정치 체제를 유지한 것은 대단히 성공적인 국가 운영이었다고 할 수 있다. 왜란으로 체제의 기반이 무너지면서, 이제 누적된 변화에 적응해야 하는 과제가 조선에 주어진 것이었다.

광해군,
임금에게는 무능도 죄

조선조 스물일곱 임금 중 힘으로 왕위에서 쫓겨난 왕이 셋이다. 그중 노산군은 잘못도 없이 숙부인 세조에게 쫓겨난 사정이 억울하다고 인정되어 나중에 단종이라는 묘호를 받았다. 나머지 둘 연산군과 광해군은 왕조가 멸망할 때까지 명예회복을 못한 채 폭군과 혼주昏主의 위치에 머물러 있었다.

연산군(1494~1506)에게는 엽기적이라 할 만한 행적이 많다. 범죄 종류로 보면 파렴치범에 속할 것이며, 왕조가 끝나기 전에도 후에도 그의 복권을 주장한 사람이 없다.

그 100여 년 후의 광해군(1608~1623)은 정치범이다. 그의 죄악이라는 것은 정치적 판단에 따라 합리적으로 선택할 수 있는 범위의 행동들이었다. 그를 축출한 서인 세력이 왕조 말까지 세력을 지키고 있었기 때문에 그의 복권이 제기되지 못했지만, 새로운 평가가 1930년대 이후 활발하게 나오고 있다.

1623년 5월 광해군을 쫓아낸 거사 세력은 인목대비의 입을 빌려 광해군의 죄 세 가지를 들면서 거사의 정당성을 주장했다. 첫째는 어미를 폐하고 동생을 죽임으로써 인륜을 등졌다는 것, 둘째는 궁궐 조영 등에 너무 힘을 들여 백성을 괴롭혔다는 것, 그리고 셋째는 후금과 내통하여 명나라의 재조지은再造之恩을 저버리고 불충의 죄를 지었다는 것이었다. 도덕성, 민생 문제, 국제관계의 잘못이 망라된 것이다.

가장 선정적인 죄목 '폐모살제'廢母殺弟부터 살펴보자. 명목상 어미라 하지만 선조 말년에 맞아들인 인목대비는 광해군 자신보다 여러 살 젊은 계모였다. 그리고 광해군의 반대자들이 인목대비를 바라보고 모여드는 경향이 분명히 있었다.

인목대비 자신도 광해군에 맞서는 권위를 스스로 확보하고자 했다. 광해군이 즉위하던 날 인목대비는 선조의 '유교'遺敎를 발표했다. 선조가 죽기 전 대신 몇 사람에게 자기 소생의 영창군을 부탁했다고 하는 것이었다. 이것은 광해군과 별도의 정치적 권위를 행사하겠다는 의사표시였다. 자신이 대비로서 권위를 행사할 뿐 아니라 영창군까지 선왕의 적자嫡子로서 독자적 권위를 누리게 하겠다는 선언이었다.

유교를 받은 대신 중 우두머리였던 영의정 유영경은 병석에 누워 있던 선조가 광해군에게 섭정을 맡기려는 것을 가로막는 등 광해군을 음해한 죄로 곧 처벌을 받았다. 그처럼 두드러진 행동을 하지 않았더라도 눈치를 보며 인목대비와 영창군에게 줄을 서려는 사람들이 적지 않았다. 50줄에 접어든 선조가 굳이 새 왕비를 맞아들여 영창군을 얻을 때부터 세자를 바꿀 뜻이 있지 않나 하는 의혹이 파다했기 때문이었다.

광해군의 원천적 약점은 적자도 아니고 장자도 아니면서 세자가 됐다는 사실이었다. 임진왜란이 터지고 며칠 만에 마지노선이었던 충주 방어선이 무너지자 조정이 공황상태에 빠졌다. 몽진蒙塵을 결정하면서 왕실의 영도력을 키우기 위해 세자를 세우자는 얘기가 나오자 그 자리에서 광해군이 바로 세자로 결정됐다.

정상적인 상황에서는 정해져 있는 후보를 놓고도 절차를 밟는 데만 몇 달이 걸리는 일이었으니, 얼마나 황급한 상황이었는지 알 수 있다. 당시 선조에게 적자는 없고 서자만 열셋이 있었는데, 첫째 임해군의 평판이 워낙 신통찮았기 때문에 둘째 광해군으로 아무 반대 없이 결정된 것이었다.

세자가 되고부터 왕위에 오를 때까지 무려 16년의 세월이 있었으니, 이 사이에 부왕과의 관계를 비롯해 세자의 위치에 상당한 굴곡이 없을 수 없었다. 전쟁 중에는 세자 역할을 잘 수행해서 신하들과 명나라 장군들의 지지를 너무 많이 받는 바람에 부왕의 마음을 불편하게 만들 정도였다. 그런데 전쟁이 끝난 후 몇 년 동안 여러 차례 주청奏請에도 불구하고 명나라에서 세자 책봉을 승인해주지 않는 가운데 선조가 새 왕비로부터 적자 영창군을 얻자 광해군의 위치가 흔들리게 된 것이었다.

선조가 죽고 광해군이 즉위한 1608년 초 당시만 해도 광해군에게 유리한 분위기가 아니었다. 1월 18일 사림의 원로 정인홍이 광해군에게 왕위를 넘기라는 상소를 올린 것이 선조의 노여움을 사 정인홍은 귀양길에 오르고 광해군은 '세자' 명목으로 문안 오지 말라는 박대를 받고 있던 중 2월 1일 선조가 죽었다. 광해군은 그 이튿날 왕위에 올랐다.

즉위 초 광해군은 자신을 적대했던 사람들 가운데 유영경 등 두드러진 행동을 한 몇 사람 외에는 문제를 확산시키지 않으려 애썼다. 불리한 여건에서 어렵사리 왕위에 오른 처지에 시끄러운 문제를 가능한 한 피하려는 조심성 때문이었을 것이다. 하지만 이후 조정 운영에서 본다면, 지난날에 얽매이지 않고 당파를 초월해 유능한 인재를 총동원하려는 나름대로의 탕평책을 시도한 것이라고 이해할 수도 있다.

광해군은 조정 운영에서 유화적 태도를 지키며 대동법 시행 등 민생 문제에 전념하려 했다. 그런데 대동법이 완강한 저항에 부딪히는 등 정책 시행이 순조롭지 않은 가운데 1612년과 1613년 역모사건이 연이어 터지면서 유화적 태도를 버리고 왕권 확립에 전념하는 살벌한 탄핵 정국으로 넘어가게 된다.

광해군 폐위 후 집권 세력은 두 역모사건이 조작되거나 과장된 것이었다고 주장했다. 그러나 이것도 한쪽으로 치우친 주장이다. 광해군의 내외 정책은 시대 변화에 따라 큰 틀을 바꾸는 방향이었고, 이에 대해 체제 유지를 바라는 반대자들이 널리 존재했다. 그리고 그들에게 영창군은 적통을 상징하는 뚜렷한 대안이었다.

1623년 반정이 일어났을 때 만약 영창군이 살아 있었다면 당연히 그가 왕으로 추대되었을 것이다. 어느 시대 어느 곳의 군주제에서도 왕위 계승 가능성이 있는 사람에게는 엄격한 책임이 따랐다. 적극적 획책은 말할 것도 없고, 불온 세력의 지지를 받을 빌미를 만들지 않도록 조심할 책임이 있었다. 인목대비와 그 아비 김제남이 적어도 이 소극적 책임을 지키지 못한 것은 분명한 일이다.

불온한 조짐에 어떤 대응이든 대응을 하는 것은 마땅한 일이다. 문제는 대응 수준의 적정성에 있다.

인목대비를 폐하고 그 아비에게 사약을 내린 일은 그들의 과오가 어느 정도였는지 정치적 입장에 따라 기록이 엇갈리기 때문에 판단하기 힘들다. 그러나 한번 심판했던 유영경을 4년 후 다시 심판해 부관참시라는 극렬한 처분을 내린 것이나, 영창군이 죽은 뒤 책임 소재를 분명히 하지 않은 것을 보면 대응 기준이 불안정했다는 사실을 알 수 있다.

1619년 북방 문제가 긴박해지자 광해군은 6년 전 축출했던 서인과 남인 계열 대신과 인재들을 다시 등용하려 했다. 이때 정권을 독점하고 있던 대북파가 그들의 불충함을 들어 이에 반대하자 광해군은 이제 김제남을 그만 써먹으라고 일갈한다. 광해군의 의식 속에서 역모사건을 둘러싼 탄핵정국에는 정권 운용을 위한 책략의 의미가 있었던 것이다.

광해군의 둘째 죄과로 지목된 내치의 실정은 쉽게 판단할 수 없는 문제다. 궁궐 조영 등 토목 사업을 과도하게 벌여 민생을 도탄에 빠뜨렸다는 것인데, '과도'하다는 것을 어떤 기준에서 판단할 것인가?

전란 후 경제와 사회의 혼란을 수습하기 위해 대규모 국책 사업을 벌이는 것은 일견 타당한 정책이다. 피폐한 민생을 개선하기 위해 광해군이 대동법 등 여러 가지 적극적 시책을 편 데 비추어보면 그가 민생을 도외시하고 사치만을 추구했다는 것은 상상하기 어려운 일이다. 설령 정책의 설정과 시행에 적절하지 못한 점이 얼마간 있었다 하더라도 그런 것이 임금을 쫓아낼 충분조건이 될 수는 없었을 것이다.

___ **광해군의 묘**   광해군의 실패는 사림의 정치적 욕구를 적절히 조정하지 못한 데 원인이 있었다.

셋째 죄과로 지목된 대외정책 문제가 조선 역사의 굴곡을 살피는 현대인에게 가장 흥미롭게 보이는 것이다. 명청明淸 교체를 눈앞에 둔 시점에서 그 틈바구니에 끼인 조선이 두 나라를 어떻게 상대했는지 살펴보면 중국왕조와의 관계에 대한 당시 조선의 인식이 어디에 바탕을 두고 있었는지 알아볼 수 있다.

광해군을 축출한 서인 세력은 명나라에 충성을 다한다는 명분론을 주장했다. 이 명분론이 인조 조정을 지배했기 때문에 청나라에 대항하는 강경책으로 일관, 정묘호란과 병자호란을 초래했다. 그후에도 서인 세력의 후예들이 계속해서 조선의 정권을 장악해 청나라와의 관계에 상당한 제약을 주었다. 광해군의 대외정책은 이례적으로 현실주의적 측면을 보여주는 것이었다.

광해군 폐위의 세 가지 명분은 어느 것도 확고한 타당성이 없다. 명분보다는 현실정치의 관점에서 이해해야 할 일이다.

조선 초부터 정치사회적 권위를 키워온 사림은 16세기 중엽 명종(1545~1567) 때부터 도덕정치의 주체로 자리 잡고 있다가 임진왜란 중 그 위상이 더욱 강화되었다. 훈구파의 사회경제적 기반이 전쟁으로 인해 손상된 반면 사림은 의병활동을 통해 위신을 더욱 높였기 때문이다. 광해군의 실패는 사림의 정치적 욕구를 전란으로 야기된 현실적 필요에 부응하도록 적절히 조정하지 못한 데 원인이 있었다.

광해군은 즉위 초에, 그리고 후금의 위협이 드러난 1619년 이후에 당파를 초월하는 유화정책을 시도했다. 사림의 정치적 중요성을 인정하면서 현실정치의 제반 과제를 인식했기 때문이었다. 그러나 두 차례 시도가 모두 현실의 제약으로 인해 좌절되었다.

즉위 초의 시도는 불안한 왕위의 정통성 문제를 극단적 지지파와 반대파가 함께 증폭시키는 바람에 수포로 돌아갔다. 그의 지지파는 왕권의 절대화를 주장한 반면 반대파는 왕의 자격을 인정하지 않으려 했기 때문에 현실 문제에 대한 접근이 이뤄질 수 없었다.

말기의 시도는 명청 교체라는 특단의 상황 앞에 물거품이 되었다. 성리학적 명분을 관철시킬 수 없는 현실상황으로 인해 공론公論을 통한 정국 운영이 불가능했던 것이다.

인조반정은 그리 치밀하게 준비된 거사도 아니었고 병력 동원도 많지 않았다. 광해군 정권을 지키기 위한 치열한 방위가 없었기 때문에 허망하게 넘어가고 만 것이었다. 광해군 실패의 원인이 반대파가 강한 데보다 지지층이 무너진 데 있었음을 알아볼 수 있다.

광해군 축출 세력이 내세운 명분이 취약한 것이었기 때문에 왕조 끝까지 복권을 얻지 못한 그에 대한 동정심에서 거꾸로 그를 과대평가 하는 경향도 적지 않다. 그러나 그의 정치력에 한계가 있었다는 점은 지적하지 않을 수 없다.

이승만이 김구 암살 조종 혐의를 받은 것은 암살범을 비호했기 때문이었다. 영창군 살해 책임을 광해군이 제대로 밝히지 못한 것은 군주로서 자격을 스스로 손상시킨 일이었다. 그리고 대북 일파의 정권 독점은 다른 당파들을 왕권에 대한 비협조 내지 반대로 내몰았다. 이것은 그후의 당쟁이 상당 기간 비생산적 양상을 보이는 조건이 되었다.

조선의 왕권은 임진왜란으로 인해 큰 타격을 받았다. 선조는 장기간(1567~1608) 재위했기 때문에 관성의 힘으로 어느 정도 권위를 지킬 수 있었다. 그러나 그 뒤를 잇는 왕은 설령 광해군처럼 서자가 아니라도 자신의 정치력으로 스스로 권위를 세워야 할 부담을 안고 있었다. 광해군의 실패로 인해 조선의 왕권은 유명무실한 상태에 빠졌다가 50년 후 숙종(1674~1720) 때에 가서야 서서히 회복되기 시작한다.

명청 교체,
사대도 손발이 맞아야

기원전 2세기에 진한秦漢 제국이 천하체제를 이룩한 후 중국은 천하의 주인을 자처해왔다. 그러나 중화제국은 수백 년을 주기로 오랑캐의 정복을 당했다. 그런데 중국을 정복하고 지배한 오랑캐는 이를 계기로 중국에 흡수되었고, 그 결과 오늘날 중국의 구성원이 되어 있다. 그 마지막 주인공이 청나라를 세운 만주족이다.

고려 초부터 반도의 북방에서 동북방에 걸쳐 존재한 것으로 나타나는 여진이 만주족의 전신이다. 더 앞서서는 숙신, 말갈 등의 이름으로 불린 제 종족의 흐름에서 나온 것으로 보이며, 한민족과 오랫동안 가장 가까이 지내온 이웃이다.

여진은 12세기 초에 금나라를 세워 송나라를 굴복시키고 북중국을 석권했으나 100여 년 만에 몽골에 멸망당했다. 금나라를 지배하러 중원에 들어갔던 여진은 대개 몽골과 한족에 흡수된 것으로 보인다. 한편 만주의 원래 거주지에 남아 있던 여진은 조선 초까지 낮은 문화수준에 머물러 있으면서 대규모 정치조직을 이루지 못하고 있었다.

만주 지역에는 비옥하고 넓은 평야가 많으나 한랭한 기후 때문에 농업기술 수준이 낮은 시절에는 개발에 한계가 있었다. 11~12세기에 중국에서 일어난 농업혁명으로 크게 발전한 농업기술이 전해지면서 만주 지역이 급속한 개발의 길에 들어섰다.

만주의 서부지역, 요하 유역은 명나라가 1375년 이래 요동도사遼東都司를 두어 일종의 군정軍政을 통해 직접 통치하였으나 북부와 동부지역의 여진 부족들은 조공-책봉 관계를 통해 간접적으로 통제했다. 1409년 설치된 노아간도사奴兒干都司는 특히 원격지의 부족들을 느슨하게 관할하는 역할을 맡았다. 여진 부족들은 멀고 가까운 위치에서 두 도사를 통해 중국 문물을 꾸준히 흡수할 수 있었다.

조선 역시 여진 부족들의 발달에 도움을 주었다. 조선 건국 후 많은 여진 부족들이 조선에 조공을 바치고 호시互市를 통해 교역을 하면서 후진지역이던 동부 만주 지역에도 농업이 발달하게 되었다. 『성종실록』成宗實錄 23년(1491)조에 "야인野人은 사렵射獵할 줄만 알았지 농경農耕에는 종사하지 않다가 근래에 이르러 농경農耕이 상당히 발전하였다고 하는데, 그 농기農器는 모두 우리나라에서 나간 것이다"라는 기록이 있다.

15~16세기를 통해 농업발전으로 인한 생산력 증대가 만주 지역의 정세 변화를 가져왔다. 요동도사의 통치를 받던 서부지역은 중국의 새로운 곡창으로 자라났고, 산업이 빈약하던 동부지역의 경제조건에도

큰 변화가 일어났다. 제철·조선·직조 등의 기술이 이 시기에 만주 동부지역에 널리 보급되었다. 예를 들어 15세기에 여진족은 조선으로 삼麻을 수출하면서 베麻布를 수입하고 있었으나 16세기에는 베를 대량으로 수출하고 있었다.

그런데 명나라도 조선도 이 지역의 변화에 적극적으로 대응하는 정책을 만들어내지 못했다. 누르하치는 1580년대에 세력을 모으기 시작했고, 1616년 후금 건국을 선포할 때까지 명나라와의 책봉관계를 세력 확장의 발판으로 이용했다.

후금을 세울 때 누르하치의 야심이 천하 정복에 있었다고는 상상하기 힘들다. 1618년 그가 7대한七大恨을 내세우며 명나라 요동도사를 공격한 것은 명나라 관헌과 지방 세력의 압제에서 벗어나 독립을 얻겠다는 뜻이었다. 조선 수준의 독립성을 확보하면 당시의 후금으로서는 만족하고도 남았을 것이다.

그런데 명나라는 이에 강경하게 대응해 대규모 정벌군을 일으켰다가 1619년 싸얼후薩爾滸 전투에서 참패하여 걷잡을 수 없는 곤경에 빠지고 만다. 국내 정치의 불안정을 군사적 승리로 덮으려다가 오히려 내우와 외환의 상승작용이 극한에 이르게 된 것이었다.

싸얼후 전투를 앞두고 명나라가 조선에 출병을 요청했을 때 광해군은 온건한 대책을 명나라에 건의하려 했다. 일본처럼 정면으로 대든 나라와도 타협하여 조공-책봉 관계를 맺는 터에 국지적 소란을 일으키기 시작한 후금을 섬멸하겠다고 무리하게 달려들 필요가 없다는 것이었다. 임진왜란으로 인해 조선과 만주가 모두 피폐한 상황에서 합리적인 관점이라 할 수 있다. 나중에 명나라 장군 웅정필熊廷弼이 "조선이 중국을 염려해주는 것이 중국이 스스로 염려하는 것보다 낫다"고 한 것이 이 관점에 대한 평가였다.

싸얼후 전투에 참전한 강홍립에게 전투에 소극적으로 임하다가 기회를 보아 투항하라는 비밀 명령을 광해군이 내렸다는 주장은 사실 여부를 확인할 길이 없다. 광해군 폐위의 명분을 주장하기 위해 그를 축출한 쪽에서 내놓은 주장이기 때문이다. 그러나 광해군이 후금

___ **누르하치** 그에게 천하 정복의 꿈이 있었을까?

과의 관계를 조심스럽게 다루려고 노력한 것은 분명한 사실이다.

광해군은 일본과의 관계 정상화를 위해서도 노력했다. 임진왜란을 통해 명나라의 대응력 한계를 절감한 그는 일본이든 후금이든 실체를 인정해주고 합리적 다자관계를 맺는 것이 당시 국제관계의 불가피한 추세라고 내다보았다.

1623년 광해군이 축출되고 인조 조정이 '숭명배금'崇明排金을 내세운 결과 1627년 후금 군대의 침공을 당했다. 정묘호란이었다. 그런데 이때까지도 후금은 천하의 패권을 바라보지 않고 있었다. 조선의 항복을 받으면서도 명나라에 대한 조선의 사대관계를 근본적으로 문제 삼지 않았다.

1636년 후금은 '대청'大淸으로 국호를 바꿨다. 그리고 병자호란을 일으켜 조선을 다시 침공했다. 이번에는 조선과의 사대관계를 명나라

로부터 빼앗으려는 목적이었다.

그러나 이 시점에서도 청나라 지도자들에게 과연 천하를 차지할 야심이 있었는지는 단언하기 어려운 문제다. 요나라와 금나라가 송나라를 그대로 놓아둔 채 세폐歲幣를 거두던 것이 원나라처럼 천하를 모두 다스리는 것보다 유리한 길이라고 판단했을 수도 있다. 아무튼 이제 청나라가 최소한 명나라와 대등한 위치를 주장하게 되었고, 조선을 명나라 천하에서 빼앗아 자기네 천하에 넣으려 한 것이었다.

병자호란을 종결지은 강화조약에서 조선은 막대한 양의 세폐를 청나라에 보내기로 했다. 그러나 7년 후 청나라가 천하를 차지한 후에는 세폐 요구가 크게 줄어들었다. 최초의 세폐는 30만 냥의 가치에 달했으나 입관入關 후에는 11만 냥으로 줄어들었다는 연구가 있다. 입관 전의 청나라는 조공국을 착취 대상으로만 인식한 반면 입관 후에는 합리적이고 항구적인 조공관계를 바라보게 되었음을 알 수 있다.

명나라는 청나라의 도전 때문이 아니라 내부 치안에 실패해 쓰러졌다. 이자성李自成의 농민반란군에게 북경이 유린당하면서 왕조가 끝난 것이었다. 물론 청나라와의 군사적 대치가 명나라의 위기를 재촉한 것은 사실이다. 그러나 그것도 1616년 후금 건국 후 명나라가 자해自害 수준의 어리석은 정책을 계속한 결과였다.

명청 교체의 와중에서 홍승주洪承疇와 같은 인물의 행적이 눈길을 끈다. 그는 1642년 명나라 주력부대 13만을 이끌고 청나라 군대를 막다가 패전하여 항복한 뒤 청나라 신하가 되었다. 청나라의 중국 통치가 순조롭게 자리 잡는 데 가장 큰 공로를 세운 인물의 하나로 꼽힌다.

홍승주는 한간漢奸(중국의 매국노)이라는 손가락질을 많이 받았다. 그러나 항복 전에도 후에도 관리로서 별 오점을 남기지 않은 이 인물을 충성 기준의 흑백론으로 몰아붙이고 말 일이 아니다. 명나라가 천하를 잘 이끌어나갈 전망이 무너지고 있을 때, 청나라에서 새로운 희망을 찾은 사람들은 홍승주 외에도 많았을 것이다.

앞서의 정복왕조 원나라는 유라시아 대륙을 휩쓴 몽골인이 세운 것이었고 그 중국 정복도 60여 년에 걸친 긴 사업이었다. 그리고 원나라는 중국에 없었던 새로운 천하체제를 세웠다.

반면 청나라는 1638년 중원 공격을 시작한 불과 6년 후 관내에 거점 하나 마련하지 못한 상태에서 천하를 넘겨받았다. 청나라는 명나라가 무너진 공백으로 끌려들어온 셈이었고, 명나라의 천하체제를 거의 그대로 복원했다. 홍승주와 같은 '변절자'들이 왕조는 등졌어도 천하의 질서만은 지키고자 애쓴 결과라 할 것인지.

조선 조정에서는 '숭명배청'崇明排淸의 분위기가 명나라 멸망 후에도 오랫동안 계속되었다. 입관 전의 청나라는 이를 문제 삼아 1640년과 1642년 소위 심옥瀋獄을 일으켜 반청 세력을 숙청하기도 했다. 혐의자들을 청나라 수도 심양으로 소환해 조사한 것이었다. 그러나 입관 후에는 대국다운 대범한 태도로 바꿔 조선에 대한 내정간섭을 거의 하지 않게 된다.

대다수 중국인이 청나라 체제를 순순히 받아들인 오랜 후까지도 조선 조정에는 청나라에 대한 강한 반감이 남아 있었다. 조선이 '호란'을 심하게 겪은 탓도 있지만, 당시의 조선이 중국보다도 더 굳건한 성리학적 명분론에 지배되고 있었다는 사실에 더 큰 이유가 있다. 명분론의 압력은 청나라와의 관계만이 아니라 상업 발달 등 조선 내부의 변화를 억제하는 방향의 관성으로도 오랫동안 작용했다.

환국換局도 당쟁,
탕평蕩平도 당쟁

16세기 후반에서 17세기 전반에 걸쳐 동아시아의 정치구조에는 많은 변화가 일어났다. 일본에서는 센고쿠戰國의 내전상황이 극도로 가열되었다가 오다 노부나가, 도요토미 히데요시, 도쿠가와 이에야스를 거치면서 강화된 패권이 바쿠후 체제로 정리되었다. 일본 열도 전체를 통치하는 안정된 중앙집권체제가 처음으로 나타난 것이었다.

중국에서는 청나라가 명나라를 대체하면서 복합국가의 성격이 강화되었다. 중국 내부의 통치체제에는 큰 변화가 없었다. 그러나 청나라 황제는 중국 황제와 북방민족의 칸可汗을 겸하는 존재였고, 그가 군림하는 천하는 해금海禁으로 묶여 있던 명나라 천하보다 훨씬 개방적이었다.

변화의 배경에는 16세기 내내 계속된 전 지구적 규모의 시장 확대와 교역 증대가 있었다.

몽골 제국이 무너진 14세기 이래 동아시아의 명나라와 서아시아의 터키 제국에서는 안정된 조건 속에서 대규모 시장이 자라났다. 15세기 후반 이후 유럽인의 해상활동은 그 재부財富에 이끌려 촉발된 것이었으며, 그 결과 동남아시아 지역을 중심으로 국제적 무역시장이 자라났다. 중앙집권체제를 탄생시킨 일본의 급속한 경제 발전도, 명나라의 폐쇄적 천하체제를 좌초시킨 원심력의 증대도 모두 그 여파였다.

조선 역시 이 무렵까지 축적된 사회경제적 변화로 체제 변화가 요구되는 상황이었다. 그러나 일본과 중국처럼 국가구조를 재편하는 수준의 변화를 겪지는 않고, 왜란과 호란의 위기에 대응하는 과정을 통해 제한된 범위에서 정치구조와 제도의 변화를 이루었을 뿐이다. 제도 면에서는 대동법과 균역법 등 조세제도의 변화가 있었고, 정치구조에서는 당쟁이 정치 운영의 중심 기제로 자리 잡았다.

사림은 조선 전기를 통해 정치의 주체로 성장했다. 모내기, 거름 등 새로운 농업기술의 개발과 보급, 그리고 새 경작지의 개간을 통해 농업 생산력 향상에 앞장선 중소지주층이 사림의 경제적 배경이었고, 과거제를 통해 획득한 권력과 위신이 그 정치사회적 기반이었다. 임진왜란 전까지는 생산력 성장이 계속되고 있었고 사림의 정치적 역할도 확대되고 있었기 때문에 사림 내부에 근본적 모순이 발생하지 않고 있었다.

그러나 왜란 이후에는 외교와 내정 양쪽에서 긴박한 과제들이 제기됨에 따라 도덕정치의 원리보다 국정 수행의 효율성이 더 중요해졌다. 그에 따라 특정 정파가 정권을 독과점하는 현상이 나타나기 시작했다.

한편 향촌의 생산력 발전이 둔화되면서 사림의 배경인 양반계층 내부의 경쟁이 서로 빼앗고 빼앗기는 제로섬게임의 양상으로 접어들었다. 그 결과 사림의 여러 파벌이 고정된 진영을 만들어 지속적 항쟁을 벌이게 되었다. 이것이 17~18세기 조선 정국을 지배한 당쟁의 모습으로 나타난 것이었다.

본격적 당쟁은 광해군 때 대북파의 정권 독점에서 시작되었다. 전란 후 민생 안정과 왕실 권위의 회복, 그리고 새로운 국제상황에 대한 대응 등 긴박한 현실과제들이 쌓여 있는 한편에서 왕위 계승의 정통성에 문제를 제기하는 세력이 나타나는 상황이었다. 이 상황을 정면 돌파하기 위해 광해군이 권력 집중을 꾀한 것이었다. 그런데 이 조치가 소외된 파벌들의 불만을 널리 불러일으키고 왕권의 도덕성을 약화시켜 정변을 통한 왕의 폐위로 이어졌다.

인조(1623~1649) 때는 반정을 주동한 서인이 권력을 독점했다. 그들은 병자호란 후까지도 북벌론을 빙자하여 총융청摠戎廳 등을 설치, 군사력을 증강하고 이를 장악하여 철권으로 권력을 지켰다.

소현세자의 의문사에서 나타난 것처럼, 명분론으로 무장한 서인 세력 앞에서는 왕권도 힘을 쓸 수 없었다. 반정 덕분에 즉위한 인조, 그리고 소현세자 대신 즉위한 효종(1649~1659)은 최소한의 균형을 위해 남인을 일부 등용하는 정도밖에는 정국 운영에서 주도권을 발휘할 여지가 없었다.

1659년과 1674년 거듭 일어난 예송禮訟은 왕권을 제한하려는 서인의 성향을 보여준 일이었다. 효종과 효종비가 죽었을 때 효종의 계모 조대비의 복상服喪기간을 놓고 다툰 예송에서 남인은 군주의 특별한 위상을 감안하여 복상기간을 길게 해야 한다는 주장이었던 반면, 서인은 일반 사대부와 같은 기준을 적용해야 한다는 주장이었다. 현종(1659~ 1674) 초년에 서인이 승리하고 숙종(1674~1720) 초년에 남인이 승리한 것은 각각의 시점에서 왕권과 신권의 비중이 반영된 결과로 이해할 수 있다.

숙종은 오랫동안 권력을 독점해온 서인을 억누르고 남인에게 권력을 나눠주는 방향으로 치세를 시작했다. 그러나 남인 역시 도체찰사都體察使 직을 중심으로 병권을 장악하려는 조짐을 보이자 몇 년 후(1680) 경신환국을 통해 남인을 쫓아냈고, 이후로는 중요한 병권을 가까운 종실 인물에게만 맡겨 당쟁의 도구가 되는 일이 없도록 했다.

숙종은 경신환국을 시작으로 하는 몇 차례 환국을 통해 집권 당파를 자주 바꿈으로써 왕권의 우위를 이끌어냈다. 1689년 기사환국으로 집권했던 남인이 1694년 갑술환국으로 혹심한 탄압을 받은 뒤로는 서인에서 갈라져나온 노론과 소론이 권력을 나눠 가져서 당쟁의 초점이 그 사이에 맞춰졌다. 갑술환국 이후 20여 년간 격렬한 환국 사태가 다시 일어나지 않은 것은 숙종의 왕권이 어느 정도 안정을 얻은 상황을 보여준다.

숙종이 죽자 노론과 소론 사이의 갈등이 경종 연간(1720~1724)과 영조(1724~1776) 초년에 격렬하게 불거져나왔다. 기사환국과 갑술환국에서 남인과 연계되어 있었던 장희빈의 소생인 경종의 즉위를 노론은 극히 꺼렸다. 막상 경종이 즉위하자 노론이 궁지에 몰렸는데, 경종이 갑자기 죽고 영조가 즉위한 후 노론이 활개를 펴게 되었다.

이런 상황에서 경종의 죽음이 노론 측의 암살이라는 소문이 퍼졌다. 몇 해 후 소론과 남인 세력 중심의 무신란(1728)에서는 민중의 호응을 얻기 위해 경종의 상여를 앞세우고 나왔다.

경종과 영조를 둘러싼 투쟁은 조선 당쟁에서 가장 참혹한 장면이었다. 수십 년 후 사도세자의 비극도 여기에 씨앗이 있었다. 영조는 이 폐해를 극복하기 위해 초당파적 정치를 지향하는 탕평책을 재위기간 동안 꾸준히 시행했다. 그 뒤를 이은 정조(1776~1800) 역시 아버지 사도세자의 원한을 뛰어넘는 탕평책에 온 힘을 기울였다.

___ **영조** 긴 재위기간을 통해 당쟁의 양상을 생산적인 방향으로 이끌었다.

영조의 탕평책을 완론緩論탕평, 정조의 것을 준론峻論탕평이라 하여 구분하기도 한다. 완론이라 함은 각 당파의 온건파를 등용하여 타협을 이끌어내는 정책을 말하는 것이고, 준론이라 함은 당파를 초월하되 원만한 타협보다 엄격한 시비를 요구한 것이었다.

완론이 소극적 방침이라면 준론은 적극적 방침이라 할 수 있다. 정조가 준론으로 나아간 것은 강고한 세력을 구축해놓은 노론을 적극적으로 견제할 필요 때문이었으며, 도덕성과 학문에서 스스로 극히 높은 권위를 확보했기 때문에 가능한 일이었다.

당쟁을 정치에 있어서 일종의 질병으로 보고 탕평책이 그 치료법이었다고 생각하는 사람들이 많이 있다. 이것은 근대적 역사연구방법이 도입되던 초창기에 일제의 시각에 따라 당쟁 자체를 부정적 현상으로 본 데서 비롯된 일이다.

당쟁은 주어진 시대조건 속에서 정치를 운영하는 하나의 틀이었다. 그 구체적 양상 중에 환국 양상이 있고 탕평 양상이 있었다. 환국은 당파 교체가 대규모 숙청을 수반하는 양상이었고, 탕평은 왕권의 지속적 개입을 통해 정치 운영을 보다 원만하게 하는 양상이었다.

16세기 후반에서 17세기 전반은 농업에 절대적 비중을 두어온 동아시아 여러 나라에 교역 중대를 비롯한 산업 다각화의 필요성이 제기된 시기였다. 일본과 중국은 수십 년에 걸친 전란을 통해 새로운 국가체제를 창출함으로써 이 필요에 부응할 태세를 갖췄다.

그에 비해 조선은 일본과 중국에서 파급된 전쟁을 비교적 제한된 범위로 겪었고, 국가체제에 근본적 변화가 없었다. 지난 시대의 체제로 새 시대의 요구를 따라가는 어려움이 정국 운영을 압박했고, 그 결과 발생한 긴장도 높은 정치형태가 당쟁이었다.

당쟁 시대의 전반부라 할 광해군 때부터 숙종 중년까지 명분론이 갈등의 주축을 이룬 것은 당쟁이라는 정치형태가 새 시대의 필요에 미처 적응하지 못한 모습을 보여준다. 숙종 중년 이후 명분론을 앞세운 맹목적 대립보다 실질적 정책이 부각되는 변화가 당쟁의 성숙을 보여주었고, 영조와 정조의 능동적 왕권 운영을 통해 당쟁이 하나의 안정된 정치구조로 기능을 발휘하게 되었다. 생산적 정치구조로서 당쟁은 정조의 죽음으로 갑자기 왕권이 실종되면서 종말을 맞는다.

현실 변화를
수용하려는 학풍, 실학

학문에는 원리를 모색하는 방향과 현실 적용을 탐구하는 방향이 있다. 전통시대에는 철학과 역사학이 두 방향을 대표하는 분야였다. 근대 과학에서는 연역법과 귀납법이 어울려 두 방향을 결합했다.

원리의 모색에 가장 투철한 학풍으로 유럽에서는 스콜라철학, 동아시아에서는 성리학을 꼽을 수 있다. 두 학풍 모두 폐쇄적 사회조건을 배경으로 발전했다는 것이 눈여겨볼 만한 공통점이다. 현실의 다양성을 통일된 원리에 종속시키려는 정치적 압력이 학문의 방향을 원리 쪽으로 유도한 것이라 볼 수 있다.

성리학은 중국이 오랑캐의 군사력에 억눌려 있던 송나라 때 발달했다. 송나라 학자들은 중화의 원리에 입각한 정통성을 가진 송나라가 요나라나 금나라보다 문화적 우월성을 가진다고 믿었다. 그래서 그들은 현실을 초월하는 원리를 높이 받들고, 군신君臣관계에서 향약鄕約에 이르기까지 모든 질서에 그 원리를 적용했다. 이러한 풍토 속에서 자라난 성리학은 현실의 변화를 억제하고 명분을 굳게 지키는 경향을 보였다.

성리학은 중국을 정복한 몽골인에게도 중국 통치를 위한 편리한 열쇠가 되었다. 원나라의 통치는 군사력에서 출발한 것이었지만, 안정된 단계에 접어들면서는 중국적 질서를 통한 통치로 방향을 바꿨고, 이에 도움이 되는 성리학의 발전과 보급을 권장했다. 고려에서 성리학을 받아들인 것도 송나라보다 원나라를 통해서였다.

명나라는 군웅들의 틈바구니에서 각축하는 단계부터 유교적 정통성의 기치를 분명히 세우고 송나라 중화체제의 부활을 제창했다. 따라서 성리학이 초기 학문의 중심이 되었다. 그러나 수백 년 전 만들어진 학문의 틀로 현실의 변화를 수용하는 데는 한계가 있었기 때문에 새로운 학풍이 여러 갈래로 나타났다. 그중 가장 큰 것이 양명학이었다.

양명학은 충효를 권장하는 유교의 규범을 지키고 원리를 중시하는 성리학의 전통을 따랐기 때문에 기존 체제의 반발을 낳지 않았다. 그러나 한편 '마음이 곧 원리' 心卽理라는 기본명제가 현실을 있는 그대로 받아들이는 길을 열어주었기 때문에 현실의 변화를 수렴하는 기능을 발휘할 수 있었다. 그러나 질서와 변화, 보수와 개방을 결합하려는 이 양면성은 명나라 말기의 혼란기에 이르러 한계를 드러내고 근본적으로 다른 학풍인 고증학에 밀려나게 된다.

중국에서 양면성을 가진 양명학의 득세는 농업국가의 기본 성격을 지키면서도 산업 다각화가 진행되고 있던 명나라의 상황을 반영한 것이었다. 한편 같은 시기 조선에서 주자학만을 묵수한 것은 송나라 식

농업국가 체제를 완성해가고 있던 조선의 발전 단계를 보여주는 것이다. 건국 후 조선의 모든 학문활동은 주자학의 보급과 심화에 집중되었고, 그 결과 16세기에는 성리학의 가장 완성도 높은 성과물이 조선에서 나타나게 되었다.

조선 건국부터 왜란에 이르기까지 200년은 조선의 농업국가 체제 완성과 성리학의 심화 발전이 나란히 진행된 기간이었다. 왜란 발발에서 명청 교체에 이르는 반세기는 동아시아 지역의 정세 변화가 외란外亂의 형태로 조선에 제기된 시기였다. 왜란과 호란은 국외 정세로부터 촉발된 것이었지만, 내부의 변화 요구를 부각시키는 계기가 되기도 했다. 이에 대한 반응으로 조선의 학술에도 큰 변화가 일어났다.

정권을 장악하고 있던 서인 계열에서 예학禮學에 집중하는 경향을 보인 것은 반동적 변화였다. 명분론을 강화하려는 노력이 성리학에서도 가장 보수적 분야인 예학으로 쏠린 것이었다. 금나라의 실력 앞에 위축된 상황에서 남송의 정통론이 강화된 것처럼 청나라의 힘에 눌린 조선의 보수적 학자들은 명분론에 집착하며 소중화小中華의 믿음에 빠졌다.

그러나 더 널리 나타난 변화는 성리학의 기존 틀을 벗어나는 것이었다. 그중에는 사회 원리에 대한 성리학의 관심을 아예 내버리고 노장사상이나 불교 등을 통해 개인 문제를 천착하는 경향도 있었지만, 한편으로 성리학을 새로운 차원에서 전개하거나 성리학 대신 다른 관점에서 사회를 바라보려는 노력도 있었다. 후자의 영역에 속하는 노력들이 20세기에 들어와 '실학'이라는 이름으로 각광을 받게 되었다.

실학의 원리로 '경세치용'經世致用, '실사구시'實事求是, '이용후생'利

用厚生의 세 강령을 현대 학자들이 논의해왔다. 그중 '실사구시'가 실학의 특징을 지목하는 데 가장 정확한 표현으로 보인다. '경세치용'은 유가儒家 일반, 특히 성리학에서 매우 중시한 원리였다. 그리고 '이용후생'은 의미가 좁아 실학의 한 측면만을 설명하는 데 그친다.

'실사구시'는 원리에 대한 집착에서 벗어나 현실을 살피는 데 중점을 두는 관점이다. 비슷한 시기 청나라에서 유행한 고증학과 같은 문제의식에서 출발한 것으로 볼 수 있다. 그러나 이 시기 조선에서는 현실에 대한 관심이 고증학처럼 정제된 탐구방법으로 정리되지 않았으므로 '실학'이라는 이름 안에는 다양한 접근방법이 느슨하게 모여 있다.

실학에는 여러 차원, 여러 각도의 현실 접근방법이 보인다. 공간 차원에서는 조선의 고유한 실정이 보편적 원리만으로 해명될 수 없다는 인식하에 조선의 역사와 지리를 밝히는 국학의 움직임이 나타났다. 시간 차원에서는 송대의 학술 기준에만 전적으로 의지할 수 없다는 깨달음에서 당대 이전, 특히 한대 학술에 비중을 두는 경향이 나타났다. 지식과 사고의 근원을 넓히려는 서학과 북학의 학풍도 나타났다. 무엇보다 많은 실학자들이 공유한 것은 현실의 구체적 문제에 처방을 구하는 자세였다.

유형원(1622~1673), 이익(1682~1764)과 정약용(1762~1836)을 실학의 세 봉우리로 꼽는다. 세 사람의 저술에는 모두 두 개의 측면이 엇갈려 있다. 그 하나는 현실의 정확한 이해를 목표로 하는 백과사전적 서술이고, 또 하나는 현실의 문제점을 지적하고 개혁 방안을 제시하는 정치 논설이다. 시간이 지남에 따라 사전적 서술에서 정치 논설로 비중이 옮겨지는 것을 이 시기 실학 진행방향의 주류로 볼 수 있다.

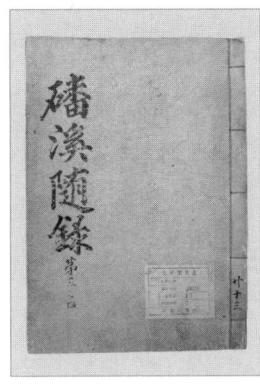 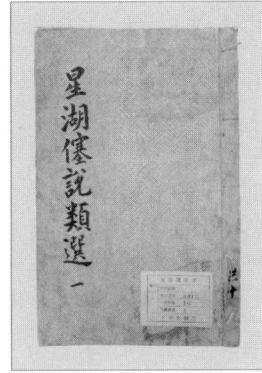 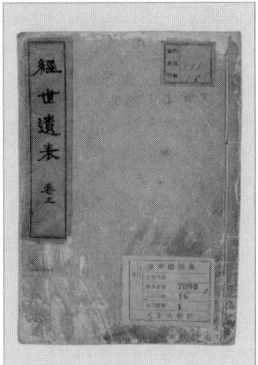

___ 유형원의 『반계수록』, 이익의 『성호사설』, 정약용의 『경세유표』.

16세기 전반의 사화는 높은 학문수준에 오른 학인관료를 대거 하방下放시킴으로써 성리학 연구 기반을 전국으로 확장하는 계기가 되었다. 마찬가지로 17세기의 격렬한 당쟁은 정치적 의지를 가진 학자들을 정치에서 소외시켜 새로운 학풍의 모색에 몰두하게 하는 효과를 낳았다. 유형원은 그 아버지가, 이익은 아버지 같은 존재이던 맏형이 당쟁에 희생되었기 때문에 벼슬을 생각하지 못하는 처지였다. 나중에 정약용이 오랜 유배 기간 동안 학문에 전념할 수 있었던 것도 당쟁에 내몰린 덕분이라 할 수 있다.

17세기 말 숙종 중년부터 당쟁의 양상이 평온해지면서 그때까지 재야에서 자라난 실학의 풍조가 정치에 영향을 끼치기 시작했다. 정통론의 목소리에 힘이 줄어들고 정책 논의에 실용주의적 입장이 강화된 것이었다. 이런 변화가 무르익은 결과, 정조 시대에는 정치의 기본 노선에까지 실학의 자세가 반영되기에 이른다.

정조의 왕권 강화 노력은 임금의 물리적 힘과 정신적 힘을 모두 키우려는 것이었다. 주어진 정치구조를 효율적으로 운용하는 수단이 물리적 힘에 있다면, 정신적 힘은 정치구조의 변화를 추진하기 위한 조건이었다. 정조가 학술과 도덕의 측면에서 스스로 극히 높은 권위를 추구한 것은 정치구조 자체를 바꿀 수 있는 정신적 힘을 얻기 위해서였다.

'원리에서 현실로' 돌아서는 것이 실학의 흐름이었다. 정조의 왕권강화책은 이런 흐름이 정치에 스며들도록 도와주었다.

정조를 엄숙한 원리주의자로 생각하는 사람들도 있지만, 그는 현실정치에 대단한 유연성을 보인 임금이었다. 정약용이 서학과 관련이 있다 하여 사학邪學으로 탄핵받을 때 정조가 사학을 직접 탄압하는 정책을 거부한 일이 있다. 사학 창궐은 정학正學의 쇠퇴가 비친 그림자일 뿐인데 그림자를 주물러 현실을 바꿀 수 없다는 것이었다.

명분론에 집착하는 소모적 당쟁에서 벗어나고자 한 정조의 바람이 학술에 대한 실용주의적 태도로 나타난 것이다. 그가 학술적으로나 도덕적으로나 흠 없는 권위를 세우기 위해 노력한 것은 실용주의 노선의 정당성을 세울 기초를 닦기 위한 것이었다.

솔선수범으로 실용주의 노선을 열어가던 정조가 죽고(1800) 나이 어린 순조가 즉위하자 실학정신은 정치구조의 변화를 이끌어갈 동력을 잃고 말았다. 그 결과 조정에 자리 잡은 것은 당쟁정치보다도 더 폐쇄적인 세도정치였다.

실학은 재야의 위치로 돌아가 민간 학자들 손에 맡겨졌다. 이 단계에서는 동시대 중국의 변화를 적극적으로 받아들인 사람들의 업적이 두드러진다. 김정희는 고증학을 높은 수준으로 소화해냈고, 최한기는 서양 철학을 받아들여 정리했다.

6

13세기 전반의 몽골 정복 다음으로 큰 민족사의 위기가
19세기 후반의 개항 압력으로 닥쳤다.
13세기의 고려는 농업국가로서 성장하는 단계에 있었기 때문에
위기를 기회로 바꿀 수 있었다.
그러나 노쇠기에 처해 있던 19세기의 조선은
효율적인 대응의 길을 찾지 못하고 망국의 길에 빠지고 말았다.
19세기의 위기는 동아시아 3국이 함께 맞은 것이었으나 일본만이 효율적인 대응에 성공했다.
중국 중심의 천하체제가 무너지는 과정에서
가장 변두리에 있던 일본은 붕괴의 충격을 적게 받으면서
새로운 패러다임에 쉽게 적응할 수 있었다.
일본의 성공은 조선에 대한 압력으로 이어져 조선의 대응을 더욱 어렵게 만들었다.
조선 국가는 500년간 한민족의 성벽이었다.
민족을 지켜주기도 하고 그 발전을 가로막기도 해온 성벽이었다.
이제 그 성벽이 무너지고 나자 민족의 장래를 모색하는 노력이
새로운 차원에서 나타나기 시작했다.

역사의 부채가 되어버린 서학

유라시아 대륙의 양쪽 끝에서 발달한 동아시아 문명과 유럽 문명은 16세기부터 지속적인 교섭관계를 맺기 시작했다. 유럽인의 대항해시대 활동이 그 계기였다.

'서세동점'西勢東漸이 이 무렵에 시작된 현상이라고 생각하는 이들이 많다. 이 교섭관계가 유럽인의 활동에 의해 시작되었기 때문이다. 그러나 진정한 서세동점은 산업혁명 이후 유럽이 시장 확장을 위해 지배력을 넓혀간 데서 비롯된 현상이다. 18세기에 동인도회사 등을 통해 좁은 범위에서 나타나기 시작했다가 19세기에 제국주의 형태로 확산된 것이다.

18세기 이전 유럽인의 아시아 방면 활동은 물자 획득을 위한 교역 수준이었다. 교역기지를 확보하는 목적 이외에는 영토와 인민을 지배하려는 의지를 보이지 않았다. 이 시기에 동아시아 대부분 지역에서 유럽인은 호기심의 표적이었지 공포의 대상이 아니었다.

　유럽인들의 초기 해외활동에 가톨릭교회가 첨병 노릇을 한 것은 종교개혁 때문이었다. 16세기 전반 대항해시대와 나란히 진행된 종교개혁은 가톨릭교회의 위신과 영향력에 큰 타격을 주었다.

　이를 극복하려는 가톨릭교회의 노력 중 중요한 방향 하나가 해외 선교활동이었다. 내부의 손실을 외부에서 만회하려는 뜻이었다. 대항해시대의 선두주자 스페인과 포르투갈이 선교활동을 적극 지원한 것은 교역의 기반을 마련하는 데 도움이 되었기 때문이다.

일본은 1540년대에 유럽인이 나타나자마자 얼른 문을 열어주었고, 선교활동도 바로 시작되었다. 유럽인이 추구하던 교역활동이 당시 일본의 필요에 맞아떨어졌고, 또 일본이 군웅할거의 상태에 있어서 경쟁의 분위기가 있을 뿐 통제 능력이 없는 상황이었기 때문이다.

　반대로 중국에서는 명나라의 해금海禁정책이 엄격하게 시행되고 있었고 대외교역의 수요도 그리 많지 않았다. 그리고 통제 주체가 당당하게 서 있었다. 따라서 중국에서는 마카오를 통한 제한된 교역활동 외에 유럽인의 진출을 막았다.

　17세기로 넘어오면서 비로소 선교사들의 중국 내 활동이 상당 수준 허용되기 시작한 것은 명나라 통치체제가 이완되었기 때문이었다. 마테오 리치를 중심으로 한 중국 선교단은 이 기회를 활용해 유럽문명의 체계적 소개에 큰 노력을 기울였다. 왕조의 위기로 인해 당시 중국 지식층에 새로운 지적 수요가 일어난 데 부응한 것이었다.

　중국 선교단이 속해 있던 예수회는 가톨릭교회 개혁의 전위를 자처한 조직으로, 해외선교에서 현지 사정에 따라 선교방법을 조정하는 '적응주의' 노선을 개발하고 있었다. 문명수준이 높은 지역에서 현지문명의 취향을 무시하고 유럽문명의 기준을 일방적으로 제시할 경우 반발을 일으키기 쉽다는 데 착안한 것이었다.

마테오 리치는 여기에서 한 발 더 나아가 '보유론'補儒論을 제시했다. 기독교 등 유럽문명이 유교의 완성에 도움이 된다는 주장이었다. 이것은 외래문명에 대한 반감을 무마할 뿐 아니라 위기의 돌파구를 찾고 있던 지식층의 관심과 지지를 모으는 고등전략이었다.

___ **마테오 리치**   그의 '보유론'은 중국 지식층의 관심을 모으는 고등전략이었다.

마테오 리치의 전략은 큰 성과를 거두어 당대 일류의 중국 지식인들과 선교사들의 협력으로 유럽문명을 소개하는 많은 서적이 중국어로 편찬 간행되었다. 이를 총칭해 '서학서'西學書라 하며, 기독교 교리 중심의 이편理編과 자연과학 지식을 주로 담은 기편器編으로 구분된다. 기편 서학서의 내용에는 쉽게 검증될 수 있는 것이 많아서 중국 지식층의 관심을 널리 끌어모으고 서학의 권위를 높이는 데 큰 역할을 했다.

예수회의 중국 선교가 큰 성과를 거두고 있을 때 가톨릭교회의 보수적인 여러 계파에서 이에 대한 비판이 터져나왔다. 적응주의 노선이 기독교의 본질을 왜곡했다는 것이었다. 17세기 후반 동안 진행된 이 '전례논쟁'典禮論爭에서 예수회가 패퇴한 결과 중국 선교가 보수적 기준에 묶이게 되었고, 청나라 조정의 지지를 잃어 규모가 줄어들었다.

17세기 중엽 이래 상당량의 서학서가 조선에 반입되어 일부 학자들의 관심을 끌었다. 이익(1682~1764)의 저술에 서학 관련 내용이 많이 담겨 있고, 그 제자인 안정복과 신후담이 서학을 비판한 글을 보면 서학서를 널리 살펴본 것으로 보인다. 이익의 제자들 가운데 안정복이나 신후담과 달리 서학을 좋게 받아들여 실천의 차원으로까지 옮겨가려는 움직임이 일어났다. 이것이 1780년대의 서학 운동이었다.

정조(1776~1800)의 학문 장려와 실용주의 노선으로 학술의 개방성이 늘어나면서 서학서에 소개된 기계를 실제로 만들어 성곽 축조에 사용하는 등 서학 응용의 길이 열렸다. 그러자 서학서를 접한 사람들 사이에서 서학을 보다 적극적으로 추구하려는 자세가 나타났다. 서학서의 과학기술을 활용하는 데서 나아가 보유론을 학술개혁의 방도로 고려하는가 하면 기독교 신앙을 윤리의 새 기준으로 받아들이려는 사람들도 있었다.

최초의 자생 교회에는 보유론을 추구하는 사람들과 신앙 실천을 시도하는 사람들이 뒤섞여 있었다. 그러나 1784년 이승훈이 북경 교회를 찾아가 정식 세례를 받을 때, 당시의 교회에서 서학서 내용과 달리 보유론을 부정한다는 사실이 알려졌다. 이에 따라 보유론을 추구하던 사람들이 교회를 떠났는데, 정약용과 이가환 등이 그중에 있었다.

정약용과 이가환은 정조 치하에서 실력을 키우고 있던 남인 시파의 중요 인물들이었으므로 교회를 떠난 뒤에도 조정에서 서학 문제가 불거질 때마다 반대파의 탄핵을 받았다. 1790년대 초 서학 연루가 문제되었을 때 정약용은 처음에 호기심으로 접해보다가 나중에 그 무도함을 알고 발을 끊었다고 해명했다. 그러나 이런 해명에도 불구하고 정조가 죽은 후 1801년 신유사옥으로 이가환은 처형당하고 정약용은 축출되었다.

서학의 신앙을 실천하려 한 사람들은 사회 주류에서 벗어나 있으면서 현세부정 내지 체제부정의 성향을 가진 사람들이었다. 반면 보유론을 추구한 사람들은 정치 원리로서 성리학의 한계를 느끼고 새 돌파구를 모색하는, 체제에 대한 책임감이 강한 사람들이었다.

마테오 리치의 보유론의 주장은, 유교는 원래 훌륭한 가르침이나 송나라 때 와서 불교의 영향으로 타락한 것이며, 유교의 훌륭한 원래 면모를 회복하는 길을 기독교에서 찾을 수 있다는 것이었다. 성리학의 극복을 위한 방편으로 보유론을 바라본 것은 17세기 초반 중국 지식인들과 18세기 말 조선 지식인들에게 공통된 동기였다.

서학은 중국에서나 조선에서나 유럽문명에 대한 최초의 체계적 인식이었다는 점에 의미가 있다. 그러나 선교를 목적으로 하는 선교사의 서술에만 의존한다는 제약 때문에 서양의 실체에 대한 접근에 한계가 있었다.

특히 조선의 경우 선교사들과 직접 접촉이 거의 없었기 때문에 서학이 오랫동안 호기심의 대상에만 머물러 있었다. 서학서가 편찬된 지

100여 년이 지난 뒤에야 보유론에 대한 조선 학자들의 구체적 반응이 나타난 데서 성리학의 한계에 대한 인식이 조선에서 그만큼 더 늦었다는 사실을 알 수 있다.

서학 수용이 성리학 극복의 한 수단으로 고려되었다는 것은 서학에 접근한 학자들이 실학 학풍에 속한 사람들이었다는 데서 알아볼 수 있다. 그러나 서학과 실학 사이에 본질적 연관성이 있었던 것은 아니다.

가장 중요한 서학 비판 문헌 가운데 하나를 남긴 안정복도 실학의 흐름에서 큰 비중을 차지하는 인물이었고, 정약용 역시 신앙운동과 결별한 후 지방관으로서 서학도 회유에 노력했다. "눈여겨볼 만한 점이 꽤 있기는 하지만 크게 믿을 바는 되지 못한다"고 한 이익의 서학 평가가 서학과 실학의 관계를 정확하게 짚은 것으로 보인다.

정조가 죽자마자 서학에 대한 대대적 탄압이 벌어졌다. 1801년의 신유사옥은 세도정치가 당쟁정치를 몰아내는 고비였다. 의리義理 경쟁에서 정사正邪 대결로 넘어간 것이었다. 조선 선비의 의리는 현대 조폭의 의리와 다른 것이었다. 옳을 의, 이치 리, 글자 그대로 '옳은 이치'를 뜻하는 것이었다.

남한산성에서 청나라 군대에 항복할 때 김상헌이 찢어 던진 항복문서를 최명길이 주워 모으며 "이 조정에는 찢어 던지는 당신도 있어야 하고 주워 모으는 나도 있어야 한다"고 한 것은 각자의 의리를 아울러 긍정한 것이었다. 그런데 이제 상대방의 의리를 근본적으로 부정하는 풍조가 조선 천지를 휩쓸게 되었다.

이를 계기로 학문의 길로서 서학의 의미는 사라지고 현세부정의 신앙운동으로서의 서학만이 지하에 살아남았다. 그로부터 60여 년 후 서양 세력의 개국 압력이 닥치자 잠복해 있던 서학은 서양 세력의 앞잡이로 이용당하기도 하고 쇄국정책의 희생양이 되기도 하는 기구한 운명을 겪게 된다.

서학에 뿌리를 둔 조선 천주교회가 구한말에서 일제시대까지 조선의 주권을 부정하는 성향을 보인 것도 이런 배경 때문이었으니, 서학이 한국 역사의 자산이 아니라 부채로 작용한 비극이라 할 것이다. 그리고 이 비극의 출발점은 정조의 탕평책에서 세도정치로 넘어가는 전환점의 소용돌이에 서학이 말려든 데 있었다.

지금까지 국내의 서학 연구 다수가 가톨릭교회의 교회사 차원에서 진행되어왔다. 근래 좀 나아지고 있기는 하지만 종교적 기준에 너무 얽매이는 경향에 아쉬움이 있다. 학문적 서학과 신앙적 서학의 구분이 치밀하지 못한 점이 대표적인 문제다. 예컨대 정약용을 신자로 인정하느냐 배교자로 규정하느냐 하는 것이 교회사에서 심각한 문제가 되는 것은 학문적 서학을 배제하고 신앙적 서학만을 의식하기 때문이다. 서학의 양면성을 파악하는 데 서학의 역사적 의미를 밝히는 중요한 열쇠가 있을 것이다.

조선은 어떻게
기울어져갔는가

임진왜란 때 조선에 출병한 명나라 장수들에게 골치 아픈 문제 한 가지는 물자 구하기가 힘든 것이었다. 대규모 군대가 장기간 출동할 때 현지에서 구할 수 있는 일반 물자는 현지에서 구하는 것이 당연한 일이다. 그런데 당시 조선에는 대규모 시장이 형성되어 있지 않았고 화폐도 별로 쓰이지 않아서 돈을 가지고도 물자를 구하기 어려웠던 것이다.

왜란 전 조선의 경제 발전은 농업생산력 향상에 한정되어 있었다. 이 생산력 향상에 힘입어 중소지주층이 양반관료층으로 성장하면서 정통 성리학에 입각한 사회질서를 조정에서 향촌에 이르기까지 일관되게 구축했다.

이 정연한 질서가 왜란으로 인해 깨졌다. 전란으로 인한 파괴와 인구이동만이 아니라 명나라 군대 주둔을 통한 화폐경제 학습 같은 새로운 경험들도 조선 사회의 유동성을 늘리는 작용을 했다.

왜란 후 조선의 경제 변화는 사회 유동성을 더욱 늘리는 상업 발달을 중심으로 이뤄졌다. 중국과의 사이에도 사무역이 자라나 공무역을 능가하게 되었고, 관영에 얽매여 있던 수공업도 시장을 상대로 발전하기 시작했다. 밭에서도 상품작물의 비중이 커졌다.

상업의 형태도 다양해지고 그에 종사하는 인구도 늘어났다. 육의전六矣廛을 중심으로 관청의 통제를 받던 조선 전기의 상업제도로는 도저히 수용할 수 없는 상업 팽창이 17세기 이후 계속되었다.

그러나 조선의 국가체제는 농본국가의 틀을 바꾸지 않았다. 모든 정책은 농업 위주로 논의되었고, 상업활동의 확대는 억제해야 할 병리적 현상으로 인식되었다.

위정자들은 인구 감소와 농민의 유망流亡을 늘 걱정했는데, 그중 상당수는 상업활동으로의 이동이었다. 상업을 국부의 새로운 원천으로 인식하지 못했고, 따라서 상업발전을 바람직한 방향으로 유도하는 적극적 정책이 없었다.

현실 변화에 대응한 17~18세기 재정정책으로 대동법과 균역법이 있었다. 둘 다 인두세人頭稅에서 토지세로 비중을 옮기는 방향이었다.

영세농의 부담을 줄여주면서 상업 발달에도 기여하는 정책들이었지만, 경제구조의 변화를 재정구조에 연결시키는 것은 아니었다. 따라서 상업에서 발생한 재부는 국가재정에 효과적으로 편입되지 못한 채 토지소유의 과도한 집중 등 부작용을 일으키기도 하고, 때로는 검은돈이 되어 정치구조를 왜곡하는 작용을 하기도 했다.

상업 발달은 전국적 현상이었지만, 역시 서울과 그 주변 지역의 변화

《기산풍속도첩》 중 〈시장〉市場   왜란 후 상공업의 증가는 체제 내로 수용되지 못하고 농업국가 체제를 무너뜨리는 원심력으로 작용했다.

가 제일 크고 빨랐다. 18세기 중엽 이후 근기近畿 지역의 성호星湖학파와 서울의 북학파가 실학의 흐름에서 두드러졌던 배경도 여기에 있었다. 농업구조의 붕괴를 목도하던 성호학파 학자들은 농업체제 회복에 개혁의 궁극적 목표를 두었고, 상업 발달을 가까이서 체험하던 북학파 학자들은 능동적 상업 진흥정책의 필요를 절감했다.

성호학파의 중농정책과 북학파의 중상정책은 서로 모순되는 점도 있었지만, 진취적인 정조의 조정에서는 함께 논의되어 현실정책으로 구체화될 기회를 누렸다. 1791년과 1794년 시행된 통공通工정책은 제도권 상인의 특권을 줄임으로써 상공업의 자유로운 발전을 허용하면서 동시에 국가 재정수입을 늘리는 효과를 가져왔다. 농업국가의 기본 체제를 무너뜨리지 않는 범위에서 중상정책을 서서히 도입하는 방향을 찾은 것이었다.

그러나 정조가 죽은 후 현실 변화에 부응하려는 일체의 노력이 조정에서 추방되었다. 왕실 외척 등 좁은 범위의 권문세가에서 권력을 독과점하는 세도정치로 접어들면서 조정의 논의가 공허한 명분론으로 좁혀졌다. 1811년 홍경래의 난 이후의 안보 불안은 정국을 더욱 폐쇄적으로 만들었고, 계속 확대되는 상공업의 이권은 정경유착을 부채질해, 정권을 지탱하면서 체제를 약화시키는 작용을 했다.

생산물의 교환은 모든 문명의 기본 현상이다. 교환활동은 몇 가지 양식으로 구분해볼 수 있다. 가족이나 친구 사이에서처럼 선물과 증여의 형태로 이뤄지는 자발적 교환양식, 약탈과 분배를 통해 이뤄지는 강제적 교환양식, 시장에서 합의를 통해 이뤄지는 상업적 교환양식이 대표적이다.

전반기 조선과 같은 농업사회에서는 국가의 강제적 교환양식과 민간의 자발적 교환양식이 어울려 경제의 틀을 짜고 있었다. 그런데 시간이 지남에 따라 상업적 교환양식의 비중이 커졌다. 태평한 세월이 인구를 증가시켰고, 인구 증가가 산업 다각화를 유발했기 때문이다.

그러나 국가는 상업적 교환양식 증가의 의미를 무시했다. 국가가 수행하는 강제적 교환양식에 지장을 주는, 바람직하지 못한 현상으로 보았다. 따라서 상업적 교환양식의 발전을 제도적으로 뒷받침해주지도 않고 국가재정의 수입원으로 활용하려는 노력도 하지 않았다.

국가가 파악하는 경제활동은 거의 농업생산뿐이었다. 상공업의 대부분은 국가에 파악되지 않는 음성적 경제활동이 되었다. 이 음성적 경제활동이 꾸준히 늘어나고 있던 터에 왜란과 호란이라는 외부의 충격을 받자 경제구조가 뒤바뀌는 거대한 변화가 일어나기 시작했다.

이 변화의 한 가지 측면이 농업인구 감소였다. 종래의 노동집약적 경작방법 대신 노동력 대비 생산성이 높은 기술과 농법이 개발되고 채택되면서 1인당 경작면적이 넓어지고 상당수 농민이 다른 경제활동으로 빠져나갔다. 인두세에서 토지세로 방향을 바꾼 조세개혁은 이 변화에 대한 소극적 대응이라 할 것이다.

농업인구 감소의 뒷면에는 상공업 인구의 증가가 있었다. 상공업을 국가경제의 틀 속으로 끌어들이는 것이 17~18세기 조선에 닥쳐 있던 최대의 과제라 할 수 있다. 그런데 이 방향으로는 정조의 통공정책 외에 뚜렷이 보이는 정책적 노력이 없었다.

조선의 경제구조 속에서 농업의 비중이 줄어들고 상공업의 비중이 늘어나는 동안 국가는 변화를 따라가지 못하고 농업국가 체제에만 매달려 있었다. 때문에 상공업에서 발생한 재부는 국가재정에 보탬이 되기는커녕 검은돈이 되어 국가질서를 와해시키는 원심력으로 작용했다. 19세기에 성행한 매관매직도, 양반 인구 비율의 급격한 증가도 모두 이 검은돈에 바탕을 둔 것이었다.

조선 국가체제의 기반이었던 양반관료층은 19세기 들어 와해상태에 빠졌다. 인구의 절반을 넘긴 양반층이 조세 회피의 수단일 뿐 사회지도층으로서의 의미를 잃어버린 상황은 정조 때 박지원의 글에 이미 나타나 있다. 과거제 또한 관료 인력 수요의 열 배를 합격시키는 학위 인플레이션 속에서 등용문으로서 의미를 잃었다. 수없이 적체되어 있는 자격자 중 누구에게 어떤 자리를 주느냐가 권력자의 자의에 맡겨진 것이었다.

이런 상황에서 지방관 자리를 놓고 매관매직이 성행한 것은 당연한 일이었다. 향촌에 뿌리박은 사림의 정치적 의미가 사라졌으므로 수령들은 공론의 견제 없이 이권만을 목표로 마음껏 떨 수 있었다.

'별장'別將이란 원래 무관 관직 이름이다. 그런데 조선시대에는 관변의 이권을 도급받는 사업자들에게도 이 칭호가 주어졌다. 사행을 따라가는 무역상 두목들을 '무역별장'이라 불렀고, 은점銀店 등 광산 경영을 도급받는 별장들도 있었다. 19세기에 들어와서는 지방관도 마치 별장처럼 고을의 이권을 도급받아 뇌물로 자리를 얻고 상납으로 자리를 지켰으니, 임금을 대신하는 목민관牧民官이 아니라 권력자를 대행하는 사업자가 된 것이었다.

총체적 위기가 분명해진 상황 앞에 조선 조정에서 고작 대응책이라고 매달려 있던 것이 3정三政, 즉 조세제도를 바로잡는다는 것이었다. 농업인구 감소에 따른 세입 축소의 위협은 진행되어온 변화의 한 작은 갈래일 뿐이었다. 경제구조 속에서 차지하는 비중이 크게 줄어든 농업 분야에만 재정수입의 대부분을 의존하고 있으려니 각종 모순이 깊어지기만 하고 각지에서 농민 봉기가 일어나는 총체적 난국을 피할 수 없었다.

조선 후기 학술계에서는 원리에만 매달리는 명분론에서 벗어나 현실을 직시하자는 실학의 움직임이 일어났다. 경제구조를 비롯한 여러 방면의 변화에 적응할 필요에 자극받은 움직임이었다. 그러나 이 움직임이 국가정치에는 제대로 반영되지 못했다. 왜란 이후 사회경제조건의 변화에 능동적으로 대처하지 못한 조선왕조는 19세기 초에 이미 위기상황에 처해 있었다.

쇄국과 개항의 이분법

적어도 16세기까지 동아시아의 기술수준이 대부분 분야에서 유럽보다 앞서 있었다는 사실이 근년 밝혀져왔다. 르네상스 3대 발명품이라 하여 유럽의 근대화를 뒷받침한 것으로 일컬어지는 제지술, 나침반과 화약이 동아시아에서 유래한 것도 우연한 일이 아니다. 그러나 유럽은 17세기 이후 과학혁명과 산업혁명으로 새 시대를 열고 세계 정복의 길에 나선 반면, 동아시아는 침체상태에 빠져 있다가 19세기에 유럽인의 정복 대상이 되었다.

근대에 들어와 유럽과 동아시아의 길이 엇갈린 까닭에 대해서는 논의가 분분하다. 유럽은 분열된 나라들이 서로 경쟁하는 상황이었다는 점, 그리고 유럽이 원거리무역을 발전시켰다는 점이 많이 지적되어왔다. 경쟁 때문에 변화를 적극적으로 추구할 수 있었으며, 원거리무역 덕분에 산업구조가 빠른 속도로 다각화되었다는 것이다.

16세기 초, 명나라와 조선이 태평성대를 누리고 있을 때 유럽인은 대항해시대에 나섰다. 국가 간의 경쟁과 교회 간의 경쟁이 항해의 동력이었고, 물자 획득이 그 목적이었다. 당시 유럽인이 구한 것은 영토가 아니라 재물이었다. 꼭 필요한 곳이 아니면 식민지를 만들지 않았다. 스페인과 포르투갈, 뒤이어 영국과 네덜란드가 만든 해상제국은 점과 선, 즉 기지와 항로로 이루어진 것이었다.

문명이 아주 낮은 수준에 있던 '신대륙'과 아프리카 중남부에서 유럽인들은 물자를 획득하기 위해서라도 식민지를 만들지 않을 수 없었다. 식민지 경영을 통해 사람과 물자의 이동이 활발한 상태가 오래 계속됨에 따라 생산, 제조와 교역을 모두 대형화하는 변화가 일어났다. 이것이 산업혁명이었다. 그 결과 경제력과 군사력이 성장하면서 더 많은 식민지 수요가 생겨나, 높은 문명수준과 안정된 정치조직을 가진 지역까지 침략해 식민지로 만드는 추세가 나타났다. 이것이 서세동점이었다.

18세기에 식민지 경영의 선두주자는 영국과 프랑스였다. 두 나라는 아메리카에서 단순한 착취기구를 넘어서는 신형 식민지를 경영하며 산업혁명을 추진했다. 19세기 초 나폴레옹의 몰락으로 프랑스가 뒤처진 후 영국의 단독선두 자리가 굳어졌다.

18세기 후반 영국에서 궤도에 오른 산업혁명은 19세기 동안 서유럽에서 시작해 중부유럽을 거쳐 러시아, 미국 등 유럽 주변부로 번져나갔다. 막차를 탄 일본까지 포함해 새로운 산업구조를 세운 나라들은 국민국가 체제를 만들고 자국 산업을 독점적으로 뒷받침할 식민지를 찾아나섰다. 이들이 제국주의 열강이었다.

중국이 두 차례 중영전쟁(1840~1842, 1857~1860)을 겪고 일본이 개항하던(1854) 무렵까지만 해도 아직 식민지 쟁탈전이 그리 거세지 않은 상황이어서 열강의 개항 요구는 문자 그대로 통상 개방을 요구하는 수준이었다. 그러나 이질적 산업구조에 노출된다는 것은 각국의 기존 체제에 큰 충격이 아닐 수 없었고, 더욱이 이 요구를 동반한 무력시위는 충격을 넘어서는 공포를 불러일으켰다.

중국이 두 차례 참패를 겪은 뒤에야 일으킨 양무洋務운동이 전쟁도 없이 개항한 일본의 메이지明治유신에 비해 소극적인 수준에 머물렀기 때문에 수십 년 후 중국이 일본의 침략을 당하는 신세가 되었다고 하는 지적이 많이 있다. 이 대응태세의 차이는 두 나라가 처해 있던 상황의 차이에서 유래하는 것으로 설명할 수 있다.

청조 치하의 중국은 18세기 후반의 판도 확장을 통해 복합적 천하제국 체제를 막 완성해놓은 상황이었다. 그 체제에는 상공업 발전의 추세도 상당 수준 수용되어 있었기 때문에 구조 변화를 필요로 하지 않고 있었다. 오랑캐의 하나로 여겨온 유럽인에게 군사적 패배라는 수모를 겪으면서도 중국문명의 우월성에 대한 믿음을 버리기 어려웠다. 거듭된 패전 뒤 양무운동을 일으켰지만, 그 의미를 가능한 한 축소해서 보려는 경향에서 벗어나지 못했다.

이와 달리 일본은 구체제의 한계가 이미 드러나 있는 상황에서 서양의 충격을 맞았다. 1840년대 초의 덴포天保개혁에서 바쿠후의 위기의식을 알아볼 수 있다. 이 개혁마저 실패로 돌아가 바쿠후의 지도력이 신뢰를 잃고 각지의 다이묘大名가 독자적 개혁을 추진하는 가운데 개항 요구가 닥쳤다.

따라서 개항은 쇄국의 주체였던 바쿠후가 몰락하는 계기가 되었고, 개항을 국가 변혁의 계기로 삼으려는 개혁 세력의 주류가 형성되어 메이지유신을 추진한 것이다. 그들이 중국 지식층과 반대로 개항의 의미를 가능한 한 크게 보려 한 관점은 '탈아입구' 脫亞入歐 구호에서 단적으로 드러난다.

조선도 내부구조에 대한 위기의식을 느끼던 상태에서 개항 요구를 맞았다는 점은 일본과 마찬가지였다. 정조가 죽은 후 반세기 넘게 계속된 세도정치 아래 현실 변화가 제대로 수용되기는커녕 국가의 기본 질서가 와해되어온 상황에서 고종이 즉위하고 흥선대원군이 정권을 잡았다(1863). 농민 중심의 민란이 도처에서 일어나는 가운데 집권한 대원군은 국가 기본 질서를 세우기 위해 강력한 개혁을 추진했다.

대원군 개혁의 핵심은 서원 철폐와 조세 평준화였다. 양반 신분이 사회지도층으로서 애초의 의미를 잃고 개인적 권세와 조세 회피의 수단으로 전락한 것과 마찬가지로, 서원의 위상도 사림의 근거지로서 학술과 질서의 중심이라는 원래 의미를 잃고 집단 이권의 아성으로 타락하는 추세가 있었다. 대원군은 양반과 서원의 특권을 제한함으로써 서민의 부담을 완화하는 동시에 국가재정을 충실하게 하는 정책을 취했다.

북경조약(1860) 이후 중국에서 서양인들의 활동이 늘어남에 따라 조선을 엿보는 움직임도 몇 차례 있었다. 대원군이 그 대응으로 쇄국정책을 편 것은 국가체제가 충분히 회복되지 않은 상태에서 바깥바람을 맞으면 나쁜 영향을 받기 쉽다는 걱정 때문이었다. 서양인들도 조선 개항을 집요하게 요구할 절박한 동기가 없어서 병인양요(1866), 신미양요

(1871) 등 소규모 도발에 그치고 있는 동안 대원군의 쇄국정책에는 큰 위협이 없었다.

일본에서는 1868년 메이지유신의 깃발을 올린 후 조선 진출의 필요가 떠올랐다. 유럽식 산업화를 추진하는 일본에게 대륙 진출은 배후지 획득을 위한 절체절명의 과제였고, 그 길목에 조선이 있었다. 조선의 완강한 쇄국정책에 직면한 일본에서는 정한론征韓論까지 들썩이기 시작했는데, 1873년 대원군이 실각하자 무력시위를 통한 개항 압박으로 방침이 정해졌다. 20년 전 미국에게 당한 함포외교를 그대로 써먹은 것이다.

1875년 운요호사건 후의 조선 개항은 중국과 일본이 앞서 겪은 것과 마찬가지로 외압에 의한 것이었다. 시대상황에 따른 부득이한 일이었다. 더 중요한 문제는 개항 이후의 새로운 상황에 누가 어떻게 대처했느냐 하는 것이다.

1873년 대원군의 실각으로 조선은 국가 차원 대응의 초점을 잃었다. 조정은 대원군 집권 전과 같은 외척 중심의 세도정치로 돌아갔다. 어떤 과제보다도 체제 유지를 더 앞세우는 정치였다. 대원군이 실각하지 않았다면 효과적인 대응책을 내놓았으리라고 꼭 상상하는 것이 아니다. 대원군 집권기간 중 내정개혁에서라도 보였던 목표의식이 그의 실각 후로는 그나마 사라져버렸음을 지적할 뿐이다.

개항 후에도 정세 변화에 능동적으로 대처하려 노력한 사람들이 있었고, 이들을 '개화파'라 칭한다. 그러나 그들의 노력은 청나라 모델과 일본 모델로 갈라져 화합된 힘을 끌어내지 못했다. 이웃 나라 모델을

___ **운요호** 개항기 조선의 비극은 외압에 여러 주체가 효과적인 대응을 시도할 여건이 마련되지 않았던 데 있었다.

따르는 것을 넘어 '내 문제'를 해결하기 위해서는 닥쳐 있는 과제를 '나의 일'로 투철하게 인식할 필요가 있었다. 세도정치는 체제 유지에 대한 집착 때문에 새로운 과제의 인식과 해결 노력을 어렵게 만들었다.

개화파가 세도정치의 틀을 깨뜨리려 시도한 일이 한 번 있었다. 갑신정변(1884)이다. 그러나 이 시도는 일본 모델을 따른 것일 뿐, 하나의 정파를 넘어서는 폭넓은 동의를 모으지 않은 채 일방적으로 진행한 정변이었기 때문에 길게 버티지도 못했고 남긴 효과도 미미했다.

개항 이후 효과적인 대응책 없이 상당 기간 혼란을 겪은 것은 조선만이 아니었다. 중국도 일본도 모두 마찬가지였다. 가장 성공적으로 대응했다는 일본도 메이지유신의 방향을 잡는 데 개항 후 14년이라는 세월이 걸렸다.

유신의 선봉으로 나서게 될 조슈長州 한藩은 개항 후 10년이 지난 1864년까지 외국 함선에 제멋대로 포격을 가해 문제를 일으키고 있었고, 유신의 주체가 될 전국의 시시志士들은 바쿠후에 '양이'攘夷의 책임을 묻고 있었다. 바쿠후를 타도한 메이지유신은 '존왕'尊王을 앞세워

'양이'의 열정을 새 국가 건설의 과제로 끌어들이는 과정이었다.

개항기 조선의 비극은 일본에게 주어진 14년과 같은 시간이 주어지지 않은 데 있었다. 1860년대의 일본에 대해서는 독점적 야욕을 가진 열강이 없었지만 1880년대의 조선에게는 일본이 있었다.

또한 일본에게는 '존왕'이라는 제3의 돌파구가 있었던 반면 조선은 쇄국과 개항의 이분법에 묶여 있었다. 무엇보다도, 다양한 대응책을 여러 주체가 시도해볼 여건이 일본에는 있었지만 조선에는 없었다는 데서 개항의 명암이 갈라진 원인을 찾을 수 있다.

국권인가 왕권인가

신라 통일 이후 한반도의 국가가 외부 세력의 침공을 받은 일은 얼른 헤아리기 어려울 만큼 많이 있었고, 그중에는 임금이 직접 나서서 항복한 완벽한 정복도 두 차례 있었다. 그러나 몽골과 만주족 정복자들은 고려와 조선을 없애는 대신 조공관계를 맺는 데 만족했다. 반도국가를 문명한 나라로 존중했을 뿐 아니라 고유한 문화를 가진 이 지역을 힘들여 직접 통치할 동기가 없었기 때문이다.

대륙의 주인이 된 원나라와 청나라는 고려와 조선에 대해 조공관계로 만족할 수 있었다. 이와 달리 일본은 대륙으로 진출하려면 길목의 한반도를 확실하게 장악할 필요가 있었다. 호란 때 청군이 조선 조정만을 목표로 진군한 반면 왜란 때 일본군이 반도 전역을 침공 대상으로 삼은 차이도 여기에 까닭이 있다.

반도에 대한 섬의 관심은 섬에 대한 반도의 관심이나 반도에 대한 대륙의 관심보다 깊고 클 수밖에 없다. 일본이 한국에 치명적 위협이 된 것은 두 나라의 위치로 인해 정해져 있는 조건이었다.

메이지유신 초기, 아직 본격적 산업화가 많이 진척되지 않았던 1873년 무렵의 일본에서 반도 침략 논의가 일어난 것은 임진왜란과 별 차이 없는 수준의 동기에서였다. 징병제 실시로 역할을 잃은 사무라이 계급에게 새로운 일거리를 만들어주자는 것이었다. 실제로 당시 홋카이도 개발에 옛 사무라이 계급이 대거 동원된 것도 같은 목적이었다.

1876년 조일수호조약을 맺은 후 일본이 근대적 산업화를 추진함에 따라 식민지에 대한 수요도 무르익어갔고, 근대국가 체제가 갖춰지면서 식민지 획득을 위한 수단도 갖추게 되었다. 그러나 1884년 조선의 갑신정변 때만 해도 일본은 아직 국가 발전방향을 모색하는 단계에 있었기 때문에 전쟁을 치를 태세가 되어 있지 않았다. 1889년의 메이지헌법 제정과 1890년의 교육칙어 반포로 근대 일본의 국체가 모습을 드러냈고, 1886년의 통화제도 안정 조치 이후 경제와 산업의 발달도 궤도에 올라섰다.

1894년 조선에서 갑오농민전쟁이 일어났을 때는 일본이 준비가 되어 있었다. 청나라가 패퇴한 후 조선은 일본의 식민지 양성과정에 들어갔다. 러시아, 독일, 프랑스는 3국간섭(1895)으로 중국 본토에 대한 일본의 야욕을 견제했지만, 조선에 관해서는 아무 간섭이 없었다. 그후 합방에 이르기까지 조선의 식민지화에 심각한 이의를 제기한 열강은 러시아뿐이었다. 그 러시아마저 러일전쟁으로 물러서자 조선은 을사보호조약(1905)으로 실질적 망국에 이르렀다.

조선의 망국에는 두 개의 단계가 있었다. 일본의 지배 아래 떨어진 것은 마무리 단계라 할 수 있고, 그 앞 단계는 중국 중심 천하체제에서 벗어난 것이었다.

조일수호조약(1876)에서 청일전쟁(1894~1895)에 이르기까지 일본의 일관된 주장은 조선이 '독립국'이라는 것이었다. 조선과 청나라 사이의 특수관계를 부정하는 것이 조선 진출의 필수조건이었기 때문이다. 이 무렵 조선에서 '독립'의 주장은 '친일'과 그리 멀지 않은 것이었다. 독립문 현판을 '매국노' 이완용이 쓴 것도 이상한 일이 아니었다.

쇄국을 주장한 조선의 위정척사론자 중에는 일본과 서양을 배척할 뿐 아니라 청나라까지 오랑캐로 몰아붙인 사람들도 있었다. 그러나 청나라의 종주권을 인정하고 중국 중심 천하체제를 지키려는 사람들이 당시 조선 지식층의 주류였다. 그들 중 견문이 앞선 사람들은 당시 청나라의 곤경을 이해하고 맹목적 쇄국 대신 선별적이고 점진적인 개혁을 모색하고자 했다. 청나라의 양무운동에 보조를 맞추려는 것이었다.

청나라 양무파는 변화하는 상황 속에서도 조선의 친중국 정서를 이용해 조선과의 전통적 특수관계를 자기네 고유자산으로 지키고 싶어 했다. 조선의 개방을 청국의 주도하에 진행한다는 황준헌의 『조선책략』朝鮮策略(1881)도 그 표현이었다.

그러나 조선과 청나라를 둘러싼 열강은 이른바 '만국공법'의 원리를 주장하며 이 특수관계를 인정하지 않았다. 1882년 임오군란을 틈타 청나라가 조선에 군대를 주둔시키고 조선 조정에 직접 압력을 가하기 시작한 것은 이 특수관계를 지키려는 노력이었다. 그러나 이것은 열강에게 배운 외국통제 방식이며, 전통적 천하체제를 스스로 포기하는 것이나 마찬가지였다.

청나라의 무력개입은 일본의 '조선 독립' 주장에 힘을 실어주었다. 일본에 기대어 개혁을 꾀한 갑신정변(1884)이 그 결과였다. 청나라의 양무를 따라가려는 온건파의 노력이 청군 주둔이라는 바람직하지 못한 결과를 가져오자, 일본의 변법을 배우려는 급진파의 기세가 높아진 것이었다. 당시 일본에서도 자유주의 성향의 온건파가 동아시아 3국간의 협력을 제창하는 '아시아 연대론'을 내놓아 조선의 급진개화파를 고무했다.

청군의 조선 주둔 이후 청나라의 정치 간섭과 경제 침투가 계속되는 동안 조선인들은 개혁 모델로서 청나라에 실망을 느꼈다. 결국 청일전쟁을 계기로 청나라는 조선에서 물리적 영향력만이 아니라 심리적 영향력까지도 잃게 되었다.

그런 상황에서 진행된 갑오경장(1894)은 일본군의 총칼 앞에 시작된 것이었지만, 10년 전 갑신정변보다는 진보적 조선인의 합의를 널리 끌어모을 수 있었다. 중국 중심의 천하체제로 돌아갈 길이 사라진 이제, 일본이 개혁의 유일한 모델로 남은 것이었다.

갑오경장 당시 일본의 의도는 물론 일본의 영향력 확대에 있었지만 궁극적으로 조선을 어떻게 할 것인가에 대해서는 일본 내에서도 아직 태도가 엇갈려 있었다. 결국 현실화된 것은 무력점령을 향한 군국파軍國派 노선이었지만, 조선과 청나라가 일본의 개화를 뒤따르고 자발적으로 협력의 길을 모색하기 바라는 성향도 있기는 했다. 의도야 어떠했든 갑오경장은 일본의 메이지유신을 조선이 따라하게 하는 쪽으로 추진되었다.

'명성황후'라는 이름으로 민비의 자주성을 부각시킨 드라마도 있었지만, 갑오경장에 대한 민비의 저항을 자주독립 정신으로 미화하는 것은 정황에 맞지 않는다. 1873년 대원군을 실각시키고 정권을 잡은 민비 세력은 집권을 위한 집권에 집착할 뿐, 국가 진로를 능동적으로 열어 나가려는 노력을 보인 바 없었다.

민비와 고종은 입헌국가를 향한 변화로 왕과 조정의 전제권력이 사라지는 것을 두려워했다. 청나라를 이긴 일본의 기세가 3국간섭 앞에 꺾이는 것을 보며 러시아에 의지해 일본의 압력을 견제할 길을 찾은 것뿐이었다.

19세기 말 유럽 열강 중 극동 지방에 가장 크게 이해관계가 얽힌 나라가 러시아였다. 유럽의 후진국을 면하려 발버둥치고 있던 러시아에게 시베리아를 통한 태평양 진출은 다른 나라에는 없는 독점적 발전방향이었다.

태평양 길목의 조선에서 러시아는 일본과 마주쳤다. 청일전쟁 후 프랑스와 독일을 끌어들여 3국간섭으로 일본의 전리품을 제한한 것은 러시아의 외교적 승리였다. 그로 인해 러시아는 조선에서 일본을 견제할 만한 영향력을 행사하게 되었다.

1895년 10월 민비가 일본인들에게 살해된 다음 달 고종은 미국 공사관으로 피신하려다가 실패하고, 이듬해 2월 러시아 공사관으로 피신하는 데 성공했다. 1년간의 아관파천俄館播遷은 지리멸렬한 조선의 국체를 단적으로 보여준 사태였다.

이 기간 중 친일파 탄압이 있었던 것도 자주성을 지키려는 노력이

___ 아관파천 때 러시아공사관에
마련된 고종의 거실.

라기보다 외세에 편승한 각축전의 일환으로 보아야겠다. 당시 고종을 옹위하던 친러파 가운데 나중에 진짜 저질 친일파들이 나타난 데서도 알아볼 수 있는 일이다.

1897년의 소위 '광무개혁'光武改革은 주체 없는 개혁이었다. '대한제국'은 일본 등 열강이 바라는 이권 개발을 충실히 대행하는 기구가 되었다. 나라가 어려운 가운데 임금만 '황제'로 승격하고 전제권력 강화에 도취해 수백 년 지켜온 국체를 무너뜨린 조치는 백성의 충성보다 외세의 도움을 더 소중하게 여긴 결과였다.

1896년 7월부터 1898년 말까지 활동한 독립협회를 광무개혁의 한 주체로 보기도 한다. 독립협회는 당시 진보적 식자층의 애국심이 발현된 것이었지만, 또한 그 한계를 여실히 보여주기도 했다.

독립협회의 독립이란 이미 패퇴한 청나라로부터의 독립을 확인하는 것이지, 당시 늘어나고 있던 일본과 러시아의 힘으로부터의 독립을 뜻하는 것이 아니었다. 독립협회의 지도자 대부분은 두 나라 사이의 줄타기에 협회를 이용했을 뿐이었기 때문에 황제가 해산 명령을 내리자 바로 자취를 감추고 말았다.

조선과 만주를 둘러싼 러-일 간의 긴장은 결국 1904~1905년의 전쟁을 통해 일본의 승리로 귀결되었다. 일본은 열강의 묵인 아래 조선의 국권을 을사보호조약(1905)과 합방(1910)의 두 단계를 거쳐 소멸시켰다.

조선의 많은 백성들이 국권 상실을 슬퍼하고 일부는 적극적 저항에 나서기도 했다. 그러나 이때도 국권 수호의 궁극적이고 거국적인 주체는 존재하지 않았다. 을사보호조약에 항의한 헤이그밀사사건(1907)에 대한 책임으로 고종이 퇴위당하기는 했지만, 그 재위 40여 년의 행적으로 볼 때 그가 수호하려 한 것이 국권이었는지 왕권이었는지 판단하기 어렵다.

독립운동의
여러 가지 얼굴들

한국의 근대 항일운동은 운요호사건(1875)에서 시작된 것이지만, '독립'운동이라면 주권 상실의 위기감을 전제로 하는 것이니 청일전쟁(1894) 이후의 것으로 보아야 할 것이다. 그렇다면 일본군 진주 이후에 전개된 동학농민전쟁 후반부가 그 출발점이 된다. 1894년 6월 매듭지어진 농민전쟁 전반부는 조선 조정을 상대로 올바른 정치를 요구한 것이었는데, 7월에 일본이 출병하여 조정을 장악하자 이에 항의하여 10월에 다시 일어난 것이었다.

농민전쟁 지도부의 마음속에 '척왜' 斥倭 의식이 이때 싹트기는 했지만 주권 상실의 위기감에까지 이른 것은 아니었다. 청나라에서 일본으로 간섭 주체가 바뀌었다는 정도가 당시의 일반적 시각이었다. 그러나 이듬해 10월 왕비가 일본인에게 살해당하는 상황이 벌어지자 조선 조야는 큰 충격을 받았다.

일본인 축출을 목표로 하는 의병활동은 민비 시해를 계기로 시작되었다. 얼마 후 아관파천(1896)에 이어 대한제국 간판이 내걸리고 일본 세력이 다소 견제되는 듯하자 의병활동이 잦아들었지만, 1895년 을미의병의 경험은 1905년 이후 전개될 본격적 의병활동의 밑거름이 되었다.

3·1운동 이전의 항일운동은 '위정척사'衛正斥邪를 표방하는 의병활동이 주축이었다. 구질서를 수호하고 변화를 거부하는 이 입장은 조선조 성리학의 연장선 위에 선 것이었다.

'정'과 '사'를 구분하는 흑백론적 관점은 주어진 충격에 대한 피동적 반응이었고, 새로운 시대를 맞을 때가 되었다는 인식은 보편화되지 못하고 있었다. 무엇이 과연 지켜야 할 '정'이냐에 대해 여러 시각을 조정하는 것이 불가능했으므로 명망가를 대장으로 소규모 의병 부대들이 난립하는 양상을 피할 수 없었다.

1919년 초 위정척사론의 구심점이던 고종의 죽음을 계기로 항일운동은 다음 단계로 나아갔다. 변화를 무조건 배척하고 과거로 돌아가는 것이 불가능하다는 사실이 분명해졌다. 미래를 어떻게 그려나가느냐 하는 과제를 중심으로 항일운동이 새로 형성되기 시작했다. 왕정 아닌 공화정 지향은 당연한 일이 되었고, 그 공화정이 시민층 중심의 것이냐 사회주의를 지향하느냐 하는 차이가 차츰 온건파와 급진파 사이의 갈림길로 떠올랐다.

동아시아에 충격을 준 열강들 중에는 왕정 국가도 있고 공화정 국가도 있었지만, 시민층 중심의 입헌국가라는 점은 같았다. 일본은 이 점을 철저하게 모방했다. 폭력을 쓰는 강한 상대를 만났을 때 첫째 반응은 피하는 것이고, 피할 수 없다는 것이 분명하면 상대의 강한 점을 배워야 한다. 일본은 피할 수 없는 상황임을 일찍 깨닫고 상대방의 강점도 꽤 정확하게 파악한 셈이다.

상황 판단과 전략 선택의 주체가 취약했던 조선은 개항 초기에 일본만큼 능동적으로 대응하지 못했고, 그 결과 열강으로 변신한 일본에게 침략당하는 처지가 되었다. 그런 처지에서도 일본을 깔보는 전통적 정서는 쉽게 사라지지 않아, 갈수록 커지는 일본의 영향력을 무조건 부정하려고만 하는 자세가 항일운동의 바탕을 이루고 있다가 결국 합방에 이르렀다.

1910년대 일본의 전면적 직접 지배를 겪으면서 단순한 부정만으로 해결될 사태도 아니며, 과거로 되돌아갈 수도 없다는 사실이 분명해졌다. 그리고 일본이 보여준 '신식'新式의 좋은 면도 깨닫게 되면서 지나간 왕조시대보다 나은 미래를 바라볼 수 있다는 희망도 생겨났다. 3·1운동은 항일운동의 주류가 과거에 대한 집착으로부터 미래에 대한 희망으로 방향을 돌린 전환점이었다.

1차대전이 종결되면서 '민족자결' 원칙이 공언되고 러시아 공산혁명이 안정되어가는 국제상황도 한국의 독립운동에 새로운 자신감을 불어넣어주었다. 실력을 배양하여 일본 못지않게 힘 있는 나라를 키워내려 한 노선은 1920년대 이후 새 단계 독립운동에서 보수적 노선이라 할 것이고, 러시아 공산혁명을 모델로 일본 등 기존 열강과 전연 다른 국가체제를 지향한 노선은 보다 혁신적인 노선이라 할 것이다.

의병 전통을 이어받은 무장독립운동은 합방 후 국경 밖 만주와 연해주로 자리를 옮기고, 국내에는 1919년 이후 새로운 형태의 독립운동이 형성되었다. 1920년대의 국내 독립운동에는 일본에서 배워온 각종 정치사상이 작용했다.

일본의 자유민주주의 사조를 받아들여 실력 양성을 통한 점진적 독립 획득을 바라본 사람들이 많이 있었다. 이런 사람들은 과도적으로 일본의 도움을 받는 '자치' 단계를 구상하기도 했다. 현실을 있는 그대로 받아들이려 했다는 점에서 성숙한 면도 있는 관점이었지만, 1930년대 일본이 군국주의로 나아가게 되면서 개량주의 신봉자들은 진퇴에 어려움을 겪고 무더기로 '변절' 시비를 남기고 말았다.

1920년대는 일본 정치에서 불확실성의 시대였다. 한편에서 민권과 민생의 목소리가 자라나는가 하면 다른 한편에서는 군부를 중심으로 편협한 국수주의가 강화되고 있었다. 군부는 천황에게 직속한다는 명분으로 행정부와 의회로부터 독립되어 있었다.

결국 1931년 군부가 만주사변을 일으키고 일본 정치를 장악한다. 세계적 대공황으로 인해 열강의 대외정책이 배타적 분위기로 돌아서는 가운데 이뤄진 일이었다. 이를 계기로 일본은 전면적 군국화에 나섰고, 조선 통치의 목적도 '민족말살'을 뜻하는 동화정책으로 굳어지면서 통치방법에서도 폭력성이 강화되었다.

1920년대 후반 신간회를 중심으로 한국 독립운동이 좌우를 망라한 폭넓은 연합을 이룰 수 있었던 것은 세계 정세와 일본 정세가 관용적 방향으로 펼쳐질 희망을 보았기 때문이었다. 대공황을 계기로 경화된 국제관계가 이 노선을 좌초시켰다.

___ 1927년 2월 15일 신간회 창립 대회장 일본의 군국화는 아직도 예상되지 않는 일이었을까?

　　코민테른이 배타적 노선을 채택함에 따라 좌익 인사들이 연합전선에서 이탈한 것이 1931년 신간회 해체의 직접적 원인이었다. 그러나 더 근본적으로는 1930년을 전후하여 일본 경제가 악화되고 정치가 불안해지면서 일본 정부 당국과의 타협 내지 협력 전망이 흐려짐에 따라 신간회의 기본 노선이 흔들리고 있었다.

1930년대 들어 일본의 군국화에 따라 한국 지배도 무단적 방향으로 흘러가면서 민족 발전을 위한 어떤 노력도 국내에서 제대로 펼쳐질 수 없게 되었다. 일부 지도자들은 새로운 상황을 또 하나의 현실로 받아들여 그 속에서 최선을 다하려는 타협적 자세를 취했는데, 여기서 변절 문제가 많이 불거지게 되었다.

　　국내의 독립운동이 좌절함에 따라 많은 지사들이 해외로 망명하여 새로운 단계의 독립운동이 1930년대 초부터 중국 등지에서 펼쳐졌다. 신간회 운동이 일본과의 관계에 초점을 맞출 수 있었던 것과 달리, 해외의 독립운동은 일본을 적대하는 여러 현지 정치세력에 제가끔 의존하지 않을 수 없었기 때문에 결집에 한계가 있었다.

독립운동의 가장 큰 해외무대였던 중국에서도 국민당과 공산당에 각각 연계된 조직들이 서로 불화를 일으켰고, 국공합작 시기에 연합을 이룰 때도 실질적 융화에 이르지 못했다. 무장투쟁의 본산이었던 만주의 경우는 일본의 조종을 받는 만주국이 들어선 후 국민당의 외면으로 인해 공산 세력과의 연결 없이는 활동을 계속할 수 없게 되었다.

일본이 1937년 중국과 전면전을 시작하고 1941년 미국과 전쟁을 시작함에 따라 일본 제국의 종말을 바라보는 사람들이 늘어나게 되어, 그후의 독립에 대비하는 노력이 국내외에서 일어났다. 그러나 국내에서는 일제의 단말마적 억압으로 인해 이런 노력이 공론화될 공간이 전혀 없었고, 해외에서도 서로 이념이 다른 조직들이 공동노선을 형성할 여건을 이루지 못하고 있었다.

1919년 상해에서 설립된 대한민국임시정부가 가장 뿌리가 깊고 대표성이 컸지만, 국민당에 절대적으로 의지하는 조건 때문에 포용력에 한계가 있었고 의회 기능도 크게 발달하지 못했다. 한편 공산당과 연결된 독립운동 세력은 공산당 정책의 혼선으로 인해 큰 희생을 겪었다. 1930년대 초·중엽 만주 동부지역에서 발생한 민생단 사건이 가장 참혹한 사례였다. 한국 독립운동은 운동가들의 희생과 고통에 비해 성과가 적어서 1945년의 해방에 결정적 역할을 맡지 못했다.

일본 지배 아래 많은 한국인이 독립을 원했다. 그러나 그들이 원한 독립의 모습은 여러 가지였고, 그들이 독립을 위해 취한 행동도 여러 가지였다. '위정척사'를 위해 목숨 던진 사람들이 있는가 하면, 한국인의 실력 증진이 일본의 국가 발전과 합쳐져 독립을 얻을 수 있으리라는 희망을 품고 일본의 '올바른' 발전에 공헌하고자 한 사람들이 있었다. 제국주의의 모순을 꿰뚫어보고 한국이 그 틀에서 벗어날 길을 찾은 사람들이 있는가 하면 계급 모순의 해결을 통해 민족 모순을 초월하기를 바란 사람들이 있었다.

독립을 위한 모든 노력은 더 좋은 세상을 만들자는 것이었다. 식민지상태보다 좋은 것은 물론, 그전의 왕조시대보다도 더 좋은 세상을 만들자는 것이었다.

더 좋은 세상을 바라보는 시각에는 사람들 사이에 차이가 있기 마련이고, 그 차이를 조정해나가는 것이 정치다. 그런데 식민지 상황은 국내에서 정치의 과정이 일어나지 못하게 가로막았다. 또한 해외에서도 정치다운 정치가 일어나지 못한 것은 망국 이전의 조선이 정치의 전통을 제대로 남겨주지 않은 데 큰 이유가 있었다. 이런 상황에서 어느 날 독립이 주어졌지만, 그것은 건전한 정치 발전을 여전히 가로막는 새로운 예속과 함께 주어진 것이었다.

남한에는 일본 지배기의 민족운동과 사회운동에 대한 합리적 평가를 어렵게 하는 정치적·사회적 조건이 오랫동안 있어왔다. 일본 지배에 협조적이었던 집단이 미군정을 매개로 대한민국 지도층에 큰 자리를 잡아 친일행위에 대한 검토와 비판을 봉쇄해온 것이 가장 심각한 문제였다. 분단과 독재 상황에 힘입어 반세기 이상 지속되어온 이 문제가 근년에야 해소되어가고 있다.

과거 청산의 지체에 대한 반발은 친일을 무조건 죄악시하고 항일을 무조건 영웅시하는 흑백론의 분위기를 낳았다. 이것이 또한 균형 잡힌 성찰을 어렵게 해왔다.

    일본의 제국주의 폭력을 전제로 하면 현실적으로 독립운동이 곧 항일운동이었다. 그러나 운동의 두 측면이 논리적으로 꼭 일치하는 것은 아니었고, 40년(1905~1945)이나 지속된 일제 지배기간 중에는 항일의 장벽에 부딪치기보다 이를 우회해서 독립을 추구하는 타협적 노력도 독립운동의 일환으로 전개될 여지가 있었다. 올바른 과거 청산을 위한 '진실과 화해'를 이루기 위해서는 흑백론을 넘어서서 타협적 노력도 있는 그대로 보는 자세가 필요할 것이다.

7

일본의 억압적 지배가 끝나면서
한민족이 처한 위기상황에 기회의 측면도 살아나게 되었다.
전통시대와 다른 차원에서 민족 발전의 길이 열리기 시작했다.
19세기까지 한민족은 한반도의 농업국가 안에서 민족문화를 키워온 농업민족이었다.
일본 지배 아래 한민족은 산업화의 길을 걷기 시작했다.
이에 따라 20세기 100년 동안 인구가 여섯 배로 늘어났다.
21세기 초두의 한민족은 100년 전과 큰 차이를 가진 존재가 되었다.
20세기 후반을 통해 한민족은 두 개의 국가로 쪼개져
각각 자본주의와 사회주의 노선을 추구했다.
냉전체제의 질곡을 뒤집어쓰고 한국전쟁과 폭력국가 등 갖은 고생을 겪어온 끝에
이제 새로운 세계 정세를 눈앞에 두고 있다.
'세계화'의 화두가 21세기의 길목에 놓여 있다.
이 화두를 잘 새겨내기 위해서는 끌려다니고 쫓겨다니던 20세기의 피해의식에서 벗어나
우리의 전통과 주어진 정세 양쪽을 당당한 눈길로 바라보아야 할 것이다.

냉전과 열전 사이

일본에게서 해방된 한국을 점령한 두 나라가 바로 그후 반세기간 냉전의 주역이 될 나라들이었다. 그로 인해 한국은 둘로 쪼개져 세계 냉전구조의 최전선에 자리를 잡고 근대국가로서의 역할을 종속적인 위치에서 시작하게 된다.

"전투와 교전행위가 있어야만 전쟁이 성립하는 것이 아니다. 무력 행사 의지를 상당한 기간에 걸쳐 서로 드러내고 있다면 그것도 전쟁으로 보아야 한다." 17세기에 토머스 홉스Thomas Hobbes가 한 말이다. 냉전은 이런 범주의 전쟁에 들어가는 것이다.

냉전이 진행되는 동안 전 세계의 대다수 사람들이 언제라도 전면적 전쟁이 터질 수 있다고 걱정하며 지냈다. 그리고 그 전쟁에는 핵무기가 사용될 것이라고 예상했다. 전면적 전쟁이 실제로 벌어지지 않은 것은 당사자 사이의 신뢰 덕분이 아니라 전쟁이 터질 경우 쌍방이 모두 멸망하게 되리라는 공동의 두려움 때문이었다.

한국은 독일, 베트남과 함께 두 진영으로 분단되어 있었다. 냉전의 속박을 가장 뼛속 깊이 겪은 이들 세 나라 중에서도 한국의 경험이 제일 철저했다. 베트남에서는 친미 정권이 국가 기능을 제대로 수행하지 못해서 미국의 총력 지원에도 불구하고 냉전 중반에 무너졌다. 독일인들은 냉전의 제약을 넘어서는 경제와 사회 발전을 이뤘기 때문에 냉전체제 극복의 중요한 돌파구 하나를 스스로 만들어냈다.

한국은 세계적 냉전구조가 해소된 후에도 10년 넘게 냉전체제를 유지했다. 2000년의 남북정상회담으로 돌파구를 찾았으나 국내에서는 '상호주의' 주장이 발목을 붙잡았고, 국제적으로는 미국의 북한 봉쇄정책이 길을 가로막았다. 7년 만에야 2차 정상회담을 열면서 해빙을 위한 지속적 작업을 바라보게 되었다.

2차 정상회담에 따른 변화의 전망을 미국 정부보다도 더 받아들이기 힘들어하는 사람들이 남한 내에 있다. 냉전체제가 오랫동안 외부의 질곡으로 남한 사회를 지배한 끝에 그 안에 내면화되어버린 결과다. 감옥에 오래 갇혀 있다가 갑자기 풀려난 사람이 자유로운 세상에서 살기 힘들어하는 것과 같은 일이다.

남한에서 냉전의 표현은 '반공'이었다. 반공 풍조가 집단적 피해망상 수준에 이르는 데는 1950~1953년의 전쟁 경험이 결정적이었다. 베트남전쟁과 함께 냉전이 이례적으로 '열전'의 양상으로 나타난 사례인 한국전쟁은 남한의 반공주의를 비롯해 한국의 냉전체제를 극도로 강화하는 계기가 되었다.

___ 2차 남북정상회담에서 만난 김정일 위원장과 노무현 대통령.

2차대전 종전을 바라볼 시점에서 미국이 가장 걱정하던 것은 전쟁 후의 경제 위기였다. 1차대전 후의 불황과 혼란이 되풀이될 것을 우려한 것이었다. 미국 외의 주요 산업국들이 모두 심하게 파괴되었기 때문에 이번 위기는 1차대전 뒤보다도 더욱 극심할 것으로 예측되고 있었다.

종전 후 미국 정책의 가장 중요한 목표는 경제 위기 회피였다. 미국이 새로운 전쟁을 막기는커녕 경기 부양을 위해 오히려 전쟁을 부추기고 싶어 했다는 주장도 있다. 아이젠하워가 거론한 '군산복합체'를 그런 경향의 주체로 보기도 한다. 지속적 군비확장을 필요로 하는 냉전체제가 미국 경제구조에 유리한 것이었음은 분명한 사실이다.

미국은 소련에 대해 일찍부터 강한 적대감을 보였다. 혁명 초기 소련이 실패하기를 바라고 봉쇄정책을 취한 것은 모든 자본주의 국가가 마찬가지였다. 그러나 영국, 독일 등 대부분 나라들은 1925년 이전에 소련의 존재를 승인했다. 유독 미국만이 1933년까지 버티다가 대공황이 터진 뒤에야 소련과 국교를 열었다.

초기 소련에 대한 미국의 적대감은 경쟁의식에 상당한 원인이 있었던 것으로 보인다. 두 나라는 유럽의 변방에서 산업화를 늦게 시작했으나 방대한 잠재력을 가진 나라라는 공통점이 있었다. 소련이 세워질 때는 1차대전으로 유럽 선진국들이 피폐해져 두 나라의 잠재력이 두드러지던 시점이었다. 2차대전으로 유럽이 초토화된 상황은 두 나라가 초강대국으로 나설 기회였다. 강력한 경쟁국 소련이 스탈린의 공산권 팽창 전략을 밀고 나오는 데 미국인들은 위구심을 느꼈다.

2차대전이 끝날 때 소련은 승리감의 절정에 올라 있었다. 그 승리감은 오랜 고난과 역경을 이겨내고 얻은 것이기에 더욱 빛나는 것이었다. 혁명 전의 러시아가 2류 국가였다면, 혁명 후 4년간의 내전을 겪은 뒤의 소련은 3류에도 못 낄 만신창이 국가가 되어 있었다. 최소한의 민생회복을 위해 몇 해 동안 유화적인 신경제정책을 쓰다가 결국 철권에 의거한 통제경제가 돌파구로 떠올랐다. 이런 배경에서 스탈린이 집권한 것이었다.

스탈린의 공포정치는 그가 죽은 후 소련 지도부에게까지 비판을 받을 정도로 참혹한 것이었지만, 경제 면에서는 상당한 성과를 거뒀다. 중공업에 치중한 산업 발전은 2차대전에서 가치를 발휘했다. 전쟁은 스탈린체제의 어두운 면을 덮어주고 장점을 드러내줬다.

2,000만 가까이로 추산되는 소련의 2차대전 인명피해는 다른 모든 나라 피해의 합계에 맞먹는 수준이었다. 그런 피해를 딛고 소련은 나치 격파의 주역이 되었다. 1812년 나폴레옹 침략에 이어 러시아가 두번째로 유럽의 주축 세력을 이겨낸 영광의 승리였다.

1920년대 코민테른에서는 독일어를 공용어로 썼다. 2차대전 후 코민포름에서는 러시아어가 공용어가 된다. 러시아 같은 후진국에서 첫 공산국가가 나타난 것을 하나의 우연으로 여기고 공산주의 중심지로 인정하지 않던 상황이 이제 바뀐 것이었다. 소련이 걸어온 길이 전 세계 공산주의자들에게 찬란한 모델이 되었다.

스탈린이 승전의 여세를 몰아 공산권 확대에 나선 것은 당연한 일이었다. 그러나 그는 전체적으로 보아 모험을 회피하는 경향을 보였다. 유고슬라비아의 코민포름 이탈을 강경한 행동으로 막지 못하고 대신 다른 동구권 국가들이 동조하지 못하도록 지도자들을 숙청하는 데 그쳤다. 산토끼 잡는 데보다 집토끼 지키는 데 뜻이 있었던 것이다. 독일 처리를 둘러싼 서방과의 대결에서도 그의 행동은 시위 수준의 베를린 봉쇄에 그쳤다.

1949년 중국공산당의 승리도 스탈린이 예측하지 못한 것이었다. 공산정권 수립을 불과 반년 앞둔 1949년 4월 남경에서 광동으로 후퇴하는 국민당 대열에 동행한 유일한 외국 외교관이 소련 대사였다. 자생력 있는 또 하나 거대한 공산국가의 등장은 소련과 스탈린에게 꼭 반가운 것만은 아니었다.

1950년 무렵까지 소련은 미국과의 직접대결을 회피하고 있었다. 이란에서, 그리스와 터키에서, 독일에서 소련의 양보가 이어졌다. 한국에서의 도발은 당시 상황에서 이례적인 것이었다. 1949년 원자탄 개발로 얻은 자신감 덕분에 외곽지역에서 시험적 도발을 감행할 수 있었던 것이다. 그리고 같은 진영이면서도 애매한 관계에 있던 중국을 앞세우는 전략이 또한 이 도발을 가능하게 했다.

1948년 한국 남북에 세워진 두 정권은 전쟁을 바랄 만한 동기를 피차 얼마간씩 가지고 있었다. 전쟁이라는 비상상황이 벌어지면 종주국 내지 후원국인 미국과 소련의 집중 지원을 받을 수 있다는 속셈도 있었다. 그리고 정권에 대한 경쟁 세력을 숙청하여 체제 확립의 기회로 삼을 수 있는 것이 전쟁이었다.

북한의 김일성 체제 확립은 소련과 스탈린의 모델을 따랐다. 연안파, 소련파, 남로당파 등 좌익의 큰 줄기들을 꺾고 김일성 한 사람에게 권력과 권위를 집중시켰다. 그리고 당의 통제력을 중심으로 긴장된 사회체제를 구축했다.

남한에서는 건국 전후부터 도태되기 시작한 민족주의와 사회주의 진영이 전쟁 동안 거의 박멸상태에 이르렀다. 전쟁 후에도 미진한 박멸 작업이 '반공'이란 간판 밑에 계속되었다. 이승만 체제에 대한 일체의 저항이 '빨갱이'로 몰렸다. 1958년 조봉암의 처형으로 정치계의 박멸 작업이 완료되었고, 이승만의 자유당과 별 차이 없이 이념성 없는 정당만이 야당으로 존속이 허용되었다.

1960년 학생의거로 이승만이 축출되었다. 남한에서는 이 사건을 '혁명'으로 받드는 전통이 있다. 그러나 이승만의 축출 자체를 혁명으로 보기에는 무리가 있다.

이승만의 퇴임 결정 자리에 함께 있었던 것은 외무부장관(대통령 유고시 승계권자)에 막 임명된 허정과 육군참모총장 송요찬, 그리고 미국 대사 매카너기였다. 이승만이 최후의 보루로 여겼던 군부와 미국의 대표들이 그의 퇴임을 방관하거나 권유하고 있었던 것이다.

미국에게 이승만은 이용 대상일 뿐이었다. 한국 통제라는 미국의 목적에 능률적으로 공헌하는 데 그의 가치가 있었다. 이승만 정권의 부패와 수준 낮은 독재정치는 미국의 신뢰를 받을 수 없는 지경에 이르러 있었다. 이념 없는 정치는 능률로 평가받을 뿐이다. 북한의 김일성 정권 같은 자생력을 갖추지 못했던 이승만 정권은 무능을 드러내고 미국에게 해고당한 것이었다.

이승만의 축출은 혁명이라기보다 하나의 정변일 뿐이었다. 그리고 그후 3개월간의 허정 정부만이 아니라 1년에 못 미친 민주당 정권도 과도정부의 성격을 넘어서지 못했다. 그러나 4·19학생의거는 허울뿐인 해방 이후 억압과 공포에 짓눌려 있던 한국인들에게 새로운 가능성을 떠올려준 계기로서 의미가 있는 사건이었다.

1년가량의 과도기를 거쳐 이승만 정권의 뒤를 이은 것은 군사독재였다. 군사정권은 냉전체제 속에서 미국이 원하는 남한의 역할을 이승만 정권보다 훨씬 능률적으로 20여 년간 수행했다.

박정희 집단의 쿠데타 음모는 4·19 무렵부터 시작되고 있었다. 한국군은 한국전쟁을 계기로 방대한 규모로 성장했고, 50년대를 통해 군부가 남한 최대의 재력과 인력을 갖춘 조직이 되었으나 이승만 체제 아래서는 독자적 세력으로 나서지 못하고 있었다. 그러다가 이승만이 미국의 신임을 잃자 이승만의 권력을 대신할 여건이 된 것이다.

한국군 수뇌부는 일본군과 만주군 장교 출신들이 주축을 이루고 있었다. 미국은 한국 군부를 한국 통제의 가장 중요한 통로로 사용하면서 미국식 지휘부를 양성하려 노력했지만 장군들 중에는 일본식 군인정신에서 벗어나지 못하는 사람들이 많았다. 군부가 정치 전면에 나서는 행태부터가 1930년대 일본에서 배워온 것이었다. 그래서 박정희 군사정권은 미국에 의존하면서도 미국식 자유민주주의와 체질적으로 맞지 않는 성격을 가지고 있었다.

여기에서는 1961~1987년간의 남한 정권을 모두 '군사정권'이라 칭한다. 대부분 형식상으로는 선거를 통해 정부가 구성된 기간이다. 그러나 선거가 선거다운 선거가 못 되었고, 군의 통제력이 선거보다 중요한 정권의 근거였다고 보기 때문에 군사정권이라 부르는 것이다.

군사정권은 실력을 갖춘 조직인 군부를 발판으로 삼았다는 점에서 이승만 정권보다 안정성을 지니고 있었다. 그래서 미국에 전적으로 의존하던 이승만 정권에 비해 냉전체제 속에서의 역할을 효과적으로 수행할 수 있었다. 경제를 중심으로 한 국가발전에도 보다 능동적인 자세를 갖추게 되었다.

군사정권은 나름대로 주체성이 있는 정권이기도 했다. 정권 안보를 위해 국권을 훼손시킨 일도 더러 있었고 국가를 봉사의 대상보다 이용의 대상으로 여긴 경향도 있었지만, 국가를 자기 나라로 생각하고 그 발전을 도모한 것이 정권의 기조였다. 억압체제를 대미 종속관계가 아닌 국내 문제로 보는 시민계층의 인식은 이 시기 민주화운동 성장의 배경이 되었다.

남한에 군사정권이 들어선 후 미국의 영향은 서로 모순되는 두 가지 방향으로 남한에 작용했다. 한편으로는 미국이 표방하는 자유민주주의 사상이 들어와 시민계층의 정신적 성장을 뒷받침해주었다. 다른 한편으로는 베트남전 등 반공투쟁에 대한 남한의 현실적 공헌을 확보하기 위해 미국이 남한의 군사독재를 지원해주었다. 그래서 미국의 절대적 지원을 받는 남한 정권이 『타임』, 『뉴스위크』 등 미국의 주류 정기간행물 배포를 통제하는 기현상이 펼쳐지기도 했다.

미국에 대한 남한 정권의 절대적 종속상태가 계속된 것과 대조적으로 북한 정권은 소련과 중국, 두 후원국 사이에 끼어 있으면서 주체사상을 키워냈다. 소련과 중국의 관계는 한국전쟁 과정에서 불안해졌다가 1950년대 후반 극한대립에 이르렀다. 북한은 소련에 주로 의지하던 상태에서 중국 쪽으로 서서히 무게를 옮기다가 1966년 주체사상을 선포했다. 주체사상의 출발점은 어느 한쪽에도 종속되지 않는 독자노선에 있었다.

북한의 독자노선은 남한에 대한 전면적 우위를 바탕으로 한 것이었다. 당시의 북한은 정권의 정통성과 이념성, 그리고 경제력과 군사력에서 모두 남한보다 우월한 상태였다. 청와대 습격 시도, 푸에블로 호 납치, 울진·삼척 지역 무장대 투입 등 1960년대 말의 대공세는 이 자신감에서 나온 것이었다. 남한 인민의 이목을 가리고 있는 독재체제의 통제를 깨뜨리기만 하면 남한 인민도 북한 체제를 선택하리라는 믿음이었다.

독재에 대한 시민계층의 점증하는 반발과 북한의 공세 사이에 끼인 박정희 정권은 유신이라는 전체주의 노선으로 대응했다. 종래의 독재와도 차원이 다른 극약처방이었다. 남한의 반공전선 이탈을 꺼려 부득이 지원을 계속해온 미국과의 관계에도 긴장이 늘어났다. 극약의 약효는 7년 만에 터져 유신체제가 내부붕괴를 일으키기에 이르렀다.

1979년 10월 박정희의 죽음으로 유신체제의 뼈대가 무너졌지만 그

약발은 8년을 더 끌었다. 1987년 6월항쟁은 안팎의 조건이 합쳐져 이뤄진 것이었다. 안으로는 유신체제 붕괴 이후 민주화운동이 상당한 성숙 단계에 이르렀고, 밖으로는 고르바초프의 등장으로 미소 대결이 새로운 국면으로 접어든 것이었다. 6월항쟁을 계기로 민주화운동이 남한 정치의 전면에 나서면서 냉전체제 탈피과정이 비로소 시작되었다.

그후 공산권 붕괴에 이어 남북한이 유엔에 가입하면서 각자 종래의 적성국들과도 수교를 맺는 변화가 일어났다. 이 변화를 남한에서는 순조롭게 받아들인 데 반해 북한은 얼른 소화하지 못해서 해빙이 안 된 채로 21세기를 맞게 된다. 미국의 적대정책도 이 사태의 한 이유였지만, 더 근본적인 문제는 북한의 경직된 1인 독재체제에 있었다. 결정적 전환점이 될 남북정상회담을 앞두고 1994년 7월 김일성이 죽자 체제 정비가 바빠진 북한이 변화에 능동적으로 대응할 기회를 한 차례 잃고 만 것이었다.

주어진 광복

1945년 8월 15일 일본의 항복이 한민족의 광복을 가져왔다. 일본의 2차대전 참전과 패전은 한일관계사나 동아시아사의 범위를 넘어서는, 세계사적 맥락 속에서 이뤄진 일이었다. 일본의 패전에 따른 한민족의 광복은 한민족을 세계사의 격류 속에 몰아넣는 결과를 가져왔다.

일본 패전에 대한 한민족의 공헌은 그리 큰 것이 못 되었다. 유럽의 피점령국에서 있었던 파르티잔이나 레지스탕스 같은 저항도 한국 내에서는 거의 없었다. 국외에 근거를 둔 파르티잔 부대 하나가 국경 곁의 마을 한 곳을 습격한 보천보사건(1937년 6월)으로 김일성이 일약 '민족의 영웅'으로 떠오른 상황은 국내의 저항이 얼마나 미미한 상태였는지 상대적으로 비춰 보여주는 것이다.

이것이 한민족의 독립정신을 깎아볼 이유는 되지 못한다. 유럽에서도 저항이 강했던 것은 독립국으로 있다가 전쟁 중에 점령당한 나라들이었고, 점령기간이 길어 지배국 치안체제가 확립된 지역은 그렇지 못했다. 그러나 점령기간이 짧고 저항이 치열했던 나라가 종전에 임해 당연히 독립국으로 인정된 데 비해 전쟁 전부터 지배당하고 있던 나라에 대한 대접은 떨어질 수밖에 없었다.

일본을 항복시킨 연합국들의 한국 처리 방침은 자기네 이익과 편의에 맞추어져 있었다. 주요 연합국 중 영국과 프랑스는 한국에 대한 관심이 적었고, 중국은 자기 자신이 해방당한 처지에 가까웠기 때문에 발언권이 약했다. 그래서 한국은 미국과 소련의 점령에 맡겨졌다. 점령을 맡는다는 것은 건국 방향을 좌우할 칼자루를 쥐는 것을 뜻했다.

미국은 1898년 필리핀 점령 이래 태평양 건너편에 대한 이해관계를 키우고 있었다. 그리고 소련은 태평양 진출을 갈망하던 러시아의 뒤를 이은 나라였다. 그러나 1945년 시점에서 두 나라의 야심은 이런 평면적 패권 확장을 넘어서는 것이었다. 자본주의와 공산주의를 축으로 한 세계체제 구축이라는 각자의 입체적 구상이 드러나기 시작하고 있었던 것이다.

1945년 당시 소련은 공산주의 확장에 강한 자신감을 가지고 있었다. 유럽의 많은 나라들이 독일에 항전하는 과정에서 공산당의 지도력이 성장했다. 중국과 베트남에서도 민족 모순과 계급 모순을 연계시킨 공산주의자들의 항전 전략이 성공을 거두고 있었다.

소련은 코민테른을 통해 각국 공산당에 강한 영도력을 발휘했다. 최초의 공산국가로서 서방 국가들의 경제봉쇄를 극복하면서 산업화를 수행하고 2차대전에서도 독일 격파의 주역으로 떠오른 소련은 전 세계

___ 미주리 함상에서 항복문서에 서명하는 일본군 수뇌부.

공산주의자들에게 흠모의 대상이었다.

한국 역시 항일운동 과정에서 좌익의 역할이 크게 늘어나 있었다. 소련이 북한을 점령할 때 스탈린은 한국을 자신에게 종속적인 공산국가로 만들 의지를 가지고 있었다. 그래서 선택한 인물이 김일성이었다. 한국 좌익 항일운동가 중 나이가 젊으면서 지명도가 높고 최근 4년간 소련에 의탁해온 인물이기 때문이었다.

김일성을 앞세워 자기네가 점령한 이북의 공산화를 순조롭게 진행하면서 이남 좌익 세력의 동조를 이끌어내려는 것이 소련의 전략이었다. 미국의 대응은 불리한 조건 아래 이남이라도 지켜내겠다는 방어적인 것이었다.

주어진 광복 289

소련에 비해 미국의 가장 불리한 조건은 효과적인 협력자를 찾을 수 없다는 것이었다. 우익에도 김구처럼 지명도가 높고 강한 영도력을 가진 인물이 있기는 했다. 그러나 김구를 비롯한 우익 명사들은 미국이 바라는 만큼 협조적이 되기에 민족주의 성향이 너무 강했다. 예컨대 군정 당국자들은 일제하 치안에 종사했던 인력이 자기네의 한국 장악에 얼마나 요긴한지 절감하고 있었다. 그런데 한국의 정통파 우익은 이들 친일파를 용납할 수 없었다.

그래서 선택한 인물이 이승만이었다. 민족주의를 표방하는 저명인사이면서도 유연성 있는 인물. 당시 미국은 한국을 어떤 방향으로 이끌어갈지 확고한 로드맵을 가지고 있지 못했기 때문에 이승만처럼 유연성 있는, 즉 기회주의적인 인물이 틈새를 찾을 수 있었던 것이다.

민족주의는 통상 좌익보다 우익 성향으로 나타난다. 그럼에도 한국의 민족주의 운동이 해방 당시까지 좌익 성향으로 크게 기울어져 있었던 기본 원인은 식민지 상황에 있었다. 민족 해방이 하나의 혁명적 과제로 주어져 있었기 때문에 개량적 성향의 우익보다 혁명적 성향의 좌익이 이 과제의 수행에 적합한 위치에 있었던 것이다.

일본 군국주의가 극단으로 치닫던 1930년대 상황이 한국 민족주의를 좌익 쪽으로 더욱 몰아붙였다. 한국의 보수적 민족주의자 상당수는 1920년대에 일본의 자유주의파와 호응해 일본과의 협력을 통한 점진적 민족 발전에 희망을 품었다. 1931년 만주 침략을 계기로 일본 정당정치가 퇴행하면서 이 희망의 발판이 사라졌다. 일본 군국주의가 비타협적 강권통치로 조선 경영에 나서면서 한국 민족주의도 비타협적 혁명운동으로 좁혀졌다.

해외 독립운동의 주 무대였던 중국에서도 한국 민족주의 운동의 좌경화를 국민당 정권이 거들었다. 적극적 항일활동의 중심지 만주 지역에서 일본의 영향력이 자라나 결국 괴뢰 만주국이 세워지는 것을 국민당 정부가 방관하는 동안 그 지역 항일운동 세력에게는 공산당과의 연계가 유일한 활로가 되었다. 중국 자체의 민족주의가 공산당으로 기울어져가는 추세 속에서 중국에서 활동하던 많은 한국 민족주의자들도 중국 공산당에 기대게 되었다.

상해임시정부는 보수적 민족주의의 거점으로 자리를 지켰다. 그러나 '정부'의 역할을 실제로 수행하지 못했기 때문에 상징적 의미를 넘어서지 못했다. 특히 1932년 상해를 떠난 뒤로는 여러 해 동안 존립 자체가 불안했고, 1940년 중경에 자리 잡은 뒤 얼마간 안정을 되찾기는 했지만 중국 국민당에 대한 예속이 심했다.

해방 당시 항일운동을 바탕으로 한 건국 영도력은 좌익에 쏠려 있었다. 그리고 당시의 좌익 중에는 항일운동을 위해 공산당에 의탁한 사람들의 비중이 컸다. 좌익의 풍성한 인적 자원이 북한의 공산국가 건설에 좋은 조건이기는 했지만, 스펙트럼이 넓은 만큼 노선 갈등의 소지가 많았다.

1948년 가을 남한과 북한에 명목상 독립국이 세워진 후 양측은 오랫동안 서로를 '괴뢰' 정부라고 매도했다. 북한에게도 소련의 과도한 영향력 때문에 이런 욕을 먹을 빌미가 얼마간 있었지만, 이승만 정권에 대해서는 여지없이 정확한 지적이었다. 이승만 정부는 국가 발전을 위한 노력 대신 권력 독점에만 힘을 쓴 기회주의 정권이었다.

성립기의 이승만 정권에게는 좌우 양쪽으로 강한 경쟁자가 있었다. 좌익에 대해서 이승만은 미국의 반공 지침을 등에 업고 원천적 부정으로 임했다. 국시國是, 즉 국가의 존재의미를 '반공'反共이라는 네거티브 명제에 두는 희한한 상황이 벌어졌다. 남한에서 이 국시는 국민의 인권이나 행복에 앞서는 위치를 오랫동안 누렸다.

오른쪽의 경쟁자는 김구를 위시한 임시정부 출신 민족주의자들이었다. 이승만 자신이 민족주의를 간판으로 내걸고 있었기 때문에 보수적 민족주의라는 기준으로 서로 힘을 합쳐야 할 한집안이었다. 그러나 이승만에게 민족주의는 하나의 상표일 뿐이었다. 권력 독점을 위해서는 친일파의 등용도, 옛 동지들의 암살도 아랑곳할 일이 아니었다.

가짜 민족주의를 내걸어 진짜 민족주의를 따돌리고 정권을 장악하는 것이 쉬운 일일 리 없었다. 그런 일을 이뤄내기 위해서는 온갖 무리한 짓을 저질러야만 했다. 그러나 정권 장악 후 정권을 지키기 위해 행한 범죄는 정권 장악과정의 무리를 무색하게 만들 만큼 지독한 것이었다. 정권의 성격을 여실히 보여주는 몇 가지 일만 살펴보자.

• 반민특위 탄압: 일본 지배기의 청산은 광복 후 국가와 민족의 진로 설정을 위해 꼭 필요한 과업이었다. 군정 3년간 지체된 이 과업에 착수하기 위해 건국 직후 반민족행위처벌법이 제정되고 반민족행위특별조사위원회(반민특위)가 구성되었다. 그러나 이승만 정권은 일본경찰 출신 경찰요원을 앞세워 반민특위를 습격하는 등 탄압 끝에 1949년 8월까지 반민특위를 무력화했다. 결국 반민족행위 혐의로 조사받은 680

여 명 중 1950년 3월까지 단 7명이 실형을 선고받았으나 이들도 1년 내에 모두 풀려났다. 그 결과 남한의 민족주의는 껍데기만 남게 되었고, 그 과정에서 3권 분립 원리도 무너져 이승만 독재정권이 세워졌다.

• 보도연맹: 좌익 경력의 인물들을 강압적으로 전향시킨 것만 가지고 사상의 자유 운운하는 것은 사치스러운 일이라 해도 좋다. 그런데 그렇게 전향시킨 사람들로 보도연맹을 조직해두었다가 전쟁이 터지자 불러모아 학살한 것은 인류 역사상 가장 악질적 국가범죄의 반열에 오를 만하다. 유대인을 보호해주겠다고 등록시켜두었다가 그 명부를 조직적 학살에 이용한 나치의 범죄 못지않은 것이었다.

• 국민방위군: 1950년 말 중국의 참전에 밀려 서울을 두번째 버릴 때 이승만 정권은 17세에서 40세 사이의 남성 민간인을 국민방위군으로 조직한다며 약 50만 명을 징집했다. 그러나 한겨울에 징집당한 이 군중에게 군복도 막사도 식량도 지급하지 않아 수만 명이 얼어 죽고 굶어 죽는 참상이 벌어졌다. 북한 측에 의용군 자원을 빼앗기지 않고 측근 테러단체를 준군사조직으로 키우려던 이승만의 욕망과 야심에서 빚어진 이 사태는 그가 국민과 국가를 이용의 대상으로만 여겼음을 단적으로 보여준다.

남한과 북한의 건국과정에서 점령국인 미국과 소련의 영향력은 절대적이라 할 만큼 컸다. 남한의 대한민국 건국에 이념성이 사라진 것은 당시 미국의 대외정책에 지향성이 없었기 때문이다. 그 시점에서 미국은 유일한 핵무기 보유국으로서 세계 최강의 국력을 자랑하고 있었으나, 공산주의의 확산 앞에 이념적으로 수세에 몰려 있었다. 그래서 편의

위주로 남한을 운영하다보니 공산주의, 사회주의는 물론이고 민족주의, 자유주의, 민주주의, 심지어 자본주의까지 어떤 이념에도 얽매이지 않는 이승만 집단을 키워내게 된 것이었다.

이념 측면에서는 북한이 훨씬 더 유리한 조건을 누렸다. 계급혁명을 통한 공산사회 건설이라는 지향성은 지식층과 지도층에서 상당한 폭의 동의를 끌어낼 수 있었다. 그래서 인민위원회를 빨리 구성해 군정을 대신할 수 있었다. 과거 청산도 남한보다 순조로웠다.

그러나 소련의 과도한 영향력이 북한 체제에 큰 부담이 된 측면이 있다. 해방 당시의 소련은 '현실 공산주의'의 대표로서 세계 공산주의자들에게 공산혁명의 본산으로 인식되고 있었다. 그러나 스탈린 치하의 소련은 많은 병리적 문제를 지닌 국가였고, 이 때문에 신생 공산국가들에 대한 그 지도력에도 한계가 있었다.

마르크스와 엥겔스 등의 고전적 공산주의에는 일당독재, 통제경제, 지도자의 우상화 같은 관념이 없었다. 이런 현상이 소련에 나타난 것은 당시의 정치경제적 조건들 때문이었다. 산업화 수준이 매우 낮은 나라가 첫 공산국가가 되었다는 것부터 특이한 상황이었다. 게다가 혁명 후 4년간의 내전을 비롯해 선진국들의 경제봉쇄 등 역경 속에서 새로운 체제의 국가를 키워내야 하는 비상사태의 연속이었다.

스탈린의 공포정치는 장기화된 비상사태가 낳은 결과였다. 이 공포정치가 당시 소련이 무너지지 않고 산업화를 이룩해 2차대전이라는 엄청난 위기를 돌파할 수 있도록 이끌었다. 그러나 그가 죽은 지 얼마 안 돼 소련 지도부 자체가 비판하지 않을 수 없을 만큼 무리한 체제였다. 그런데 1945년 당시에는 모든 공산국이 스탈린 체제에 경의를 표하며 그 지도를 받아들이고 있었다. 북한은 그중 하나였다.

1945년의 소련은 세계 유일의 성공한 공산국가였다. 그때까지 10여 년간 소련을 이끌어온 스탈린 체제를 온 세계 공산주의자의 대다수가 공산주의 성공의 열쇠로 여기고 있었다. 소련은 자기 영향권에 들어온 나라들을 일당독재와 통제경제의 길로 이끌었다. 그 진영에 들어온 많은 나라에서 지도자의 우상화가 행해진 것도 소련을 본받은 것이었다.

식민지 또는 점령상태에서 벗어나 독립한 나라들은 대개 산업화와 경제개발이 뒤져 있었다. 30년 전 자기네와 비슷한 상태였던 소련이 세계 최강을 다투는 군사력과 경제력을 갖추기에 이른 것이 이상적인 모델로 받아들여지지 않을 수 없었다. 공산주의 이념을 따르지 않는 사람들도 민족과 국가의 발전을 위해 소련의 뒤를 따르려 했다.

일당독재도, 통제경제도, 심지어 스탈린 식 공포정치까지도 불리한 조건을 이겨내기 위해 부득이한 것으로 많은 사람들이 인식했다. 부득이한 정도가 아니라 새로운 건설을 위해 고통과 파괴를 바람직한 것으로 여기기까지 했다. 한국전쟁으로 한국에서 두 체제가 마지막으로 넓고 깊은 접촉을 가졌을 때, 좌익 출신을 포함한 남한의 대다수 진보적 지식인들은 북한 체제에 환멸을 느꼈다. 전체주의에 가까운 권력구조와 정치행태 때문이었다.

김일성 집단은 이승만 집단보다 훨씬 든든한 정통성의 근거를 지니고 있었다. 남한에서 여러 번 정치적 혼란을 겪는 동안 연속적 정권을 지킬 수 있었던 것도 이 정통성 덕분이었다. 그러나 이 정통성은 정권을 지켜주는 힘이면서 또한 변화와 발전을 가로막는 힘으로도 작용했다. 남한이 혼란스러워 보이는 상황 속에서 정치적으로나 경제적으로나 발전을 쌓아오는 동안 북한은 시간이 지날수록 어려운 처지에 빠져들며 오늘에 이르렀다.

주어진 광복은 무늬만의 광복이었다. 그러나 한편으로는 진정한 광복의 출발점이 될 수도 있는 기회였다. 출발 단계의 남한 정권은 북한에 비해 정통성이 취약하고 예속성이 강했다. 그러나 활발한 진화과정을 60년간 거치면서 웬만큼 자기 앞을 가리는 나라로 발전해왔다. 광복의 출발점을 어느 정도 활용해낸 셈이다.

변화를 적극적으로 겪어온 남한, 그리고 정통성과 연속성에 집착해온 북한이 서로 직접 어울리기 시작하고 있다. 이 어울림이 풀려나가는 과정 속에서 진정한 민족 광복의 마무리 단계가 펼쳐질 희망을 가진다.

밥과 주체성

1960년 4월 이승만이 축출될 때까지 남한은 국가의 틀을 제대로 갖추지 못하고 있었다. 북한이 소련과 중국에서 받는 것보다 훨씬 더 큰 원조를 미국에서 받고 있었지만 밑 빠진 독이었다. 권력자는 이권을 대가로 충성을 모으기 바빴다. 야당도 부정부패를 줄이자는 정도의 주장을 내놓을 뿐, 근본적 대안을 제시할 수 없었다.

1961년 5월 남한을 장악한 군사정권은 반공과 경제개발을 명분으로 내세웠다. 둘 다 절실한 과제였다. 아직 냉전의 초창기였던 당시 상황에서 국가 존립의 필수조건인 미국의 후원을 확보하기 위해서는 반공의 깃발이 필요했다. 그리고 경제적 자립은 진정한 독립을 위해 가장 요긴한 조건이었다.

경제 발전은 반공의 맥락에서도 중요한 문제였다. 전쟁 후 남북대결은 군사대결에서 경제대결로 옮겨가고 있었다. 그런데 1950년 남한의 군사력 열세가 10년 후에는 경제력 열세로 되풀이되고 있었다. 전쟁으로 인한 파괴는 북한이 더 심했다. 그러나 북한이 회복과 발전을 위한 노력을 쌓는 동안 남한은 원조의 단물만 빨아먹으며 제자리걸음을 하고 있었다.

남한의 서민생활은 일제 말기와 큰 차이가 없는 열악한 수준에 머물러 있었다. 그런 상황에서 일부 특권층의 치부는 민중의 상대적 박탈감을 더 심하게 만들었다. 또한 미국 등 서방 국가들과의 접촉을 통해 경제선진국을 선망하는 풍조가 팽배했다.

박정희에게는 이승만처럼 국부國父 시늉을 할 밑천이 없었다. 그래서 집권을 정당화할 구호가 필요했다. 그런데 반공은 이미 써먹을 대로 써먹은 구호였기 때문에 국민의 지지를 새로 모을 힘이 없었다. 박정희 정권의 가장 유용한 깃발은 경제개발이었다.

한 가지 짚어둘 것이 있다. 군사정권에게 반공이 절실한 과제였다고 앞에서 말했는데, 이것은 상당 기간의 국가 발전을 위한 여건을 마련하는 데 필요한 것이었다는 말이지, 정치적·도덕적인 옳고 그름을 따지는 것이 아니다. 쿠데타 전에 민족주의에 입각해 반공주의를 비판하던 움직임이 있었다. 그러나 당시의 세계 정세에 비추어보면 이 움직임의 의미는 상징적인 차원을 크게 벗어나지 않았던 것으로 보인다.

군사정권에게 반공은 채찍이고 경제개발은 당근이었다. 반공은 쓴맛이 알려진 약이었고 경제개발은 달콤한 새 약속이었다. 이 약속에 군사정권은 명운을 걸었다. 미국의 지시도 국민의 지지도 없이 일으킨 쿠데타였다. 미국의 신뢰를 받을 근거가 없던 군사정권에게는 국민의 지지를 불러일으켜 자생력을 키울 필요가 있었고, 그 수단이 경제개발이었다. "우리도 한번 잘살아보세!"는 당시 한국인들에게 더없이 매력적인 구호였다.

군사정권은 경제개발을 위해 수단과 방법을 가리지 않았다. '5개년계획'은 소련에서 개발되어 공산권에 유행한 정책구조였다. 권력자 아닌 사람이 '5개년계획'을 제안했다면 반공법에 걸렸을 것이다.

베트남 파병은 미국의 환심을 사는 데도 물론 목적이 있었지만, 기본 목적은 역시 경제의 활로를 찾는 데 있었다. 민족사에 오점으로 남은 파병이지만 경제 활성화에는 역할을 했다. 다른 참전국에 비해 적은 봉급이라도 당시 경제수준에서는 적지 않은 외화수입이 되었고, 부수적 사업 기회도 당시 남한의 기술수준으로는 파병 없이 얻기 어려운 것이었다.

군사정권 초기 정책 가운데 가장 큰 국민적 반발을 불러일으킨 것이 일본과의 수교였다. 일본의 전면적 국가범죄에 시달렸던 민족에게 군사정권의 수교 조건은 굴욕적인 것이었다. 그러나 군사정권에게는 일본의 돈이 절실하게 필요했다. 군사정권의 경제개발 정책이 상당한 성과를 거두어 정권이 꽤 오래 지속될 수 있었던 데는 일본과의 관계가 핵심적인 역할을 했다.

1960년대 초 경제대국으로 성장하고 있던 일본에게 아쉬운 문제 하나는 입체적 경제구조를 뒷받침해줄 배후지가 없다는 것이었다. 제국주의에서는 식민지가 배후지 역할을 해준다. 서방 열강의 옛 식민지들은 대개 독립 후에도 경제적 배후지로서의 역할을 계속했다. 그런데 일

___ **박정희** 군사정권에게 반공은 채찍이고 경제개발은 당근이었다.

본의 옛 식민지들은 모두 일본과 절연되어 있었다.

배후지의 역할은 인적·물적 자원을 제공하고 상품 소비에 가세하는 것이다. 국교 수립 후 남한은 일본 산업과 경제를 보완하는 방향으로 발전의 틈새를 찾았다. '신新식민지' 역할을 자청한 셈이었다.

일본과의 긴밀한 경제관계는 공산권에 가로막혀 섬과 같은 위치에 있던 남한에게 불가피한 선택이었다. 그 자체에 문제가 있는 것은 아니었다. 다만, 그 관계에 임하는 자세가 협력적인가 종속적인가를 따질 여지가 있는 것이다.

군사정권이 일본에 대해 당당하지 못했던 것은 국교 수립 단계부터의 일이었다. 현금이 절실하게 필요했던 정권은 식민지시대의 피해에 대한 보상금을 형편없는 헐값으로 흥정해버렸다. 권력이 국민으로부터 나온 것이 아니었기 때문에 국가를 제대로 대표하지 못했고, 이로 인해 외국과의 거래에서 손해를 감수한 것은 박정희 집권기 내내 거듭된 일이었다.

　박정희를 비롯한 정권의 핵심인물 몇이 해방 전 만주국에서 일한 경력이 있기 때문에 그들이 만주국을 한국 경제개발의 모델로 삼은 것이 아닌가 하는 추측도 제기되어왔다. 합당한 추측이다. 만주국은 일본 관동군의 손으로 만들어지고 운영된 괴뢰국가였다. 군부가 국가 운영의 주체라는 점부터 일본 경제에 종속적인 위치를 자청하는 구조까지, 군사정권의 경제정책은 우연으로 볼 수 없을 만큼 만주국의 틀을 그대로 따랐다.

　박정희 정권의 구체적 모델이 만주국이었다면 그 배경인 군국시대 일본이 궁극적 선망의 대상이 아닐 수 없었다. 국가와 재벌의 결탁, 그리고 노동운동의 철저한 탄압이 가장 두드러진 지표들이다. 재벌 중심의 산업·경제구조는 군사정권이 끝난 오랜 뒤까지도 후유증을 남기게 된다.

재벌의 뿌리는 이승만 정권 때까지 거슬러 올라간다. 그러나 1950년대 남한의 대자본가들은 재벌이라기보다 거상巨商이었다. 삼성그룹 이병철 회장을 당시 사람들은 '돈병철'이라고 불렀다. 돈 많은 사람의 상징이었던 것이다. 당시 자본가들은 돈 냄새를 피웠을 뿐, 권력의 냄새는 풍기지 않고 있었다.

　이승만 정권의 부패공화국에 정경유착이 없었을 리가 없다. 4·19 후 대부분 자본가들이 부정축재 혐의를 받았다. 5·16 후 경제개발을 절체절명의 과제로 인식한 쿠데타 세력은 이 자본가들에게 손을 내밀었다. 기왕의 부정축재 혐의를 최대한 무마시켜주면서 앞으로의 긴밀한 협력관계를 제안한 것이었다.

이승만 정권하의 정경유착이 특혜 한 건 한 건을 놓고 흥정하는 단발식 유착이었다면 군사정권하의 정경유착은 구조적이고 지속적인 것이 되었다. 정권은 재벌들을 위해 모든 일을 해주었다. 사업 기회를 만들어주고, 싼 금리로 자금을 제공하고, 노동운동을 봉쇄해 낮은 임금을 보장해주었다. 세금도 낮게 매기고 적당히 거뒀다.

그 대가는 정부가 요구하는 산업구조에 참여하는 것, 그리고 권력집단에게 돈을 대주는 것이었다. 적당한 명분이 있을 때 거두는 '준準조세'라는 제도 아닌 제도는 검은돈이라는 거대한 빙산의 한 모퉁이가 때때로 드러난 것이었다. 이 거래관계를 원활히 유지하기 위해 전경련이라는 기구도 만들어졌다.

초기의 재벌 체제에는 순기능이 적지 않았다. 수출드라이브 경제정책을 위해서는 규모의 경제가 필요했다. 그리고 시장조건이 미비한 상황에서 계열회사 간의 내부거래는 거래비용을 절감하는 효과적인 길이었다. 그런데 경제 발전의 결과로 순기능을 위한 조건이 해소된 뒤에도 재벌 체제가 계속해서 강화되어 엄청난 역기능을 낳았다.

군사정권은 정치의 자연스러운 흐름을 가로막는 무단적武斷的 속성을 가진 것이었다. 1961년의 남한 상황에는 쿠데타의 필요성을 정당화해주는 면도 없지 않았다. 그러나 박정희 집단은 군사정권을 영속시키려 했기 때문에 사회 발전과 갈등을 일으켰다. 재벌 체제는 이 권력중독증이 경제계에 투영되어 나타난 것이라고 할 수 있다.

1960년에서 1990년 사이 남한의 경제성장을 타이완, 싱가포르, 말

레이시아 등 경쟁국들과 비교해보면 전체적 성과에서는 별 차이가 없었다. 다만 남한 경제가 다른 나라들에 비해 산이 높고 골짜기가 깊었다. 고속 성장기에는 남들보다 빠른 속도를 보였고, 침체기에는 유별나게 충격이 심했던 것이다.

이것은 경제와 산업에 대한 정권의 개입과 통제가 강했던 결과라고 생각된다. 여건 변화에 대한 정권의 판단과 대응이 시장에 맡겨두는 것보다 효과적일 때도 있었고, 경직된 인위적 체제가 위험에 둔감한 면도 있었던 것이다.

전체적인 성과가 크게 뒤지지 않은 것은 인위적 경제 운영치고 괜찮은 성적이다. 그런데 문제는 외적 지표보다 재벌 중심 경제체제의 체질에 있었다. 이 문제가 1998년 IMF 사태 때 혹심한 타격을 불러왔다.

재벌 체제는 군사정권과의 호응관계 속에서 발전한 체제였다. 그리고 군사정권 초기에는 가치를 발휘했지만 후기에는 역기능이 늘어나 있었다. 그런데 군사정권이 물러선 1987년 이후에도 위정자와 기업가들은 재벌 체제의 매력에서 헤어나지 못했다. 위정자들에게는 정치자금을 쉽게 조달하는 것이 매력이었고, 기업가들에게는 경쟁을 회피하고 특혜를 따내는 것이 매력이었다. 그래서 정권과 밀착된 인물들이 특혜 융자를 통해 재벌 흉내를 내는 '모의 재벌' 같은 기현상까지 나타났다.

1997년 후반에 세계적으로 확산된 경제 위기는 유동성의 위기였다. 경제의 기반이 흔들리기보다 운영방법의 불안정성이 표면적 문제를 일으킨 것이다. 국가권력 중심 재벌 체제에 묶여 있던 남한 경제의 약점을 정통으로 때린 문제였다. 국가가 주축을 맡고 있던 금융계는 재벌이 떠넘긴 부담을 모두 덮어쓴 채 무너졌고, 부담은 대부분 국가로 넘어왔다.

　그로부터 10년이 지난 지금 '잃어버린 10년'을 이야기하는 사람들이 있다. 국적 대기업을 국가경제의 대표로 팍팍 밀어주던 시절을 그리워할 만한 상황이 그동안 없지는 않았다. 그러나 IMF 사태 와중의 정권 교체는 특권구조의 청산을 바라는 민의가 반영된 것이었다. 과거처럼 특권의 주재자가 아닌 두 대통령 아래 남한은 상당한 자생력과 안정성을 가진 국가로 변신할 수 있었다.

넓은 의미의 세계화라 할까, 모든 인류의 시장이 통합되는 추세는 유럽의 산업혁명에서부터 구체적인 궤적을 그리기 시작했다. 산업화, 자본주의, 무역 자유화를 주축으로 하는 이 변화는 19세기 중에 두 가지 큰 모순을 드러냈다. 제국주의 충돌로 드러난 민족 모순과 공산주의 대두로 나타난 계급 모순이었다.

　제국주의 충돌은 20세기 전반의 두 차례 대전으로 파국을 맞았다. 그 뒤에는 공산주의의 도전이 반세기 가까이 세계를 냉전구조에 묶어 놓았다. 돌이켜보는 입장에서 말한다면 공산주의의 도전은 하나의 대안 제시에 그쳤을 뿐, 세계 경제의 흐름을 근본적으로 바꾸는 결정적 역할에 이르지 못했다. 적어도 아직까지는.

　지금 모습을 드러내고 있는 세계화의 흐름은 2차대전 이후 서방세계 안에서 본류를 지켜온 것이다. 1960년대까지는 OECD로 대표되는 선진국들이 그 주류를 이루었다. 1970년대 유가파동에 따른 경제격동을 계기로 한국 등 신흥산업국들이 주류에 접근하기 시작하면서 지금 진행되고 있는 세계화의 규모와 틀이 나타나게 되었다. 커진 무대 위에서 남한의 역할은 엑스트라에서 조연급으로 격상되었다.

1970년대 경제파동은 당시 자본주의 세계에서 심각한 위기로 받아들여졌지만 '위기가 곧 기회'라는 말대로 세계시장의 역동성을 키우는 계기가 되었다. 공산권 경제는 대조적으로 침체에 빠졌다. 1960년대까지 연 5퍼센트 이상을 유지하던 소련의 GNP 성장률이 1970년대를 지나는 동안 계속 떨어져 1980년대에는 연 2퍼센트 수준이 되었다. 이 장기침체가 곧장 공산권 붕괴로 이어졌다.

1970년대 초까지 남한보다 우위에 있던 북한 경제의 몰락은 이 흐름 속에서 이뤄진 것이다. 어떤 이유로든 세계화를 거부한 나라들이 지금 세계에 가난한 나라로 남아 있다. 옛 공산권 국가들이 1990년대에 개혁과 개방을 받아들이는 가운데 북한은 홀로 흐름 밖에 서 있어왔다. 미국의 적대적 봉쇄정책에도 이유가 있지만, 북한의 비타협적 자세가 더 근본적 이유다.

바닥을 친 북한 경제의 건드려지지 않은 잠재력이 21세기 초반에 어떤 모습으로 터져나올지, 한반도가 이제부터 겪어나갈 변화에서 중추적 작용을 할 것이 기대된다.

폭력국가의 청산

인류의 모든 제도가 그렇듯 '국가'도 현실의 필요에 따라 만들어진 다음 그 의미에 대한 합리적 설명이 덧붙여지면서 표준적 형태를 갖추게 된 하나의 제도다. 중국에서는 근 3,000년 전부터 '천명'天命에 입각한 국가론이 나타나 근세까지 동아시아 지역에 통용되었다.

서양에서도 그리스와 로마에서 국가론이 나타났었다. 그러나 동양처럼 국가론이 널리 통용되지 못하고 있다가 근세에 들어와서야 새로운 국가론이 안정된 모습으로 나타났다. 이 국가론을 바탕으로 형성된 근대국가 형태가 유럽인의 세력 팽창과 함께 전 세계로 확산되어 오늘날 200여 개 국가로 쪼개져 있는 세계의 모습을 만들었다.

국가론의 존재는 사회의 정치적 안정을 위해 요긴한 조건이다. 뚜렷한 국가론이 없었던 중세 유럽은 약육강식의 정글이었다. 영토와 인민은 영주의 재산으로 인식되었고, 재산을 다투는 데 무력을 사용하는 것은 자연스러운 일이었다. 왕이나 황제 칭호를 가진 대영주들의 영토는 교환, 탈취, 상속, 지참금 등의 경로를 통해 수시로 크기와 모습을 바꿨다.

중세 후기부터 상공업의 발달에 따라 실력을 갖춘 시민계층이 성장하면서 일방적 통치 주체였던 국가가 국민에 대해 책임을 지니게 되는 변화가 일어났다. 제일 먼저 떠오른 책임은 질서 유지였다. 이미 존재하던 국가의 강제력을 합리화한 것으로도 볼 수 있지만, 개인과 국가의 관계를 상호적인 것으로 보는 관점의 출발점이기도 했다. 18세기부터는 민권과 인권의 보호라는 책임이 떠오르기 시작했고, 20세기에 와서는 국민의 복리 증진이라는 더 적극적인 책임도 복지국가라는 이름으로 나타났다.

1945년 당시 선진국과 후진국 사이에는 경제개발과 산업화의 수준 못지않게 국가와 개인의 관계에 대한 이해 수준에 큰 차이가 있었다. 선진국의 국가 개념이 민주국가에서 복지국가로 나아가고 있을 때, 후진국에서는 폭력에 근거한 권위주의 체제가 판을 치고 있었다.

1945년 가을 유엔이 출범했을 때 회원국은 51개였다. 당시 존재하던 국가 중 패전 9개국과 중립 8개국을 제외한 거의 모든 나라가 참여한 것이었다. 중국과 타이완이 자리를 바꾼 1971년까지 회원국은 132개가 되었다. 26년 사이에 세계의 국가 수가 곱절로 늘어난 것이다.

2차대전 후 생겨난 국가들은 식민지에서 독립한 나라들이었다. 대부분은 국가경영이나 안정된 정치의 경험이 없고, 독립의 역량과 관계없이 형세에 떠밀려 독립한 나라들이었다. '민주공화국'을 표방하면서도 민주공화정을 시행할 여건을 갖추지 못한 나라들이 많았다. 그런 나라들은 독재와 혼란 사이에서 장래를 선택할 수밖에 없었다.

한국도 이런 신생국의 하나였을 뿐일까? 동아시아 국가들은 민족국가 규모의 국가경영 경험을 유럽 국가들보다 더 많이 가지고 있었다. 국민에 대한 국가의 책임을 인식하는 국가론도 오랫동안 통용되고 있었다. 지식층과 지도층의 정치·사회적 역할을 강조하는 도덕적 전통도 있었다. 대다수 신생국들에게 없는 정치역량이었다. 그런데도 남한과 북한이 모두 오랫동안 권위주의적 독재정치에 빠지게 된 것은 무엇 때문이었을까?

일본은 패전국이면서도 나라의 모습을 거의 그대로 지켰다. 동서로 분할되었을 뿐 아니라 독일 민족의 많은 거주지역을 떼어내야 했던 독일과도 대비되는 일이다. 섬나라라는 조건과 미국이 일본을 단독으로 관리했다는 상황도 작용했지만, 일본이 전통적 국체를 뚜렷이 지켜왔기 때문에 가능한 일이었다.

중국은 1911년 왕조체제 폐지 후 중화민국이 전통적 국체를 잘 살리지 못하고 있었다. 1945년 해방 시점에서는 국민당 권위주의 체제로 낙착될 것이 확실시되고 있었다. 그러나 결국 전통적 천명론에 보다 가까운 공산당이 국민당 정권을 몰아내고 중화인민공화국을 수립했다. 그후 중국은 공산국가면서도 천명론이 가미된 독자노선을 따라 공산권 붕괴라는 충격을 뚫고 비교적 연속성 있는 발전의 길을 걸어왔다.

이웃 두 나라에 비해 한국의 전통적 국체가 잘 살아나지 못한 데는 두 가지 까닭이 있다. 하나는 35년간의 식민지 지배로 인해 전통이 단절되었던 것이고, 또 하나는 오랫동안 냉전의 최전방에 묶여 있었던 것이다. 두 가지 조건이 합쳐져 전통의 회복을 가로막아왔지만, 그렇다고 아주 말살되지는 않았다. 민족국가 전통이 회복될 조짐이 냉전체제 해소 후 뚜렷하게 나타나고 있다.

일본은 한국을 지배한 35년 동안 한국을 식민지로 이용하는 데 그치지 않고 완전히 통합하기 위해 많은 노력을 기울였다. 이 노력은 거의 수포로 돌아갔다. 해방 후 한국에서 일본 지배기를 그리워하며 반민족적 행태를 보인 사례는 개인적 이해관계에 따른 극소수에 그쳤다.

일본 지배자들의 노력이 통합의 성과를 거두지는 못했지만, 한국의 민족국가 전통에는 많은 손상을 입혔다. 가장 대표적인 측면이 역사왜곡이다. 19세기 유럽에서 정치무기로 개발된 근대역사학을 들여와 민족 전통을 훼손하는 도구로 쓴 것이다.

일본인의 한국사 왜곡에는 두 개의 층위가 있었다. 쉽게 드러나 보이는 것은 얕은 층위의 '가치 훼손'이다. 그러나 더 심각한 것은 보다 깊은 층위의 '가치관 훼손'이다.

조선의 '사대주의'에 대한 비방을 예로 들어보자. 조선인의 독립성이 일본인보다 약하다는 비판이 가치 훼손이라면 사대–자소 관계 자체를 폄훼한 것은 가치관 훼손이다. 일본은 조선 개항 때부터 만국공법 체제를 조선에 강요하며 전통적 사대관계를 부정했다. 만국공법 체제는 허구의 평등으로 현실의 불평등을 가림으로써 제국주의 시대의 약육강식 정당화에 이용된 논리였다. 오늘날의 시장만능주의와 같은 틀이다. 이 이질적인 논리의 강요로 인해 사대관계와 연결된 전통적 가치관은 연속적 발전의 기회를 잃게 되었다.

해방 후 남한의 과거 청산이 부진했기 때문에 식민사관의 청산도 부진할 수밖에 없었다. 식민사관의 청산과 관련해 가장 심각한 문제가 깊은 층위의 왜곡, 즉 가치관 훼손에 특히 대응이 빈약했던 것이다. 한국인, 특히 애국자임을 자부하는 이들 중에 과거 일본 식민주의자들이 일본을 내세우던 관점을 그대로 따라 한국을 내세우려 드는 사람들이 많은 것도 그 결과다. '거울에 비친 오리엔탈리즘'이다.

일본이 패퇴하자 한국 민중은 '조선'의 독립에 환호했다. 그러나 막상 민족국가 조선의 정치적 전통은 식민사관의 꾸준한 폄훼로 인해 말라비틀어져 있었다. 유교, 사대, 당쟁 등 전통의 중요한 내용들이 망국의 주범이라는 누명을 쓰고 있었다. 해방된 민족의 새 국가는 전통의 원리 위에 서지 못하고 그때까지 일본인들이 가르쳐준 기준, 그리고 미국과 소련이 가르쳐주는 방향에 따라 만들어지게 되었다.

한국인들은 자신의 전통, 특히 정치적 전통에 부끄러움을 지닌 채로 해방을 맞았다. 그러니 전통의 지배에서 벗어나는 것을 일본의 지배에서 벗어나는 것 못지않게 절실한 과제로 여기며 미국과 소련의 지도를 받아들였다.

남한 사람들은 한국이 미국 같은 자유민주국가가 되기를 바랐고, 북한 사람들은 소련 같은 공산국가가 되기를 바랐다. 그러나 어느 쪽에도 미국과 소련 체제에 실제로 어떤 문제들이 내재되어 있는지 깊이 이해하는 사람은 적었다. 믿음을 받아들이기만 하면 구원을 얻을 수 있다는, 복음주의 차원의 낙관에 양쪽 사회가 모두 들떠 있었다.

자유민주주의를 수용한 일본도, 공산주의를 수용한 중국도 자신들의 정치적 전통을 현대국가 운영에 어느 정도 활용했다. 일본의 천황제나 중국의 천명론이나, 전통의 완전한 회복도 아니고 현대세계 속에서 기형적인 모습으로 보이는 측면도 있다. 그러나 과거와 미래, 이념과 현실 사이를 이어주는 역할을 나름대로 해온 것이다.

그에 비해 한국에서는 전통의 활용이 적었고, 전통이 모습을 나타낼 때는 대개 부정적인 모습이었다. 충효사상을 일방적 지배-복종 관계로 둔갑시킨 유신시대의 이념 교육은 이 전통의 공백을 보여주는 것이다.

전통의 부재 내지 역할 상실로 인해 수입된 이념이 절대성을 띠게 되었다. 정치 원리와 현실의 상호작용이 원활하게 일어날 수 없었다. 새 정치 원리를 실행하는 핵심장치인 선거는 너무나 많은 조작에 가려져 민의의 표출이라는 원래의 기능을 발휘할 수 없었다. 국가와 국민을 연결하는 통로라는 정치의 의미가 약화되어 정권은 국민 통제를 위해 폭력에 의존하게 되었다. 그 결과가 경찰독재와 군사정권이었다.

2차대전 후의 신생국 중에는 경찰독재와 군사정권을 모면한 나라가 많지 않다. 대부분은 민족국가 운영의 경험이 없기 때문에 주어진 상황에 따라 국가를 만들어 독립하고도 자체적 운영 능력을 가지지 못한 나라들이다. 한국은 풍부한 경험과 전통을 가지고도 그 대열을 벗어나지 못한 특이한 사례다. 냉전체제 아래에서 초강대국들의 이해관계가 첨예하게 얽혀 있었기 때문에 전통의 회복이 늦어진 것으로 볼 수 있다.

1910년에서 1945년 사이 일본의 한국 통치방법은 일본의 정치 분위기에 따라 얼마간 굴곡은 있었지만 전체적으로 억압적이었다. 특히 마지막 10여 년간에는 군국주의 정치와 전쟁 상황을 배경으로 그 억압성이 매우 심했다. 한국인의 눈에는 모든 공무원이 권력자였고, 순사와 군인은 두려움의 대상이었다.

한국의 남북에 국가가 들어선 뒤 정권 담당자들은 이 억압체제를 스스로 물려받아 이용했다. 정권 운용의 여건이 여러모로 미비한 상황에서 후원국인 미국과 소련이 원하는 방향으로 국가를 운영하는 손쉬운 길이었기 때문이다. 한국 민중이 해방을 반겼던 데는 억압체제에서 벗어난다는 희망이 컸다. 그러나 해방 후의 상황에서 권력자들에게는 후원국의 신임이 국민의 지지보다 더 중요했다.

북한에 절대적 영향을 끼친 소련은 스탈린의 공포정치가 절정에 이르러 있었다. 한국전쟁 때 나타난 북한의 모습은 스탈린 숭배를 비롯한 소련 분위기로 덮여 있었다. 전쟁 후 북한 사회의 모습은 외부에 많이 드러나지 않았다. 그러나 근년 접촉이 증가하는 가운데 얼마간 나타나는 모습은 경찰독재의 계속을 짐작게 해준다. '프롤레타리아 독재'를 공산주의 발전의 정상적 단계로 보는 공산국가에서 어느 정도의 억압체제는 자연스러운 것이기도 했을 것이다.

남한은 미국을 위시한 자유민주주의 국가들과 교류하며 자유민주주의를 표방했다. 그러나 실제로는 민주주의 원리가 오랫동안 사회에 통용되지 못했다. 이승만 정권은 경찰과 테러조직을 이용해 독재를 행했고, 시민계층은 정치의식도 경제여건도 미숙한 상태에서 정권을 견제할 효과적인 길을 찾지 못했다.

미개한 수준의 이승만 독재는 한 차례 소요사태 앞에 무너졌다. 그 후 독재자가 없는 1년 남짓한 과도기가 있었지만, 민주주의가 숙성되어

나오지 못하고 군사독재가 그 뒤를 이었다. 박정희 군사정권은 중앙정보부를 비밀경찰로 활용해 사회 통제를 고도로 강화했다. 특히 1972~1979년 유신시대의 남한은 피노체트 정권하의 칠레와 함께 세계적으로 손꼽히는 전체주의 사회의 하나였다.

군사정권 아래 남한 시민계층은 성장을 계속했다. 경제적으로 안정된 중산층이 형성되었고, 준엄한 통제 밑에서도 정치사상이 꾸준히 자라났다. 사회의 확장된 민주역량은 1979년 유신체제 붕괴의 기반 조건이 되었다. 그후 8년간 신군부 정권이 유신체제를 복원하려 애썼으나 사회의 민주역량이 계속 자라나 1987년 6월 그 울타리를 휩쓸어버렸다. 1960년에 나타난 가능성이 1987년에 실현된 것이다.

처음으로 폭력에 직접 좌우되지 않은 선거를 통해 대한민국 정부가 구성된 것이 1987년의 일이었다. 남한에서 민주국가의 출발점이라 할 수 있다. 그러나 이 정부가 민주주의 원리를 제대로 구현하는 데는 적지 않은 장애물이 놓여 있었다.

가장 두드러진 장애물은 북한과의 대결상황이었다. 상대방의 위협은 내부의 억압체제를 유지하는 핑계가 되어왔다. 1990년대 초 공산권 붕괴, 한국과 구 공산권 국가들과의 수교, 남북한 유엔 가입 등 주변 상황의 큰 변화에도 불구하고 남북한의 대결 자세는 쉽게 누그러지지 않았다. '북풍'北風이란 유행어가 생길 만큼 대결상황을 국내 정치에 이용하려 드는 세력이 남한에 있었던 것도 이 상황의 연장에 한몫했다.

2000년 김대중·김정일의 정상회담을 계기로 뚜렷한 긴장 완화가 시작됐다. 몇 해 뒤 보수파가 행정부와 의회 양쪽에서 모두 주도권을

___ 1987년 7월 9일 이한열 열사 장례식.

내놓게 되는 남한 초유의 정치 변화도 다분히 이 긴장 완화에 기인한 것이다. 보수파는 '상호주의'라는 명분으로 긴장 완화를 늦추려 애썼지만 2007년 노무현·김정일 회담에 이르는 대세를 바꾸지는 못했다. 변화의 본질은 평형상태를 벗어나는 데 있다. 평형에 집착하는 상호주의는 변화에 대한 저항이며, 그 타당성은 변화의 필요를 어떻게 인식하느냐에 달린 것이다.

남북간 긴장보다 더 끈질긴 장애가 집단이기주의였다. 민주주의란 것이 원래 이기심을 조정하는 방법으로 개발된 것이므로 이기심은 민주주의의 본질이라고도 할 수 있다. 효과적인 조정이 이뤄지기 위해서는 제대로 된 절충과정이 필요하다. 1987년 이전 남한의 권위주의 체제는 구성원들의 이기심이 자발적으로 절충되는 길을 공권력으로 막았다. 그래서 공권력의 억압이 사라지자 각자의 이기심이 무절제하게 분출되는 경향이 나타난 것이다.

가장 뚜렷한 집단이기주의의 사례가 이른바 '지역감정'이다. 지역감정은 독재정권에 의해 민의 조작의 수단으로 이용당했기 때문에 일찍부터 대규모로 나타났고, 군사독재가 종식되자 권력의 공백을 메우며 맹위를 떨쳤다.

남북간 긴장 완화와 세계화의 진행에 따라 국민의 시야가 넓어지면서 지역감정이 퇴조하고 있는 것은 다행한 일이다. 사회의 여러 방면에서 쏟아져나오던 불건전한 집단이기주의도 차츰 가닥이 잡혀가고 있다. 비정규직 문제가 대표적인 예다. 비정규직 문제의 악화에는 피해의식에 사로잡혀 있던 노동운동의 편협성이 한몫했다. 비정규직 문제의 부각은 노동운동의 성숙을 보여주는 것이다.

1987년 이후 20년간 남한의 민주주의는 순탄하지는 않더라도 꾸준한 발전을 쌓아왔다. 앞으로 북한과의 관계를 풀어나가고 민족사의 장래를 열어나가는 데 남한의 역할이 북한보다 크리라는 전망은 우월한 군사력이나 경제력에 앞서 이 민주역량에 근거를 두는 것이다. 8,000만 민족 구성원 중 가장 많은 사람들의 지지를 모으는 방향을 이끌어낼 수 있는 역량이기 때문이다.

새로운 세계

세계화globalization. 1990년경 공산권 붕괴를 계기로 우리에게 익숙해지기 시작한 말이지만 그 무렵에 비로소 시작된 변화가 아니었다. 오랫동안 진행되어온, 전 인류의 역사를 하나의 흐름으로 통합하는 움직임이 냉전으로 인해 얼마간 지체되고 있다가 냉전의 둑이 터지면서 거센 물결로 사람들의 의식을 덮친 것이다.

이곳저곳 산골짜기에서 조그만 시냇물이 흘러나와 강으로 합쳐지고, 강들이 합쳐져 더 큰 강을 이루다가 결국 하나의 바다로 흘러드는 길. 인류 문명의 역사는 이와 비슷한 길을 걸어왔다. 금속기 사용 이전의 초기 문명은 시냇물 단계였다. 조그만 사회들이 바로 인접한 사회들 밖에 있는 더 큰 '세상'을 현실세계로 의식하지 못하고 지내는 단계였다.

철기문명이 발달하면서 문명의 흐름이 큰 강을 이루게 된다. 거대한 문명권이 이뤄지고 다른 문명권의 존재도 의식하게 된다. 그러나 대다수 사람들은 다른 문명권을 아직 현실세계로 인식하지 못하고 있었다. 인간의 활동 중 자기 문명권의 울타리를 넘어서는 것은 극히 미미한 비중에 그쳤다.

인간의 활동이 자기 문명권 안에 머물러 있던 단계를 통상 '전前근대'라 한다. 문명권의 울타리가 무너져가는 단계인 '근대'와 대비시킨 말이다. 전근대세계에도 문명권 사이의 교류가 있기는 했지만 각 문명권의 역사 흐름에 큰 작용을 하지 않고 있었다. 문명권 사이의 관계가 각자의 역사 흐름에서 차지하는 비중이 커지는 과정이 근대세계의 전개과정이었다.

유럽인의 발길이 지구의 구석구석을 찾아 나선 것은 15세기 말 대항해시대 때부터였다. 그러나 고등문명이 자리 잡고 있던 지역에는 18세기까지 유럽인의 활동이 별로 큰 충격을 주지 않았다. 18세기 중엽 이후 산업혁명이 진행되면서 그 활동이 세계를 바꾸기 시작했다. 그후 200년 동안 유럽에서 탄생한 근대문명이 꾸준히 퍼져나간 결과, 20세기 중엽에는 그 영향을 받지 않은 곳이 없게 되었다.

2차대전이 끝날 무렵 세계는 하나의 공동체로 합쳐져갈 기본 조건을 갖추고 있었다. 변화를 아직 덜 겪은 지역들이 '제3세계'로 남아 있었지만 그 방향을 바라보지 않는 사회는 없었다. 냉전체제에 얼마 동안 묶여 있던 이 흐름이 1990년대에 다시 격류를 일으키자 사람들이 여기에 '세계화'란 이름을 붙였다. 변화의 귀착점이 통합된 세계임을 나타내는 이름이다.

서구화, 근대화, 산업화로부터 세계화로 흘러온 이 변화의 출발점은 유럽의 산업혁명이었다. 변화의 매체는 산업과 경제였다. 19세기 유럽의 세계 정복에는 칭기즈칸 같은 정복자가 없었다. 그러나 새로운 산업과 경제는 칭기즈칸의 기마대보다 더 강력한 침투력을 가지고 있었다. 전 세계 모든 세력을 압도한 19세기 유럽의 군사력은 이 침투력의 끄트머리 한 부분일 뿐이었다.

산업혁명의 요점은 인간이 자연을 대하는 태도의 변화에 있다. 원시시대의 채집경제에서 시작해 인류가 자연을 이용하는 방법을 바꿔온 것이 문명의 역사였다. 금속의 이용과 농업의 발명이 초기 문명 발전의 가장 큰 계기였다. 화석연료의 이용과 기계 사용을 중심으로 한 산업혁명은 농업혁명 이후 수천 년 만의 큰 변화를 가져왔다. 자연을 그대로 둔 채 이용하던 단계에서 자연을 바꾸는 단계로 넘어온 것이라 할 수 있다.

산업혁명을 등에 업은 유럽인의 세계 정복은 알렉산더나 칭기즈칸의 정복과 다른 성격의 것이었다. 종래의 정복은 이미 있는 것을 빼앗는 것이었는데, 19세기 유럽인의 정복은 없던 것을 만들어내도록 도와주겠다는 것이었다.

산업혁명 이후의 유럽인에게 궁극적인 정복 대상은 자연이었다. 이 민족 정복은 그들을 자연 정복에 동원하기 위한 방편일 뿐이었다. 자연을 대하는 새로운 방법을 미개인들에게 가르쳐 문명의 혜택을 누리게 해주면서 자기네는 옆에서 약간의 로열티를 받는다는 것이 당시 유럽인들의 일반적인 믿음이었다. 피정복자들 중에도 이 믿음을 받아들여 정복에 자발적으로 협조하는 사람들이 나타났다. 그것이 바로 근대문명의 침투력이었다.

자연을 대하는 태도의 변화는 생산방식, 조직방식과 생활방식의 변화를 불러왔다. 있던 도시들은 커지고 없던 도시들은 생겨나 변화의 주무대가 되었다. 변화를 먼저 겪은 도시인은 정복자의 입장을 좇아 전근대 상태에 머물러 있는 농촌에 변화의 압력을 전달했다.

유럽의 산업혁명으로 시작해 오늘의 세계화에까지 이어지고 있는 이 변화의 본질은 산업화다. 인류 역사상 유례가 없는 거대한 변화다. 너무나 큰 변화라서 인류의 파멸로 이어지는 것이 아닌가 하는 걱정까지 나온다. 지금까지 과정에서 나타난 여러 가지 부작용이 이 불안감을 부채질하고 있다.

산업화가 지금까지 일으켜온 계급 모순, 민족 모순 등의 부조리는 대개 변화의 불균형 상태에 기인하는 것이었다. 이것이 과정상의 문제에 그치는 것인지, 아니면 산업화의 근본적 모순을 드러내는 것인지는 아직도 논란의 대상이다. 다만, 이들 부조리 현상으로 인한 억압, 전쟁, 학살 같은 인류의 고통이 역사상 유례가 없는 규모로 확대되어왔다는 것은 분명한 사실이다.

변화가 고통만을 가져다준 것은 물론 아니다. 대다수 사람들이 변화를 반갑게 받아들였다. 변화의 과정에는 가치관의 변화도 포함되기 때문에 변화의 가치를 적절히 평가할 기준이 없다. 그러나 보건 수준이 높아지고 평균수명이 길어진 것은 분명히 하나의 축복이다. 부작용이 있고 고통이 따르더라도 축복은 축복이다.

평균수명의 연장은 인구의 폭발적 팽창을 가져왔다. 세계 총 인구가 10억을 돌파한 것은 18세기 말로 추정된다. 20억에 도달한 것이 20세기 초반이었다. 그 과정에서 유럽계 인구가 2억에서 7억으로 늘어나

세계 인구의 5분의 1에서 3분의 1로 비중을 키웠다. 이 단계 인구 팽창에 주도적 역할을 맡은 것이었다.

1910년대에 20억을 돌파한 세계 인구가 갑절로 늘어나는 데는 불과 50년밖에 걸리지 않았다. 그후 40년 동안 다시 20억이 늘어났다. 이 폭발적 팽창의 주역은 제3세계였다. 출산율과 사망률이 모두 높던 전근대 상황에서 위생과 의료의 보급으로 사망률만 갑자기 낮아진 결과였다. 팽창하는 인구를 지탱할 식량증산도 산업화를 통해 이뤄졌다.

세계적 산업화의 가장 큰 위협은 생태 문제에 있다. 산업화가 시작될 때 자연은 인간을 압도하는 강자로 인식되고 있었다. 200여 년에 걸친 인류의 공격은 자연을 약자로 만들어놓았다. 자연이 외부의 적이 아니라 아껴야 할 내 자산임을 인간은 깨닫고 있다. 그러나 이런 각성에도 불구하고 태도를 쉽게 바꾸지 못하게 내리누르고 있는 것이 인구의 압력이다. 수명의 연장과 인구의 증가는 산업화의 축복이면서 또한 모든 고통의 원천이기도 하다.

한국 인구도 1906년의 첫 근대적 조사에서 1,293만으로 집계된 이래 계속해서 빠른 성장을 보였다. 1930년에 2,000만을 넘었고 1945년 해방 때는 해외 인구 400만을 포함해 3,000만에 육박했다. 그로부터 60년이 지난 지금은 남북한과 해외 인구를 합해 8,000만을 바라보고 있다. 100년 동안 여섯 배의 증가다.

산업화 이전 세계의 연평균 인구증가율은 0.04~0.05퍼센트로 추정된다. 19세기 이전 농업시대의 한국은 이보다 약간 높았을 것으로 여겨진다. 『한국민족문화대백과사전』 '인구' 조에서는 1906년의 1,293

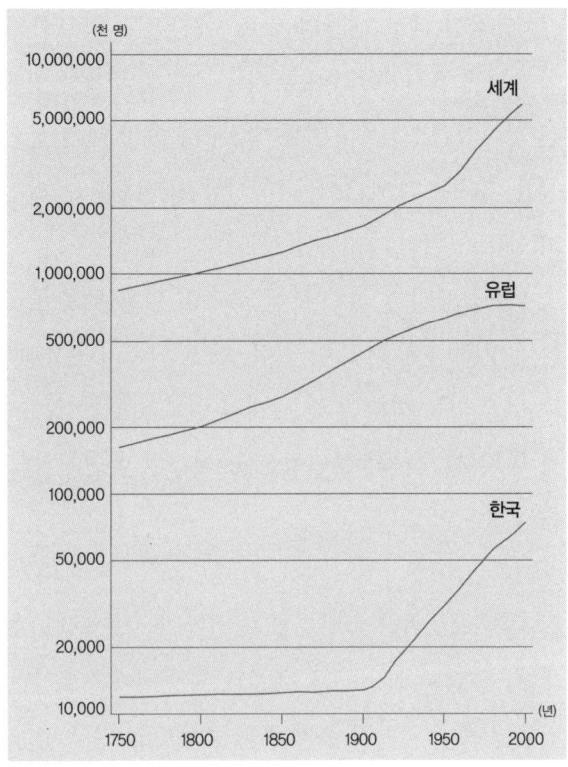

___ 19~20세기를 통해 세계 인구가 6~7배 늘어난 것은 산업화 지역의 확대에 따른 것이었다. 한민족의 경우도 전체적으로는 비슷한 비율로 늘어났지만, 그 증가가 거의 모두 20세기 100년간에 일어난 것이었다. 반대로 유럽 인구 증가는 19세기에 빠르다가 20세기에 둔화되었다.

만에서 연 0.0518퍼센트로 역산하여 1392년 조선 개국 시점의 인구를 약 1,000만, 660년대 신라 통일 시점은 약 675만으로 추산했다. 1,240년 동안의 증가가 갑절에 미치지 못했다고 보는 이 추산은 사실에서 크게 벗어나지 않는 것으로 보인다.

1,000여 년 동안 갑절도 늘어나지 않은 한민족의 개체수가 최근 100년 동안 여섯 배로 늘어났다는 사실은 오늘의 한민족을 바라보는 데 기본적인 고려사항의 하나가 아닐 수 없다. 오랫동안 지켜온 전통을 바라볼 때에도 이 사실을 감안하지 않을 수 없다.

단적인 예로 매장의 풍속. 매장은 농업사회에서 토지와 인간을 맺어주는 중요한 풍속이며, 전통시대 한국에서 인륜의 근본으로 여겨지던 것이었다. 그러나 전통시대보다 다섯 배 이상의 사람들이 해마다 세상을 떠나는 21세기에는 더 이상 지켜나갈 수 없는 전통이다. 도시생활의 확대도 여러 가지 전통을 약화시켜왔다.

인구 증가를 필두로 한 상황의 변화 때문에 그대로 지키거나 복원할 수 없는 전통이 많이 있다. 한민족이 지난 100여 년간 겪어왔고 지금도 겪고 있는 변화는 전 세계의 변화와 얽혀 있는 한 부분이다. 이 변화를 통해 21세기의 한민족은 19세기의 한민족과는 상당한 차이를 가진 존재가 되어 있다.

그렇다고 변화 일변도로 매진할 수만도 없다. 현대는 물론 변화의 시대. 유럽의 산업화가 세계로 확산되어온 200년 동안 변화는 가속을 거듭해왔다. 역사상 유례가 없는 폭발적 인구 팽창이 그 단적인 지표다.

그런데 근년 인구 팽창이 둔화되고 있다. 21세기 중엽에 약 100억 선에서 세계 인구가 평형상태에 접어들 것으로 전문가들이 내다보고 있다.

인구의 안정을 설명하는 길은 여러 가지 있다. 이것을 인간의 자연에 대한 태도가 한 차례 정리되는 것으로 나는 본다. 산업화는 자연을 타자로만 보는 공격적인 태도로 출발했다. 이제 더 이상의 공격은 인간 자신에 대한 공격이 아닐 수 없는 상황에 와 있다. 인간과 자연을 묶어서 보는 생태론을 이제 아무도 외면할 수 없게 되었다.

인구 팽창의 둔화는 곧 변화의 감속을 뜻한다. 변화가 중단되지는 않겠지만, '진보가 곧 미덕'임을 외치며 앞만 바라보고 뛰던 분위기는 이미 바뀌고 있다. 아직 우리 사회는 더 많은 변화를 갈망하는 단계를 벗어나지 못하고 있다. 그러나 성장만이 아니라 분배의 중요성도 의식하게 된 데서 새로운 흐름의 조짐을 느낄 수 있다.

평형상태. '평형'은 평화와 균형을 떠올리게 하는 좋은 느낌의 말이지만 열역학에서는 끔찍한 의미를 품은 것이다. 21세기 중에 맞게 된다는 세계 인구의 평형상태는 열역학의 평형상태와 공통점이 많을 것이다. 발전의 활력을 맛본 인간들은 변화의 길이 좁아지는 평형상태에 좌절과 절망을 느낄 것이다.

마라톤을 '자기 자신과의 싸움'이라고 한다. 평형상태에 접근하는 세계에서는 남과의 싸움보다 자신과의 싸움이 더 중요해진다. 팽창상태의 세계는 플러스섬게임의 세계다. 승리자의 이득이 패배자의 손실보다 크다. 그런데 평형상태 세계의 게임은 제로섬게임 내지 마이너스섬게임이다. 남과의 경쟁에 기대이익보다 위험부담이 더 큰 게임이다.

팽창시대에는 성장이 미덕이다. 그러나 지금의 세계는 성장보다 안정이 더 중요한 쪽으로 옮겨가고 있다. 안정이 중시되는 것은 성장의 한계를 인식한 까닭이다. 가장 중요한 한계가 인구와 자원의 한계다.

세계 인구가 100억 수준에서 안정되리라는 전망은 미시적 분석에 근거를 둔 것이 아니다. 그 수준에 접근하면 그에 따르는 부담을 극복할 길이 없기 때문에 어떤 방법으로든 증가가 억제되리라는 전망이다. 논리적으로 가능한 방법의 하나가 대규모 핵전쟁이고, 그 위협을 피하기 위해 그보다 덜 참혹한 방법이 어떻게든 강구되리라는 것이다.

에너지 저가低價체제는 20세기 내내 산업화와 경제성장의 속도를 빠르게 하는 기반 조건으로 작용해왔다. 화석연료의 소진이 목전에 다가온 지금까지 이 저가체제는 크게 흔들리지 않고 있다. 그러나 이제 그 끝이 눈에 보이고 있다. 화석연료 소진은 환경 파괴와 함께 자원의 한계를 가장 뚜렷이 보여주고 있는 지표다.

팽창시대에 중시되지 않던 '질서'가 안정의 시대에는 막중한 가치를 가지게 된다. 20세기 초의 강대국들은 힘을 마음대로 휘두르는 데 별 억제가 없었기 때문에 세계대전의 길로 빠졌다. 21세기 초의 유일한 초강대국 미국이 이라크를 요리하는 데는 훨씬 많은 억제력이 안팎에서 작용하고 있고, 또 늘어나고 있다.

남한에는 아직도 미국을 '맹방'으로 규정하려는 경향이 있다. 누구를 상대로 함께 싸우는 맹방인가? 북한을 상대로? 소련 소멸과 공산권 붕괴로 과거 맹방의 의미는 사라졌다. 미국의 지금 싸움은 다가오는 안정의 시대를 가로막기 위한 싸움이다. 미국은 팽창시대가 가져다준 특혜를 지키기 위해 시대 변화를 막으려는 경향이 있다. 핵무기를 마음 놓고 쓸 수 있게 해줄 미사일방어망 구축이 이 경향을 대표하는 정책이다.

지금까지 세계화의 기본 흐름은 산업화의 시대, 즉 팽창시대에 관성을 얻은 경제통합의 흐름이었다. 이 흐름을 중시하는 신자유주의 입장에서는 인위적 질서를 배격하고 시장 경쟁에 모든 것을 맡겨야 한다고 제창해왔다.

새로운 흐름이 지금 그 위에 겹쳐지고 있다. 시장 만능의 경제통합이 대다수 인류에게 바람직한 상황을 가져다줄 것인가에 대한 의심에서 나온 것이다. 정치적 취향에 따라 판단에 상당한 차이가 있을 수 있는 문제지만, 21세기 세계에서 가용자원이 줄어들 전망에는 폭넓은 동의가 모이고 있다. 엄혹한 자원조건 앞에서 경쟁보다 협력을 앞세우지 않고는 구조 전체를 위협할 참혹한 상황을 피할 수 없을 것이기 때문이다.

새로운 흐름은 초기에 환경운동을 주축으로 모습을 나타내고 NGO를 매체로 활동을 키웠으나 지금은 그 틀 밖으로 자라나 있다. 그 성장의 가장 큰 무대는 유럽연합이다. 산업화시대를 가장 철저하게 경험한 유럽 국가들이 상황 변화에 가장 예민한 반응을 보이고 있다. 유럽연합은 경제통합 못지않은 정치통합의 중요성을 보여준다.

자원의 한계에 부닥친 안정의 시대에는 팽창시대처럼 큰 불평등이 용납되지 못한다. 약자의 최소한의 생존조건이 바로 위협받기 때문이다. 세계화의 흐름 속에서 약화되어온 국가의 역할과 정치의 의미가 불평등 억제를 위해 새로 부각되지 않을 수 없다.

새로 부각되는 국가의 역할은 절대주권을 표방하던 만국공법 체제의 국가와는 다르다. 지금까지 국가의 첫째 사명은 다른 국가와의 경쟁이었으나 이제 협력이 더 중요하게 된다. 2007년 남한 대통령 선거에서 대부분 후보들이 외국과 경쟁하는 높은 경제성장률을 공약으로 내걸었다. 아마 4년 후 선거에서는 극우파 후보만이 그런 공약을 들고 나올 것이다.

'더불어' 사는 길을 찾는 것이 21세기 인류의 최대 과제다. 분단 극복을 눈앞에 두고 있는 한민족에게 각별한 의미를 지닌 과제다. 분단 극복을 통해 한민족은 어떤 국가를 가지게 될 것인가. 가용자원이 줄어드는 저성장시대에 적응하기 위해서는 전근대 저성장시대의 전통을 지금까지보다 적극적으로 검토할 필요가 있다.

결어

다시 동아시아로

기원전 3세기 초반에는 전국7웅의 각축 속에서 소양왕(기원전 307~251) 치하의 진秦나라가 이미 두각을 나타내고 있었다. 그러나 다른 나라들에 대한 상대적 우세였을 뿐, 천하통일을 가져올 절대적 우세를 틀어쥔 단계는 아니었다. 기원전 260년경 범수范睢를 재상으로 등용하여 원교근공책遠交近攻策을 구사하면서 통일을 향한 진나라의 진격이 시작되었다.

범수의 원교근공책은 단순한 외교정책이 아니었다. 중앙집권 강화가 그 기본 목적이었다. 진나라만이 아니라 당시의 어느 나라도 확고한 중앙집권에 이르지 못하고 있었다. 제나라 맹상군, 조나라 평원군 등 이름 높은 전국4군자는 각국에 있던 '나라 안의 나라' 중 두드러진 예였다. 소양왕의 진나라에도 양후, 화양군 등 왕권과 맞먹는 권위를 가진 실력자들이 즐비했다.

이 실력자들은 가까운 나라보다 멀리 있는 나라와 전쟁 벌이기를 즐겨했다. 가까운 나라를 정복하면 그 이익이 왕과 국가에 돌아가지만 먼 나라를 정복하면 그 이득을 원정군을 통솔하는 자기네가 챙길 수 있기 때문이었다. 범수가 이 문제를 소양왕에게 지적하고 원교근공책을 추진하자 왕권이 차츰 강화되어 실력자들을 굴복시키고 중앙집권을 이룰 수 있다.

진나라의 원교근공책은 경쟁국들에게 무서운 결과를 가져왔다. 당장 공격을 당하지 않고 있는 나라들이 진나라의 눈치를 살피며 정면대결을 회피하는 동안 인접한 나라들이 하나씩 하나씩 무너져갔다. 수십 년 전 장의張儀가 펼친 연횡책連衡策을 한층 더 치밀하게 발전시킨 것이었다.

냉전시대는 원교근공의 시대였다. 미국과 소련을 중심으로 지구 반대편에 있는 나라들끼리 동맹을 맺으면서 이웃 나라와 적대하는 것이 다반사였다. 남북으로 쪼개져 서로 적대시한 한국은 그중 심한 경우였다. 냉전에 앞선 제국주의 시대도 유럽 열강들 사이의 각축이라는 점에서 원교근공의 범주에 들어가는 것이었다.

냉전이 끝나면서 근교원공으로 돌아서는 추세가 나타났다. 유럽이 두드러진 예다. 이웃 사이에 원수처럼 싸우던 나라들, 동서로 갈라져 맞서던 나라들이 이제 하나의 연합 안에서 공동의 이익을 추구하며 힘을 합쳐 외부를 상대로 경쟁하게 되었다. 이슬람권에도 연대 분위기가 자라나고 있다.

새뮤얼 헌팅턴은 '문명의 충돌'을 이야기했다. 이질적인 문명권들 사이의 갈등이 냉전의 압력에 눌려 있다가 이 압력이 사라짐에 따라 불거지고 있다는 것이다.

문명의 충돌이 세계의 분열로 낙착되리라고 보기는 어렵다. 20세기를 지내는 동안 문명권들은 많은 상호 접촉을 통해 자기 모습을 바꿔왔고 다른 문명권을 대하는 태도도 다듬어왔다. 변화와 타협을 거부하는 원리주의는 어느 문명권에서도 소수파가 되어 있다. 같은 문명권에 대한 친밀감도, 다른 문명권에 대한 경계심도 한 세기 전에 비하면 흔적 정도밖에 남아 있지 않은 세상이 되었다.

그러나 대립과 연합의 기준 노릇을 하던 정치이념이 물러나고 다른 뚜렷한 기준이 세워지지 않은 상황에서 문명권에 대한 소속감이 어느 정도 작용하는 것은 자연스러운 일이다. 불확실성의 시대에는 신뢰가 중요한 자원 노릇을 한다. 시장실패 상황에서 내부거래가 거래비용을 절약해주는 것처럼, 문명권 내의 거래관계가 문명권 간의 거래관계에 비해 원활하게 진행되는 것이다.

21세기의 지역블록이 냉전시대의 동서 블록처럼 강고한 진영으로 자리 잡지는 않을 것으로 보인다. 그러나 계속되는 세계화의 흐름 속에서 지역블록의 복류伏流가 상당한 힘을 발휘하고, 때에 따라서는 결정적인 균형추 역할도 할 것이 예상된다. 근교원공이 중요한 추세로 전망되는 것이다.

기원전 3세기의 중국, 그리고 19~20세기의 세계에서 원교근공책이 위세를 떨친 데는 어떤 조건이 작용한 것이었을까? 플러스섬게임의 상황이었다는 공통점을 우선 들 수 있다. 새로운 기술체계가 광대한 영역으로 퍼져나가는 단계였기 때문에 자원 공급이 무제한으로 보일 만큼 순조롭게 늘어나고 있었다. 늘어나는 자원의 적정한 소비를 위해서도 장기간의 대규모 전쟁이나 군비확장이 바람직한 상황이었다.

원교근공의 세상은 매우 역동적이면서 위험한 세상이었다. 전체 시스템을 기준으로 보면 원교근공은 불합리하고 낭비가 많은 정책이다. 가까운 상대와의 싸움은 전면적이고 지속적인 것이 되기 쉽다. 팽창 중인 세계가 아니라면 비용을 감당할 수 없는 정책이다.

문명 초기 잉여생산 증대가 가져온 정치조직의 대형화를 생각해보자. 조직 규모를 키우는 과정에서도 비용이 많이 드는 투쟁을 겪어야 했고, 조직이 커지면 생산활동에서 이탈하는 계층의 비중이 늘기 때문에 체제 유지에도 많은 비용이 들었다. 따라서 정치조직의 규모는 잉여생산이 허용하는 범위에서 확대될 수 있었던 것이다.

기원전 3세기의 진나라는 자원 팽창의 길목을 장악하고 무한경쟁을 통해 경쟁자들을 쓰러뜨려 천하제국을 세웠다. 그러나 비용이 많이 드는 전국 규모 전제통치를 장기간 계속하기에는 당시 중국의 생산력이 충분하지 못했다. 그래서 제국이 와해되고 보다 절충적인 성격의 한나라 체제가 그를 대신하게 된 것이다.

20세기 후반의 미국도 무한경쟁을 통해 상대방을 쓰러뜨렸다. 그러나 무한경쟁의 원리였던 시장만능주의를 철저히 적용시키는 세계제국이 세워질 수 없다는 사실은 자원의 한계로 보아 분명하다. 자원의 한계를 의식할 수 없던 19세기에 시장 기능을 강조한 자유주의는 하나의 이념이었다. 그러나 자원의 한계가 분명해진 21세기에 시장 만능을 주장하는 신자유주의는 일부 세력의 기득권을 지키기 위한 정략일 뿐이다.

에릭 홉스봄은 20세기를 '극단의 시대'라 불렀다. 번영과 몰락, 건설과 파괴, 쾌락과 고통 등 인간 세상의 모든 현상이 아무 절제 없이 펼쳐진 시대, 문명의 기준이 무너진 시대로 본 것이다. 이런 시대가 인간의 방종한 성품만으로 이뤄질 수 있는 것이었겠는가? 20세기 인류의 무절제는 자원 획득의 새로운 조건이 허락해준 것이었다.

산업혁명이 시작된 18세기 이래 과학기술은 인간에게 자원 획득의 길을 끝없이 넓혀줄 것으로 보였다. 이 믿음은 1969년 아폴로 11호의 달 착륙 때까지 계속되었다. 지구의 환경이 망가지고 자원이 고갈되더라도 무한한 우주가 기다리고 있으니까. 그후 40년이 지나는 동안 사람들의 생각이 바뀌었다. 인류의 방종을 계속해서 뒷받침해줄 만한 자원을 지구 밖에서 얻을 길을 찾지 못한 것이다.

인류는 지금까지 길들어 있던 낭비의 습관에서 벗어나지 않으면 안될 상황에 직면해 있다. 냉난방을 갖춘 널찍한 주거와 자가용 승용차 등 선진국 중산층의 생활양식이 세계 인구 대다수에게 확산되는 것은 불가능한 일이다. 그런데도 이런 확산의 추세가 관성에 의해 계속되고 있다. 제동이 늦어지면 늦어질수록 파국의 충격이 클 것이다.

남한 중산층이 이런 생활양식에 접근해온 것은 최근 30년간의 일이다. 그보다 몇 배 긴 기간 동안 누려온 선진국 사람들도 있고, 이제 겨우 접근하기 시작하는 나라들도 있다. 오래 누려온 사람들은 바꾸기가 힘들고, 이제부터 누리려던 사람들은 억울하다.

긴축에 따르는 고통과 불만을 어떻게 처리할 것인가? 세계화에 경제통합만이 아니라 정치통합의 측면이 필요한 것이 이 때문이다. 자유방임은 강자의 기회를 극대화시켜주는 정책이며, 비용이 많이 드는 정책이다. 팽창의 시대에는 상당한 범위에서 허용될 수 있다. 그러나 긴축의 시대에는 허용되는 폭이 줄어들 수밖에 없다. 지금까지와 다른 차원의 '세계정치'가 필요한 것이다.

세계적 정치통합은 어떤 형태로 이뤄질 것인가? 근대적 국민국가와 비슷한 형태의 세계정부가 나타나는 것은 가능한 일도 아니고 바람직한 일도 아니다. 세계정부가 궁극적으로 만들어지게 된다면, 오랜 모색과 실험의 과정을 거쳐 새로운 형태의 정치조직이 서서히 나타날 것이다. 지금 단계에서는 유럽연합이 가장 중요한 실험의 현장으로 보인다.

유럽 국가들, 특히 선진국들은 대단한 수준의 민족 자존심과 상호 적대감을 쌓아왔다. 동아시아 여러 나라의 민족감정보다 더하면 더했지 결코 못하지 않다. 그런 민족감정을 딛고 지금과 같은 통합의 움직임을 일으킨다는 것은 그 필요성을 절실하게 느끼기 때문이다.

두 가지 방향에서 유럽연합으로부터 배울 것이 있다. 콘텐츠 측면에서는 유럽연합 정책의 장기적 지향성을 살펴야 한다. 단기적으로는 유럽연합 정책에도 구성원들의 배타적 이익을 지키고 키우려는 측면이 있다. 그러나 더 중요한 것은 환경과 자원에 대한 태도의 변화를 모색하는 측면이다. 지금은 이 측면이 현실이 허용하는 범위 내에서 제한적으로 나타나고 있을 뿐이지만 날이 갈수록 중요성을 더해갈 것이다.

하드웨어 측면에서는 지역공동체의 의미를 심화시키는 노력을 살펴야 한다. 유럽문명의 출발점을 그리스 고전시대에서 찾느냐, 샤를마

뉴의 기독교 세계 확립에서 찾느냐 하는 논쟁이 벌어지고 있다. 이런 논쟁은 '유럽인'의 공동 정체성 확충을 위해 필요한 것이다. 같은 지역에 속할 뿐 아니라 같은 문명에 속한다는 연대의식이 유럽연합의 기능 확장과 실행력 증대를 위해 필요한 것이다.

같은 지역에 위치한 사회들끼리 당장의 이해관계에서 공통점을 찾을 여지가 많다. 그리고 같은 문명에 속하는 사회들끼리 공통의 가치기준을 빚어내기가 쉽다. 유럽연합은 이 두 가지 조건을 결합해서 구성원들의 단기적 이해관계도 충족하는 동시에 전 세계적 문제에 대한 장기적 대응을 위해 유럽의 정치통합을 모색해가고 있다.

세계는 지금 근교원공의 시대로 향하고 있다. 경쟁은 계속 확장될 것이다. 그러나 투쟁적 경쟁보다 협력의 경쟁이 더 부각될 것이다. 이웃과의 협력을 통해 멀리 떨어진 상대들에 대한 집단적 우위를 얻으려는 완만한 노력이 팽창의 한계에 이른 세계에서는 성공의 열쇠가 될 것이다.

문명권이나 지역블록이 냉전시대의 진영처럼 세계를 쪼개는 강고한 울타리가 되지는 않을 것이다. 그러나 근대 국민국가에서 세계정부로 나아가는 길은 지역블록을 거쳐가지 않을 수 없다. 국민국가의 물리적 조합으로 이뤄지는 정치통합의 한계는 지금의 유엔이 보여주고 있다. 국민국가의 벌거벗은 이기심을 지역 차원에서 정제, 순화하지 않고는 세계 차원에서 효과적 화합을 바라볼 수 없다.

완만하게라도 세계적 정치통합이 이뤄져가리라는 전망이 지나치게 순진한 낙관이라고 보는 이들도 있다. 흔히 지적되는 문제가 '죄수의 딜레마'다. 하나의 범죄에 연루된 여러 혐의자들을 서로 격리시켜놓고 자백의 인센티브를 적절히 제공함으로써 개인의 작은 이익을 위해 집단의 큰 손해를 자초하도록 유도할 수 있다는 것이다.

이 딜레마의 초점은 죄수들 사이의 상호 불신에 있다. 자기 동료가 인센티브를 어떻게 받아들일지 믿을 수 없기 때문에 동료와 자신이 합쳐진 집단의 이익보다 자기 한 사람만의 이익을 앞세우는 것이다. 유대감이 약한 집단에서는 개인 차원의 '합리적' 선택으로 집단 전체의 손해를 초래하는 일이 얼마든지 있다.

팽창의 시대에는 이웃 간의 유대감과 신뢰가 그리 큰 자산이 아니었기 때문에 원교근공의 풍조가 유행했다. 죄수의 딜레마로 인해 입는 손해보다 자유로운 선택을 통해 얻을 수 있는 기회가 더 크게 느껴졌다. 그러나 성장의 기회가 원천적으로 제한된 세상에서는 유대감과 신뢰의 부족으로 겪는 손해를 만회할 길이 따로 없다. 이 사실을 깨닫는 사회에서 유대감 증진을 위한 노력이 일어나는 것이다.

무한해 보이는 자원을 향해 각개약진에 나섰던 팽창의 시대가 마감되고 있다. 그런데도 팽창의 시대에 익숙해진 무한경쟁의 원리가 아직도 관성의 힘을 가지고 있다. 21세기의 인류는 20세기에 비해 상호 유대감을 더 키우지 않으면 안 될 처지에 있다. 그러지 않으면 한 종種으로서의 생존을 기약할 수 없기 때문이다.

유대감의 배양은 각 문명권 안에서 시작된다. 국민국가의 울타리를 넘어설 동력을 문명의 전통으로부터 얼마만큼이라도 뽑아낼 수 있기 때문이다. 내부 유대감을 잘 확보하는 문명권일수록 새로운 세계 질서에 더 큰 공헌을 하고 또 그로부터 더 큰 혜택을 얻을 수 있다. 이 변화에 뒤진 사회들은 뒤늦게 대세에 끌려가며 많은 손해와 고통을 겪을 것이다.

동아시아 지역은 19세기 이전에 위대한 문명 전통을 가지고 있었지만, 산업화의 물결에 휩쓸린 후 한 세기 반 동안 이 전통의 가치를 잘 살리지 못했다. 유대감도 전통도 별로 요긴하지 않은 상황이었기 때문이다. 팽창의 시대는 앞만 보고 달릴 뿐, 뒤를 돌아보지 않는 시대였다.

세계의 경제통합은 힘의 통합이요, 양적인 통합이다. 정치통합은 지혜의 통합이요, 질적인 통합이다. 균일한 가치의 획득을 위해 만인이 경쟁하는 '동이불화'同而不和의 세계는 자원의 벽 앞에서 파국을 면할 수 없다. 다양한 가치관이 병행하는 '화이부동'和而不同이 인류의 존속, 아니, 인류다운 인류의 존속을 보장하는 길이다. 모든 문명권의 모든 전통이 새로운 각광을 받을 것이다.

동아시아 지역이 하나의 문명권으로 통합되던 과정도 본질적으로 지금의 세계화와 같은 성격의 변화였다. 한민족은 그 과정에서 화이부동의 자세로 안정된 자리를 찾을 수 있었다. 이제 또 한 차례 변화의 고비에서 그 경험이 가치를 발휘하기 바란다. 세계 통합에 앞선 민족 통합의 과제도 통합의 자세를 더 알뜰히 가다듬는 계기로 삼는다면 오히려 그동안의 고통을 보상받을 만한 전화위복이 될 것이다.

후기

이 책의 방향을 처음 떠올린 것은 1993년경의 일이었다. 재미한인학교협의회에 참여하고 있던 형(김기봉)이 교민 자제의 민족 교육을 위한 새로운 교재가 필요함을 이야기하며 내 도움을 청했다. 국내의 역사서보다 객관적이고 합리적인 서술이라야 미국 시민으로 자라나고 있는 교민 자제들에게 효과적으로 받아들여질 수 있다는 것이었다.

이 이야기를 듣고 보니, 교민 자제만이 아니라 국내 독자들을 위해서도 바로 이런 방향의 서술이 필요하다는 생각이 들었다. 냉전이 막 해소되어 세계화 구호가 떠오르고 있던 상황에서 역사 인식의 패턴에도 변화가 필요하다고 생각된 것이었다.

그러나 당시 나는 근세동서교섭사 연구에 몰두하고 있었고 한국사 개관은 동양사 전공자인 내가 엄두를 낼 일이 아니었다. 새 교재의 성격에 관한 의논에 응하고 내 연구를 활용할 수 있는 두어 가지 주제로

샘플을 만들어주는 데 그치지 않을 수 없었다.

그후 칼럼니스트로 활동하면서 역사 서술이라는 작업에 대해 새로운 생각을 키우게 되었다. 2000년 전국역사학대회에서 공동주제 '역사학과 지식정보사회'의 한 갈래 발표를 맡았을 때 이 생각을 담아 발표했다. 근대역사학이 학문이면서 또한 하나의 산업이기도 한 현상이라는 점, 따라서 그 역사 서술의 방향이 수요-공급의 조건에 따라 결정된다는 점을 지적한 발표였다.

역사 서술의 현장을 상아탑 아닌 장바닥으로 보게 되면서 전에 엄두를 내지 못하던 일도 엄두를 낼 수 있게 되었다. 그러던 중 2002년 봄부터 중국 연변에서 지내게 되었고, 그곳에서 이른바 동북공정 논란을 지켜보며 구체적 작업방향을 떠올리게 되었다.

동북공정에 중국 일부 학자들의 몰지각한 태도가 비쳐 보인 것은 사실이다. 그러나 더 심각한 문제로 내가 느낀 것은 한국 사회의 히스테리컬한 반응이었다. 연구비에 굶주린 학자들이 정치성 있는 과제에 꼬여들어 곡필을 주무르는 것은 어느 시대 어느 사회에나 있는 일이다. 그리고 이에 대한 과장된 반응이 일각에서 나타나는 것도 이상한 일이 아니다.

정작 문제는 이런 일을 가지고 사회가 발칵 뒤집히는 현상이다. 한국 언론매체들은 보수와 진보의 구분 없이 독자의 분노를 불러일으키는 경쟁에 발 벗고 나섰다. 정치권까지 들썩인 끝에 대응기관으로 고구려재단이 생겨났다. 학술 진흥? 좋은 일이다. 그러나 피해망상증에 몰려 '역사 전쟁'을 위해 하는 학술 진흥은 반갑지 않다.

사학邪學 창궐을 고발하며 엄단을 요구하는 상소를 받은 정조가 거꾸로 상소한 자를 벌준 일이 있다. 사학의 창궐은 정학正學의 쇠퇴를 반영하는 현상일 뿐인데, 정학 진흥에 힘쓰는 대신 분란만을 일으키려는 태도가 옳지 못하다는 것이었다. 오늘의 우리 사회는 어떤 자격지심이 만연해 있어서 이처럼 당당한 태도를 본받지 못하는 것일까?

독선적인 역사서술 풍조를 다시 돌아보지 않을 수 없다. 제국주의의 억압을 받던 시절에 민족의 역사를 미화하려는 노력에는 자위自衛의 의미가 있었다. 그러나 해방 후 60년이 지난 지금까지 자기중심적 사고에 머물러 있는 것은 자위自慰일 뿐이다. 우리 민족이 훌륭한 민족이라는 사실을 확인하는 것밖에 역사에서 배울 것이 아무것도 없단 말인가?

우리 사회의 역사 인식 수준이 사회의 다른 부문에 많이 뒤져 있음을 동북공정 사태를 통해 확인할 수 있었다. 그리하여 마침 머물고 있던 중국 조선족 사회의 관점에서 한국사를 바라보는 작업에 착수하게 되었다.

2005년 가을 귀국할 때까지 이 책 내용 중 태반을 써놓고 있었다. 막상 집필에 나서니 작업이 만만치 않았다. 동양사 전공자로는 한국사를 많이 살펴온 편이라고 자부하지만, 남의 이야기를 비평하는 것과 자기 이야기를 펴는 것이 얼마나 다른 일인지 절감했다. 바둑도 남의 바둑 훈수할 때는 두어 급 높아진다고 하지 않는가.

초고를 살펴보며 작업의 의미를 고무해주신 연변대학 역사학계의 박영재 교수님과 조선어문학계의 류연산 교수, 그리고 작가 이상각 선생에게 깊은 감사를 느낀다. 지금 돌이켜보아도 신기한 것이, 이 작업에서 한국사 전공자의 도움을 거의 받지 않은 것이다(박영재 교수님은 일본사를 중심으로 한 동양사 전공자이다). 세 분의 도움을 받게 된 것은 인간적인 인연에 따른 일이었지만, 한국사 분야의 일반 분위기와 워낙 다른 방향을 바라보고 있었기 때문에 그쪽으로 손을 내밀기 어려운 면도 있었던 것 같다.

2007년 봄 돌베개 한철희 사장을 만나고 인문사회팀의 김희진, 이상술 두 분을 소개받으면서 마무리를 위한 길이 열렸다. 두 분에게 상상 밖의 큰 도움을 받았다. 집필을 끝내면서 저자로서 느끼는 만족감은 두 분 덕분에 매우 커졌다. 두 분 편집자에게, 그리고 두 분이 그런 자세로 일할 여건을 만들어준 한 사장에게 경의와 감사를 바친다.

경의와 감사라면 들녘 이정원 사장을 또한 빼놓을 수 없다. 연변에서 작업에 착수할 때는 들녘에서 기획하던 큰 프로젝트의 일환을 맡는다는 목표였다. 이 기획이 여의치 않게 되었을 때 내 작업을 따로 살려 나갈 길을 열어준 이 사장의 크나큰 도량을 잊을 수 없다.

작년 여름 쓰러지시기 전까지 원고를 때때로 살펴보며 격려해주던 어머니께서 이 책을 읽어주실 만큼 회복되신다면 얼마나 좋을까. 그러나 지금까지 베풀어주신 것으로 만족해야겠다. 그리고 연변에서 결혼한 아내 리미옥. 중국 공민임을 자랑스럽게 생각하고 한국 국적 취득할 생각이 없더라도 한민족은 한민족일 수밖에 없다는 사실을 늘 확인시켜준 아내가 밖에서 보는 내 시각을 키워주고 지켜주었다.

끝으로 독자들에게 이 책의 한계를 고백한다. 한국사 전체의 개관을 시도한다는 점에서 통사의 성격도 있지만, 사실 확인 능력의 한계 때문에 에세이집의 성격을 넘어설 수 없다는 것이다. 사실 확인에 관한 이 책의 마지노선은 『한국민족문화대백과사전』(1989)이다. 지난 20년간의 한국사 연구 성과 가운데 저자가 참고한 것은 극히 작은 일부분에 불과하다.

　최근 연구를 살펴본 것이 약간은 있다. 그러나 그물질하듯 치밀하게 조사한 것이 아니라 더러 흥미가 끌리는 것만 낚시질하듯 뽑아서 보았으니 균형에 자신감을 가질 수 없다. 역사서답게 참고문헌을 밝히지 못한 것은 충분치 못했던 조사 범위를 보이는 것이 독자에게 도움이 될 것 같지 않아서다. 특이한 방향을 짚어준 연구 몇 가지만 본문 속에 소개했다.

　통상적 의미의 시대구분을 시도하지 않은 것도 그런 한계를 의식한 때문이다. 시대구분에는 역사관을 표시하는 규범적 의미가 들어간다. 이 책은 기존의 한국사관을 보충하는 시각을 내놓는 것이므로 엄밀한 시대구분 대신 실용적인 시기구분에 그쳤다. 한민족사의 본체를 2,000년에 걸친 한 농업민족의 라이프사이클로 본 것이다.

　그런 한계에도 불구하고 감히 이 책을 내놓는 것은 역사 자체를 보여주는 것이 아니라도 역사에 대해 생각하는 방법을 제시하는 데 의미가 있다고 보기 때문이다. 나는 한국사 전공자가 아니며, 역사학도 치고는 역사학계 바깥을 꽤 많이 살펴온 사람이다. '밖에서 보는' 관점 중에 우리 사회에서 취할 만한 것이 있기를 바라며 책을 내놓는다.

　남을 깔보지 않으면서도 우리 뿌리에서 아낄 만한 미덕을 찾고, 이웃을 존중하면서도 우리의 떳떳함을 잃지 않는 '교양'의 정신을 이 책에 담고자 했다. 이웃 간의 경쟁보다 협력이 더 중요한 시대가 오고 있다는 희망을 가지고 투쟁의 무기보다 교양의 샘을 역사에서 찾으려는 것이다.

추천사

•

한국사는 기본적으로 우리는 누구인가를 이야기할 목적으로 서술된다. 그 이야기를 구성하는 관점은 안과 밖의 두 가지가 있다. 한국 근대역사학은 안으로부터, 곧 민족의 관점으로 역사를 서술해야 한다는 문제의식으로 성립했다. 역사란 "아와 비아의 투쟁"이라는 신채호의 정의는 이 같은 맥락에서 생겨났다. 일제 강점기에 안으로부터 주체적으로 한국사를 서술한다는 것은 잃어버린 나라를 되찾기 위해 벌이는 독립운동과 같은 것으로 여겨졌다. 따라서 밖으로부터 한국사를 인식하려는 태도는 식민사관의 잔재거나 오리엔탈리즘이라는 의혹을 받았다.

21세기 우리는 국내외적으로 정체성을 재정립해야 하는 상황에 직면했다. 국내적으로 한국사회가 점점 다문화사회로 변모하고, 국제적으로 전 세계 인류가 하나의 지구촌을 형성함으로써 글로벌 시민의식이 요청된다. 과거는 불변하지만, 역사는 시대적 요청에 부응해서 다시 쓰여야 한다.

안팎으로부터 새로운 한국사 서술이 요구되는 상황에서 이 책은 오늘의 한국사를 성찰하는 거울일 뿐만 아니라 내일의 한국사를 밝히는 등불이 된다. 이 책의 저자는 국가 기준으로는 한반도 밖에 있고 민족 기준으로는 한민족 안에 있는 '조선족'의 입장에서 안과 밖을 가로질러서 관통하는 한국사의 새로운 모델을 제시한다.

지금 21세기를 위한 새로운 한국사가 알 속에서 부화하고 있다. 알은 '국사'라는 매트릭스다. 병아리가 '국사'의 알을 깨고 나오기 위해서는 어미 닭의 밖에서의 쪼임이 필요하다. 나는 이 책이 어미 닭의 그런 부리 역할을 할 것이라고 믿는다.

― 김기봉(경기대 교수)

•

21세기 세계화의 흐름은 우리를 예전과는 전혀 다른 모습으로 바꾸어놓고 있다. 역사는 늘 현재의 시각에서 다시 씌어져왔다. 우리가 변화하고 발전해온 만큼 역사를 다시 생각해야 할 필요도 커지는 것은 당연한 일이다. 지금 우리에게는 세계와 호흡을 함께하는 새로운 역사의식이 필요하다. 『밖에서 본 한국사』는 낡은 역사의식의 틀을 깨고 한국사를 열린 눈으로, 있는 그대로 볼 것을 우리에게 가르친다. 더 많은 사람들이 이 책에서 역사를 보는 새로운 눈을 얻게 되기를 희망한다.

― 유시민(전 보건복지부 장관)

•

1999년 워쇼스키 형제의 명작 SF 〈매트릭스〉, 미래의 어느 날 인간은 세상을 지배하는 슈퍼컴퓨터 체계의 에너지원으로 사육되고 있다. 그 참혹한 공간에서 가까스로 탈출한 인간들은 늘 자유를 꿈꾸지만 무력은 미약하고 영혼은 늘 말살의 두려움에 흔들린다. 때문에 그들은 늘 인류를 구원해줄 구세주를 고대하고 있다. 하지만 선택된 주인공 네오는 감미로운 환상과 고통스런 현실 사이에서 갈등한다. 그런 그에게 누군가가 이렇게 속삭인다. "난 너에게 문을 보여줄 수만 있어. 문에서 걸어나가야 하는 것은 바로 너 자신이야." 김기협 선생님의 역저 『밖에서 본 한국사』는 우리가 대한민국이라는 매트릭스 안에서 그동안 얼마나 깊이 세뇌되어 있었는지를 대변해주고 있다. 책머리에서 '더러는 밖에서 볼 필요도 있다'라고 은근슬쩍 무장해제를 시키더니 본론에 들어가자마자 가혹하리만치 전방위적으로 우리들의 얼어붙은 관념과 무지를 깨우쳐주고 있는 것이다. 위대한 삼국통일, 고요한 아침의 나라, 단일민족, 반만년 역사……? 당황한 나는 고개를 외로 돌리고 우물거린다. "그대로 그렇게 사는 게 행복하지 않을까?" 매트릭스가 금세 응답한다. "물론 그렇고 말고……, 어쨌든 그게 훨씬 편하잖아." 그러자 저자는 웃으며 말한다. "괜찮아. 언젠가 문을 열고 밖으로 뛰쳐나가는 사람이 있을 테니까."

이 책에 담긴 역사에 대한 통찰은 그래서 더욱 특별하게 느껴진다. 저자는 영화 속 모니터에서 끊임없이 암호가 흘러내리듯 끈질기게 우리를 매트릭스 밖으로 끌어당긴다. 하지만 그가 내미는 알약은 이브의 사과처럼 너무나 치명적이다. 그러므로 이 책은 오라클처럼 선량한 일부 독자들을 한순간에 네오와 같이 위험한 존재로 탈바꿈시킬 가능성이 농후하다. 이만하면 이 책을 우리 매트릭스에서 금서로 지정하기에 충분하지 않을까.

― 이상각(『이산 정조대왕』, 『이도 세종대왕』 저자)

●

역사 초기의 한반도에 서로 다른 문화를 가진 다양한 계통의 종족들이 뒤섞여 살았다거나 고대에는 한반도 남부와 규슈 지역 즉 가야와 왜가 바다를 사이에 두고 긴밀한 교류와 유대 관계를 지닌 하나의 복합체였다는 해석의 폭발력과 설득력만으로도 이 책의 존재가치는 충분히 인정된다. 저자는 국사의 해체를 부정하고, 중국사에 대한 풍부한 전문가적 지식을 무기로 '밖에서 본 국사'의 재구성을 시도한다. 그러나 '국사'의 견고한 경계를 무너뜨림으로써 사실상 국사의 건설적 해체를 향해 어려운 첫걸음을 뗀 것은 아닐까?

— 임지현(한양대 교수)

●

'역사는 정복자에 의해서만 기록된다'라고 나는 항상 믿어왔다. 역사의 진실을 알아낸다는 것은 불가능한 이야기다. 아메리카 대륙을 정복한 백인 이주자들을 개척자라고 할 수 있지만, 인디안 입장에서는 학살자이다. 이번 김기협 박사의 『밖에서 본 한국사』는 또 다른 역사적 관념의 문을 열었다. 뿐만 아니라 많은 사람들이 아주 재미있게, 그리고 쉽게 읽을 수 있게끔 엮어졌다. 그래서 학자 아닌 나 같은 음악인도 굉장히 즐겁게 읽었고, 많은 것을 새롭게 깨닫게 되었다. 김기협 박사의 많은 고생과 희생이 엿보인다.

— 한대수(가수)

●

대한민국은 지금 세계 10위권의 경제력과 군사력을 갖고 있다. 그런데 아직도 많은 사람들은 한국을 구한말이나 60, 70년대의 약소국으로 인식하고 있다. 우리의 역사 인식도 한국이 빠른 속도로 성취한 물적인 발전을 따라가지 못한 채, 여전히 식민사관이 남긴 상처를 어루만지며 자위하는 수준에 머물러 있다. '정답'만을 택하도록 강요받는 입시체제 하에서 다양한 가능성을 생각하는 역사교육은 설 자리가 없다. 김기협 박사의 『밖에서 본 한국사』는 역사상의 번잡한 사실을 들이밀기보다는 역사에 대해 생각하는 힘을 길러주는 보기 드문 책이다. 우리 안에 갇힌 '국사'가 아니라 동아시아와 함께 숨쉬어온 '한국사'를 찾는 사람이라면 반드시 읽어야 할 책이 이 책이다.

— 한홍구(성공회대 교수)

그림·사진 출처

23쪽   중국 도문에서 본 두만강 건너편 북한의 모습: 조선일보
31쪽   〈만주국정치구획도〉: 향고도 제공
40쪽   요녕식 동검, 세형동검: 국립중앙박물관 소장
67쪽   무씨사 화상석: 中國畫像石全集編輯委員會,『中國畫像石全集』, 山東美術出版社, 2000
81쪽   오수전, 화전: 국립중앙박물관 소장(허가번호 중박200803-25)
87쪽   성운문경, 주조철부: 국립중앙박물관 소장(허가번호 중박200803-25)
95쪽   간논야마 고분: 群馬縣立博物館,『藤ノ木古墳と東國の古墳文化』, 1990
109쪽 김유신 묘: 김성철 제공
118쪽 『삼국사기』: 옥산서원 소장
144쪽 원효 진영: 고신지 소장
165쪽 공민왕릉: 연합뉴스
170쪽 태조 영정: 경기전 소장
179쪽 〈혼일강리역대국도지도〉: 규장각 소장
186쪽 헌릉: 김성철 제공
195쪽 《평생도》중 〈소과 응시〉: 국립중앙박물관 소장(허가번호 중박200803-25)
215쪽 광해군 묘: 김성철 제공
229쪽 영조 어진: 국립고궁박물관 소장
235쪽 『반계수록』,『성호사설』,『경세유표』: 규장각 소장
248쪽 《기산풍속도》중 〈시장〉: 조흥윤 제공
258쪽 운요호: 동아일보
265쪽 러시아공사관에 마련된 고종의 거실: 동아일보
271쪽 신간회 창립대회장: 조선일보
279쪽 2차 정상회담: 연합뉴스
300쪽 박정희: 연합뉴스
314쪽 87년 이한열 열사 장례식: 연합뉴스

* 사진과 그림의 게재를 허락해주신 분들, 자료를 제공해주신 분들께 감사드립니다.
* 이 책에 실린 사진과 그림 중에는 저작권자를 찾기 어려운 경우가 있었습니다. 저작권자가 연락을 주시면 다시 게재 허락 절차를 밟고 사용료를 지불하겠습니다.